Cómo Tratar y Enseñar al Niño con

TDA/TDAH

Técnicas, estrategias e intervenciones prácticas
para ayudar a los niños con problemas de atención
o de hiperactividad

SANDRA F. RIEF

**THE CENTER FOR APPLIED
RESEARCH IN EDUCATION**
West Nyack, New York 10994

Datos de catalogación en la Biblioteca del Congreso de Washington, D.C.

Rief, Sandra F.
 [How to Reach and Teach ADD/ADHD Children. Spanish]
 Cómo Tratar y Enseñar al Niño con
 TDA/TDAH
 Sandra F. Rief
 Includes bibliographical references
 ISBN 0-13-089397-8 (paper)
 1. Attention-deficit-disordered children—Education—United States—Handbooks, manuals,
 etc.   2. Hyperactive children—Education—United States—Handbooks, manuals, etc.
 3. Classroom management—United States—Handbooks, manuals, etc.   I. Title.   II. Title:
 How to reach and teach ADD/ADHD Children.
 LC4713.4.R54   2000   00-42851
 371.93—dc20   CIP

Título original: *How to Reach and Teach ADD/ADHD Children* © 1993
Traducción de: Jorge Piatigorsky

© 2000 por The Center for Applied Research in Education

Impreso en Estados Unidos de América

10 9 8 7 6 5 4 3 2 1
0-13-089397-8

ATTENTION: CORPORATIONS AND SCHOOLS
Prentice Hall books are available at quantity discounts with bulk purchase for educational, business, or sales promotional use. For information, please write to: Prentice
Hall Special Sales, 240 Frisch Court, Paramus, New Jersey 07652. Please supply: title
of book, ISBN, quantity, how the book will be used, date needed.

The Center for Applied Research in Education
West Nyack, NY 10995
On the World Wide Web at http://www.phdirect.com

Dedicación

Este libro se dedica a la memoria de mi querido hijo Benjamin, y a todos los niños que enfrentan obstáculos en sus jóvenes vidas cada día con corazones amorosos y confiados, con determinación y con valentía extraordinaria.

Acerca de la autora

Sandra F. Rief, M.A., es una profesora, premiada como La Especialista en Recursos de California en 1995, autora, consejera y conferencista en estrategias e intervención efectivas para responder a las necesidades de los niños con trastornos de aprendizaje, atención y conducta.

Sandra ha estado enseñando en el sistema público escolar por más de 25 años, y es mentor emeritus en su distrito de San Diego (San Diego Unified). Al presente el consejera del sistema escolar público de Nueva York.

Sandra es la autora de los siguientes libros: *Cómo Tratar y Enseñar al Niño con TDA/TDAH* (How to Reach and Teach ADD/ADHD Children, Center for Applied Research in Education, 1993), *Cómo Tratar y Enseñar a Todos los Estudiantes en la Sala de Clase General*, en colaboración con Julie Heimburge (How to Reach & Teach All Students in the Inclusive Classroom, Center for Applied Research in Education, 1996), y *La Guía de Verificación para TDA/TDAH: Una Referencia Fácil para Padres de Familia y Maestros,* (The ADD/ADHD Checklist: An Easy Reference for Parents and Teachers, Prentice Hall, 1998). Es también autora de otros libros, materiales de enseñanza, y varios artículos publicados en revistas profesionales.

Sandra desarrolló y presentó una serie de vídeos incluyendo: *Cómo Ayudar a su Hijo a Tener Éxito en la Escuela: Estrategias y Guías para Padres de Niños con TDAH y/o Trastornos de Aprendizaje* (How to Help Your Child Succeed in School: Strategies and Guidance for Parents of Children with ADHD and/or Learning Disabilities, 1997), *TDAH: Instrucciones Generales y Prácticas de Colaboración* (ADHD: Inclusive Instruction & Collaborative Practices, 1995), y junto con Linda Fisher y Nancy Fetzer, los vídeos: *Salas de Clase Exitosas: Estrategias de Enseñanza Exitosas para Aumentar el Logro en la Escritura y la Lectur,* (Successful Classroom: Effective Teaching Strategies for Raising Achievement in Reading and Writing, 1999), y *Escuelas Exitosas: Cómo Elevar el Logro y Apoyar los Estudiantes "De Riesgo"* (Successful Schools: How to Raise Achievement & Support "At-Risk" Students, 1999).

Sandra se presenta en seminarios y talleres a nivel internacional. Para información acerca de sus videos, presentaciones, y servicios de asesoría sírvase visitar su sitio en el Internect: www.sandrarief.com.

Acerca de este libro

El trastorno por déficit de atención/hiperactividad no es algo que podamos "curar". Un niño con TDA/TDAH, como uno con discapacidad de aprendizaje, no "sale" de esto, aunque a medida que madure sus dificultades y comportamiento se puedan manifestar en forma diferente. Nosotros, los adultos que jugamos un papel significativo en sus vidas, jugaremos un papel principal en cómo estos niños se lleguen a sentir acerca de ellos mismos, lo que logren realizar y el éxito que puedan obtener. Somos los que podemos ayudar a estos niños a administrar su vida, a bregar con sus frustaciones y a compensar sus debilidades. Somos también los llamados a indicarles sus puntos fuertes—a menudo sus dones o talentos—y a darles valor a sus personalidades únicas.

Hay muchos niños que padecen de TDA/TDAH que al crecer han llegado a ser todo un éxito en la vida. Han sacado provecho a sus puntos fuertes, a su creatividad y a sus habilidades de supervivencia. Por otro lado, hay muchos a los que no les ha ido tan bien. Existe una relación muy fuerte entre el TDAH y el fracaso social. Un alto número de individuos que abandonan sus estudios, no son capaces de mantener un empleo, fracasan en sus relaciones interpersonales, terminan en prisión o hasta se suicidan, fueron niños que sufrían de este trastorno sin el beneficio de haber sido identificados para su pronta intervención y tratamiento. Muchos adolescentes y adultos con TDA/TDAH tienen recuerdos dolorosos de su niñez, particularmente de sus experiencias y frustaciones en la escuela. Muchos experimentaron años de fracaso y depresión seria.

La mejor ayuda que podemos prestarles a estos niños es la identificación temprana y la intervención oportuna a corta edad para prevenir el ciclo de fracaso, frustración, y falta de amor propio. Es nuestra responsabilidad en la escuela formar un equipo para hacer todo lo que podamos hacer para satisfacer las necesidades de estos niños de manera eficaz. Esto incluye proporcionarle al niño el medio ambiente, las destrezas, las herramientas y la confianza que necesita para sentirse bien consigo mismo. Necesitamos ser pacientes, positivos y comprensivos—para ir más allá de su conducta y percibir al niño integral—a medida que le proporcionamos apoyo y le abrimos el camino al éxito.

Este libro tiene como propósito servir de guía comprensiva para que el personal escolar pueda brindar una ayuda efectiva a estos niños. Los maestros de educación regular y especial, los consejeros, las enfermeras escolares, los administradores, los psicólogos y los padres recibirán información, técnicas y estrategias que les serán de utilidad a la hora de ayudar a estos niños con TDA/TDAH. Aunque el libro fue escrito para tratar el tema específico de niños con TDA/TDAH, las estrategias que se sugieren son apropiadas y recomendadas para todo estudiante con problemas de atención, discapacidad de aprendizaje o que no logran su aprovechamiento académico óptimo por los motivos que sean. Debemos estar conscientes de que muchos niños dotados e inteligentes caen en esta categoría.

Para facilidad de uso se ha dividido este libro en treinta secciones que proporcionan una guía práctica y comprensiva en temas tales como:

* La prevención de problemas de conducta en el salón de clases mediante técnicas de manejo y control eficaces.

* Cómo enfocar y matener la atención de los alumnos.

* Cómo enseñarles a los estudiantes destrezas de organización y estudio.

* Estrategias detalladas y multisensoriales para el aprendizaje de destrezas académicas—de lectura, de escritura, de matemática

* Estilos de aprendizaje: elementos e intervenciones

* Técnicas de aprendizaje cooperativo

* Preguntas y respuestas acerca de los medicamentos y su manejo por parte de la enfermera de la escuela

* Técnicas de relajamiento y visualización, incluyéndose el uso de música para calmar y facilitar una transición sin problemas entre clases o tareas

* Desafíos e intervenciones específicas para estudiantes de kinder, y de escuela intermedia o superior

* Cómo ayudar a los estudiantes a obtener evaluaciones apropiadas, asistencia e intervención por medio de un enfoque de equipo

* Protocolos y pasos para referir a los estudiantes a consultas con profesionales y para documentar y comunircarnos en forma efectiva con los padres, los médicos y demás agencias

* Cómo la dirección de la escuela puede ayudar a los estudiantes y maestros

Insto a todo lector a leer la sección 19, La historia de un padre, el impactante relato de una madre *de tres* niños diagnosticados con TDA/TDAH. Una recompensa que he logrado por haber escrito este libro ha sido la fabulosa oportunidad que he tenido de entrevistar adolescentes y adultos en todo el país que han crecido con TDA/TDAH. Se han incluido extractos de estas entrevistas en diferentes partes del libro. Al comentar abiertamente sus experiencias y nociones, el relato de esta madre y las entrevistas con estas personas revelan un mensaje importante acerca de qué factores inciden en mejorar las cosas y el poder que tenemos como maestros.

Sandra F. Rief

Agradecimientos

Mrs. Linda Haughey y la familia Haughey, por compartir con nosotros con valentía su impactante relato en la sección 19.

Decker Forrest, ilustrador del libro y talentoso ex alumno mío (actualmente en octavo grado)

Esos fabulosos individuos (Joe, Spencer, Steve, Susan, Mike, Bruce, Amy, Joseph, John, Brita, Malinda, Bob y Brad) que crecieron con dificultades de atención y aprendizaje y cuyas ideas y comentarios aparecen en esta obra.

Sandra Wright, M. S. N., enfermera escolar y abogada número uno de los niños, por ser mi patrón y ejemplo y por compartir con nosotros sus vastos conocimientos en la sección 20.

Susie Horn, Coordinadora del Proyecto de Trastornos Relacionados con la Atención, PARD, en las escuelas públicas del municipio de San Diego, por su apoyo, ayuda y guía, así como su contribución a la sección 29.

Dr. Jill Reilly, fundadora y coordinadora del Programa de Mentores en el condado de Dakota, Minnesota, por su contribución a la sección 29

Bertha Young, especialista en música en las escuelas públicas de San Diego, por su contribución a la sección 17

Los diesiéis maestros de kinder del condado de San Diego que me permitieron entrevistarlos y cosechar sus conocimientos para la sección 21

Los muchos maestros de todo el condado de San Diego, especialmente los de la escuela primaria Benchley-Weinberger que me inspiraron con sus técnicas, ideas y estrategias

Matt, Shawna, David, Robert y Ariel, los "modelos" de las fotos en la sección 15

Los facilitadores del programa "Turning Point" de las escuelas de San Diego por la motivación que brindaron, cómo divulgaron el mensaje y desarrollaron las destrezas de tantos y tantos maestros

A todos mis estudiantes—pasados, presentes y futuros—que me enseñan, me inspiran y me retan a diario

Contenido

SECCIÓN 9: *Enseñanza multisensorial* • **53**

SECCIÓN 10: *Estrategias para la clase lenguaje* • **59**

SECCIÓN 11: *Estrategias para el lenguaje escrito* • **71**

¿Qué es el TDA/TDAH?

A lo largo de este libro nos referimos indistintamente al TDA y al TDAH.[*] TDA significa "trastorno por déficit de atención". Actualmente la expresión más empleada es TDAH, que significa "trastorno por déficit de atención con hiperactividad". Pero, es frecuente que un niño con TDA *no sea* hiperactivo. Por lo general, estos niños no perturban el aula, y su conducta no es necesariamente inoportuna o notable al maestro. No obstante, el TDA puede ser muy problemático propio niño, y al producir un desempeño significativamente bajo en la escuela y a que experimente baja autoestima.

Características de comportamiento del trastorno por déficit de atención sin hiperactividad (TDA)

- El niño se distrae fácilmente con cualquier estímulo externo.

- Tiene dificultad en escuchar y seguir instrucciones.

- Le cuesta centrarse y mantener la atención.

- Tiene dificultad en concentrarse y aplicarse al trabajo.

- Su desempeño en el trabajo escolar es errático: un día es capaz de realizar el trabajo y al día siguiente no; el niño es "uniformemente incongruente".

- Se desconecta; puede parecer que está "en la luna".

- Es desorganizado; pierde o no puede encontrar sus pertenencias: papeles, lápices, libros; los pupitres y el aula pueden parecer un desastre total.

- Exhibe mala aptitud para el estudio.

- Le resulta difícil trabajar por su cuenta.

---

[*] En inglés, ADD (Attention Deficit Disorder) y ADHD (Attention Deficit Hyperactivity Disorder). [N. del T.]

TDAH es la denominación diagnóstica empleada en la tercera edición revisada del *Diagnostic and Statistical Manual* de la American Psychiatric Association (1987). Se aplica a los alumnos que presentan muchas de las características mencionadas, además de otras asociadas con un componente de hiperactividad.

Características de comportamiento del trastorno por déficit de atención con hiperactividad (TDAH):

- Alto nivel de actividad.

  — El niño está en constante movimiento.

  — A menudo agita manos o pies, se contorsiona, se cae de la silla.

  — Encuentra objetos próximos para jugar con ellos o ponérselos en la boca.

  — Deambula por el aula; le cuesta mucho trabajo estarse quieto.

- Impulsividad y falta de autocontrol.

  — Tiene estallidos verbales, a menudo inadecuados.

  — No puede aguardar su turno.

  — A menudo interrumpe a otros o se entromete en sus cosas.

  — A menudo habla en exceso.

  — Se crea problemas porque no puede pausar un instante antes de actuar (responde primero y piensa después).

  — A menudo se lanza a actividades físicamente peligrosas, sin considerar las consecuencias (por ejemplo, salta desde un lugar alto, anda en bicicleta por la calle sin prestar atención), por lo cual se lastima con frecuencia.

- Tiene dificultad en el cambio de actividades.

- Presenta una conducta agresiva, se agita con facilidad.

- Es socialmente inmaduro.

- Exhibe baja autoestima y alta frustración.

Nota: No todos estos niños presentan la totalidad de estos síntomas, los cuales son además de grado variable. Cada niño es único, y en él encontramos una combinación diferente comportamientos, puntos fuertes, debilidades, intereses, talentos y habilidades.

Es importante reconocer que, hasta cierto punto, todos estos comportamientos son normales en la infancia, en las diversas fases del desarrollo. Por ejemplo, es normal que a un niño pequeño le cueste trabajo aguardar su turno, que sólo pueda mantener la atención durante lapsos breves, y que no pueda permanecer sentado mucho tiempo. Sin embargo, cuando el niño presenta *un número significativamente alto de estos comportamientos en un momento del desarrollo en que resultan inadecuados (en comparación con otros niños de la misma edad)*, se trata de un niño problema. Estos niños necesitan ayuda e intervención.

¿Cuál es la frecuencia del TDA/TDAH?

La incidencia estimada del TDAH varía ampliamente, según los estudios considerados y las herramientas utilizadas. Algunos expertos consideran que presentan esta afección entre el 3 y el 10 por ciento de los niños en edad escolar. Las cifras citadas con más frecuencia en la literatura sobre el tema oscilan entre el 3 y el 5 por ciento. Sin embargo, es muy probable que ésta sea cálculo bajo debid al hecho de que muchas niñas con TDA suelen quedarse sin diagnosticar. El TDAH es mucho más común en los varones. La hiperactividad afecta a por lo menos dos millones de niños, sólo en los Estados Unidos. En cuanto a las niñas, lo más común es que presenten un TDA sin hiperactividad.

¿Cuáles son las causas posibles del TDA/TDAH?

No se conocen por el momento las causas del TDAH. Las comunidades científica y médica están adquiriendo más y más conocimientos sobre el funcionamiento del cerebro y los factores que afectan la atención y el aprendizaje. Como en el caso de otros trastornos, no siempre resulta posible identificar una causa. En la actualidad el TDA/TDAH se atribuye generalmente a la herencia o a otros factores biológicos.

Cuando los padres tienen un niño con problemas de alguna clase (físicos, psicológicos o sociales), lo típico es que se sientan culpables y se acusen a sí mismos. Muchos progenitores creen haber hecho algo que pudo causar los problemas del hijo. Este sentimiento de culpa debe ser eliminado. Si un niño presenta el TDA/TDAH, nadie tiene la culpa.

A continuación enumeramos causas posibles del TDA/TDAH:

- Causas genéticas: Sabemos que el TDA tiende a aparecer en determinadas familias. Un niño con TDA a menudo tiene un progenitor, un hermano, un abuelo u otro pariente con historial y conducta escolar similar.

- Causas biológicas/fisiológicas: Muchos médicos describen el TDAH como una disfunción neurológica en el área del cerebro que controla los impulsos y contribuye a filtrar los estímulos sensoriales y enfocar la atención. Estos profesionales sostienen que puede haber un desequilibrio o una falta de dopamina, substancia que transmite los mensajes neurosensoriales. La explicación es que cuando nos concentramos el cerebro aparentemente libera neurotransmisores adicionales, lo que nos permite aplicarnos a una cosa y bloquear otros estímulos que compiten por nuestra atención. Las personas con TDA presentarían un déficit de estos neurotransmisores.

- Complicaciones o traumas durante el embarazo o el parto.

- Envenenamiento por plomo.

- La dieta: En la comunidad médica sigue discutiéndose el papel de la dieta y las alergias alimentarias vinculadas a los síntomas de TDAH. Las investigaciones actuales no brindan mucho respaldo a esta relación con la dieta, pero hay muchos fuertes defensores de esta teoría. Es posible que los estudios futuros arrojen más luz al respecto.

- Exposición prenatal al alcohol y a las drogas: Todos tenemos perfecta conciencia del efecto que causa el alto número de niños expuestos a drogas en edad escolar. Estos niños suelen presentar daño neurológico sostenido, y muchos síntomas de TDAH. En la actualidad, las estadísticas en el estado donde enseño son muy alarmantes. Uno de cada diez recién nacidos en California ha estado expuesto a drogas en la matriz. La investigación científica no ha demostrado aún una relación causal entre la exposición prenatal a drogas y el TDA, pero los niños expuestos a drogas presentan en la clínica muchos déficit neurológicos y comportamientos que también vemos en las criaturas con TDA.

2

Los factores críticos en el trabajo con niños que presentan TDA/TDAH

*E*n el trabajo con alumnos que presentan un TDA/TDAH hay que considerar muchos factores críticos. Mi propósito es proporcionar una lista tan útil y completa como resulte posible, que espero determine diferencias en el modo en que los niños aprenden y los maestros enseñan.

1. **Flexibilidad, compromiso y voluntad** para trabajar con el alumno a nivel personal. Esto significa dedicar el tiempo, la energía y el esfuerzo adicional para escuchar realmente a los niños, brindarles apoyo y efectuar los cambios y arreglos pertinentes.

2. **Entrenamiento y conocimientos sobre el TDA/TDAH.** Es esencial que los maestros conozcan la naturaleza fisiológica y biológica del problema. Estos niños no nos molestan deliberadamente. No calculan su conducta para enloquecernos. Saberlo nos ayuda a conservar la paciencia, el sentido del humor y la capacidad para tratar de modo positivo con conductas fastidiosas. Todo centro escolar (primario o secundario) debe brindar cursos para educar al personal sobre el TDA/TDAH, los efectos del trastorno en el aprendizaje y en el funcionamiento en la escuela, y las estrategias adecuadas de intervención.

3. **Comunicación estrecha entre el hogar y la escuela.** Es muy importante aumentar el número de contactos y establecer una buena relación de trabajo con los padres. Para lograr algún éxito con los alumnos que padecen de TDA/TDAH es *necesario* tener el apoyo, la cooperación y una línea de comunicación abierta con los padres. (Véase el sección 18.)

4. **Brindar claridad y estructura a los alumnos.** Esta guía subraya la necesidad de estructura. Los alumnos con problemas de atención necesitan tener un salón de clases estructurad. Esto no quiere decir una clase tradicional, absurda, rígida, con pocos estímulos auditivos o visuales. Incluso el aula más creativa, sugerente, colorida, activa y estimulante puede ser un aula estructurada.

Los alumnos con TDA/TDAH deben percibir la estructura a través de comunicación, expectativas, reglas, consecuencias y seguimiento claramente formulados. Sus tareas deben ser divididas en módulos manejables; el maestro debe actuar como modelo y proporcionar enseñanza guiada, con claras instrucciones, normas y retroalimentación. Estos alumnos necesitan asistencia en estructurar sus materiales, su espacio de trabajo, su dinámica grupal y las elecciones que deben tomar y los momentos de transición de una actividad a otra. Hay que organizarles el día, alternando períodos activos y tranquilos. Sea cual fuere el estilo de enseñanza o el ambiente físico del aula, el maestro puede proporcionar un marco para que estos niños tengan éxito.

5. **Estrategias de enseñanza creativas, interactivas e interesantes,** que mantengan la participación y la interacción de estos alumnos con sus compañeros. Este factor es crítico. Todos los alumnos necesitan y merecen un currículo enriquecido y motivador que aplique una variedad de enfoques. Si el docente no ha tenido entrenamiento en enseñanza multisensorial, aprendizaje cooperativo, enseñanza recíproca, estilos de aprendizaje, o en la teoría de las inteligencias múltiples, necesita actualizar sus habilidades y conocimientos para el aula de hoy. Todos éstos son buenos temas para cursos de capacitación de los maestros.

6. **Trabajo en equipo** en beneficio del alumno con TDA/TDAH. A muchos maestros la enseñanza en equipo les resulta sumamente útil. Poder intercambiar o compartir estudiantes durante parte del día escolar a menudo reduce los problemas de conducta y preserva la salud mental del maestro. Asimismo, proporciona una perspectiva diferente sobre cada niño.

   No cabe esperar que los maestros manejen y eduquen sin ayuda alguna a estos alumnos que presentan un desafío muy importante. Se necesita un diagnóstico adecuado. Para muchos alumnos con TDA/TDAH es esencial brindar tratamiento médico en cuanto a la capacidad del niño para funcionar en la escuela. El manejo de los problemas sociales y de comportamiento que suelen presentar estos niños requiere asesoramiento (en la escuela, y a menudo privado). El consejero de la escuela puede aportar diversas técnicas: por ejemplo, modificación de la conducta (gráficos, contratos), pausas de "tiempo aparte", resolución de conflictos, entrenamiento en habilidades sociales, relajación, control de la rabia y recuperación de la calma. El maestro necesita cooperar y asociarse con los padres, y contar con el apoyo y la asistencia de la administración de la escuela. Todos forman parte del mismo equipo.

Hay que movilizar la ayuda y los conocimientos a los que se tenga acceso en cada lugar. Se debe referir al niño al equipo de consulta o de estudio del estudiante. Es probable que los miembros de este equipo observen al niño en el aula o en otras situaciones escolares. Son de gran ayuda cuando acompañan al maestro en sus reuniones con los padres para compartir preocupaciones, proporcionar información y buscar soluciones creativas intercambiando ideas de modo informal. Muchas referencias a consultas externas destinadas a obtener evaluaciones médico-clínicas, se inician en la escuela. La comunicación del docente con el equipo es muy importante.

Antes de recurrir al equipo se puede facilitar el trabajo con los siguientes procedimientos:

— **Conservar ejemplos de las tareas** (cualquier hoja de papel o trabajo que refleje los puntos fuertes y débiles del niño). Reunir una variedad de muestras escritas.

— **Documentar las conductas específicas que se adviertan** (por ejemplo, caerse de la silla, escribir una sola oración en veinte minutos de trabajo independiente, hablar inoportunamente en clase). Es importante que los maestros documenten sus observaciones y preocupaciones acerca de estos alumnos. Esa documentación es esencial para que muchos niños obtengan la ayuda que necesitan. El maestro puede facilitar la evaluación médico-clínica y la intervención que quizá se requieran para el éxito escolar del niño.

Nota: Muchas veces los padres no reconocen que su niño está experimentando los problemas que el maestro advierte en la escuela. Los niños con TDA/TDAH reiteran año tras año su patrón de conducta. A menudo los padres necesitan unos cuantos años de escuchar comentarios análogos de diferentes docentes para convencerse de que deben contemplar algún tipo de tratamiento para su hijo.

Hay otra razón para incluir la documentación del maestro en el historial del alumno. A menudo los médicos ven al niño en una breve visita al consultorio, no advierten nada significativo, y llegan a la conclusión de que no existe ningún trastorno. Con frecuencia se supone que el problema está en el maestro o en la escuela. Ahora bien, cuando los registros de la escuela presentan un historial sistemático de falta de atención, distracción, impulsividad e hiperactividad, el médico se inclina más a tomar en serio las preocupaciones de la escuela o de los padres. El médico necesita estar seguro de que los problemas del niño no son esporádicos, sino observables en diversas ocasiones, durante cierto tiempo. La buena documentación (observaciones y registros anecdóticos) ayuda a proporcionar las pruebas necesarias.

— **La comunicación con los padres.** Junto con las preocupaciones, es importante compartir con los padres las observaciones positivas acerca del niño. Hay que ser cuidadoso en el modo de comunicar y de expresarse. Nunca se debe decir "Estoy seguro de que el niño tiene un TDA". Las preocupaciones deben formularse con observaciones objetivas y específicas. "Tomás se distrae mucho en clase. He observado que…" Se deben explicar a los padres las estrategias empleadas para abordar los problemas en el aula. A continuación se les aclara que se ha pedido ayuda al equipo del plantel, y se permite que la enfermera escolar o el consejero psicológico recomienden evaluaciones por personal externo si las consideran necesarias. (Véase el sección 27.)

7. **Apoyo administrativo.** Es esencial que los administradores conozcan las características del TDAH y las estrategias para el manejo eficaz de estos alumn os, a fin de que apoyen al maestro en el trato con niños perturbadores. A algunos resulta muy difícil mantenerlos en el aula, y requieren una intervención altamente creativa. Se necesitará, por cierto, apoyo de la dirección (por ejemplo, para retirar a un alumno del aula cuando su conducta impide que el maestro enseñe o que los demás alumnos aprendan). Entre las intervenciones que se recomiendan para niños muy perturbadores se cuentan las pausas de tiempo aparte, las suspensiones, los cortes de medio día, los tutores que rotan en el aula para mantener al niño aplicado en la tarea, y la asistencia de los padres en la escuela con el alumno para que se reúnan con el equipo de consulta.

Es importante distribuir estos alumnos y evitar que se forme un grupo grande de niños con TDA/TDAH en una misma aula. Demasiados alumnos que lo padecen en un aula puede agotar al mejor de los docentes y empujarlo a otra profesión. Pero es poco frecuente que se encuentre un aula sin por lo menos algunos alumnos con TDA/TDAH (o con discapacidades de aprendizaje).

Una de las claves del éxito es la comunicación y cooperación entre el hogar y la escuela. Cuando resulta difícil hacer contacto con los padres o ellos no quieren acudir a la escuela, hay que continuar el intento con contratos hogar-escuela, observar y controlar el trabajo en la casa del niño, etcétera; también es muy necesaria la asistencia de la dirección de la escuela. (Véase el sección 24.)

8. **Respetar la privacidad y el carácter confidencial de los datos sobre el alumno.** Es importante que las notas, los resultados de tests, las modificaciones especiales de los trabajoso tareas asignados así como la medicación del alumno, se controlen en forma confidencia.

9. **Modificar las tareas, recortar el trabajo escrito.** Lo que a un niño promedio le toma veinte minutos, a uno de estos alumnos suele tomarle horas de trabajo (en particular cuando se trata de tareas escritas). No es necesario que estos alumnos hagan todos los ejercicios, resuelvan todos los problemas de matemática, den todas las definiciones. Hay que estar dispuesto a hacer excepciones, a permitir que realicen tareas más razonables para ellos (por ejemplo, que solamente llenen media página, que aborden un problema sí y otro no). Conviene aceptar métodos alternativos para que expongan sus conocimientos: por ejemplo, permitir que den respuestas orales, que les dicten las respuestas a un padre, etcétera.

   Se deben reducir los requerimientos y exigencias relacionados con la escritura a mano, teniendo en cuenta el esfuerzo físico extremo que representa para estos niños escribir lo que a uno le parece sencillo. Conviene reforzar su capacidad para mecanografiar o emplear la computadora.

10. **Limitar la cantidad de deberes para el hogar.** Si la madre o el padre se quejan de que el niño tiene que dedicarle una enorme cantidad de tiempo a las tareas hay que ser flexible y reducirlas a un punto manejable. En familias de niños con TDAH, lo típico es que las tareas sean una pesadilla. Muchos maestros asignan para tarea lo que ha quedado incompleto en el aula. Tenga presente que si el alumno no pudo completar la tarea durante el día que pasó en la escuela, es improbable que pueda hacerlo por la noche. El maestro debe asignar prioridad y modificar sus expectativas.

11. **Dedicar más tiempo a las evaluaciones.** Estos alumnos (a menudo muy inteligentes) suelen asimilar la información, pero no pueden exponerla, sobre todo al ser examinados. Hay que ser flexible y concederles tiempo adicional en las pruebas, o permitir que respondan verbalmente o ambas cosas.

12. **El docente debe tener sensibilidad y no avergonzar o humillar a estos alumnos frente a sus compañeros.** La autoestima es frágil; lo típico es que los alumnos con TDA/TDAH se perciban como fracasos. No los ridiculice. La preservación de la autoestima es el factor primordial para ayudar verdaderamente a estos niños a tener éxito en la vida.

13. **Ayudar al niño a organizarse.** Los alumnos con TDA/TDAH enfrentan importantes problemas de organización y de capacidad para estudiar. Necesitan ayuda e intervención adicional para anotar adecuadamente las tareas asignadas, organizar sus materiales y espacio de trabajo y retirar periódicamente de sus carpetas y escritorios los desechos acumulados. Emplee estrategias específicas para desarrollar la capacidad de estudio. (Véase el sección 8.)

14. ***Modificaciones del ambiente.*** El ambiente del aula es un factor muy importante en el desempeño de estos alumnos. En vista de la diversidad de estilos de aprendizaje, los niños deben disponer de opciones ambientales que tengan en cuenta dónde y cómo ellos trabajan bien. El lugar donde se sientan puede ser significativo. Deben considerarse cuidadosamente la iluminación, el mobiliario, el ordenamiento de las sillas, la ventilación, el despliegue visual, el color, las áreas de descanso y las medidas para reducir las distracciones durante el trabajo estático. Organice el aula teniendo presente que la mayoría de los alumnos con TDA/TDAH necesitan el contacto visual con usted, tenerlo cerca para recibir indicaciones suyas, estar sentados junto a alumnos que se concentran bien, y disponer de mucho espacio. Hay muchos factores ambientales que pueden modificarse para mejorar considerablemente el desempeño de los alumnos con TDA/TDAH. (Véase el sección 15.)

15. **Valorar las diferencias entre los alumnos y ayudarlos a aprovechar sus talentos.** Se deben proporcionar muchas oportunidades para que los niños les muestren a sus compañeros lo que saben hacer bien. Hay que reconocer la diversidad de estilos de aprendizaje y de enfoques individuales.

16. **Creer en el alumno; no renunciar cuando los planes A, B y C no salen bien.** Siempre habrá planes D, E, F... Para tener éxito hay que volver muchas veces al punto de partida. Estos niños merecen el tiempo y el esfuerzo adicionales que se les dediquen.

ENTREVISTA CON JOE
(41 años, California)

"Miren a Joe. Es uno de los niños más inteligentes que he conocido." Éste fue el comentario que les hizo a los padres de Joe un vecino, profesor de psicología en Nueva York, cuando administró tests a ese niño y a sus hermanos. Pero Joe, desde el sexto grado, y a lo largo de la escuela secundaria, sólo había obtenido notas mínimas. Joe era constantemente ridiculizado por sus profesores como "una gran decepción para sus padres".

Joe se había atrasado en séptimo grado, cuando vivía en Connecticut. Recuerda el trauma que le provocó ver a todos sus amigos pasar a otra escuela mientras él repetía el séptimo grado. Fue reprobado en álgebra cuatro veces. Egresó de la escuela secundaria como el último de su clase. "Después de algún tiempo se me atribuyó un problema de disciplina. Uno va acercándose a los estudiantes que no tienen absolutamente ningún respeto por el sistema. De otro modo, se ve obligado a llegar a la conclusión de que lo único que está mal es uno mismo."

Los primeros años en la universidad volvieron a ser una batalla cuesta arriba. Veía cómo sus compañeros aprobaban las materias para graduarse. "La única diferencia con ellos era que yo era una nulidad con los números.

Leer me resulta extremadamente difícil. Tengo que hacerlo con mucha lentitud, traducirlo todo en mi propio traductor para asimilar el material y darle sentido." La vida adulta de Joe fue "una mezcolanza de empleos". Hasta hace unos años, los puestos de trabajo le duraban en promedio un año. "Hasta que cumplí los treinta años, muchas veces terminé totalmente molido y arruinado. Yo ya sabía que algo andaba mal en mí, pero nadie sabía qué era."

En su vida adulta se produjo un cambio significativo cuando un amigo lo "cobijó bajo el ala", apadrinándolo durante tres años en su empresa. "Ahora tengo un buen trabajo como técnico en una buena compañía. Pero nunca hay un respiro, la exigencia es incesante. En el mundo real de la alta tecnología se necesita estudio y entrenamiento constantes." Joe fue identificado de adulto como una persona con discapacidades de aprendizaje y con trastorno por déficit de atención.

¿Qué le gustaría hacer?

"Me gustaría recibirme y hacer un posgrado. No he hecho más que comenzar. Nunca cesaré."

¿Qué lo habría ayudado en su crecimiento escolar?

"Nadie veía ni estaba interesado en mis aptitudes. Tenía facilidad para hablar, pero escribir me resultaba muy difícil. De pequeño, podía desarmar un motor y volverlo a armar. Aprendo muy bien las cosas mecánicas. Siempre tuve talento para la música… y sé todo lo que puede saberse sobre reptiles y anfibios.

"Hubiera bastado con que una persona intercediera por mí, con que alguien hubiera dicho: 'No estamos tratando con un estúpido… Aquí hay algo más, y tenemos que llegar al fondo'. Así me habrían retirado de los hombros el peso del mundo."

3

Una lista de lo que no debe hacerse

*E*n el transcurso de un día escolar el maestro dice y hace centenares de cosas. Cada una de sus palabras, gestos y acciones afecta a los alumnos con los que trabaja. La lista siguiente de lo que no debe hacerse ha sido cuidadosamente preparada para que la consideren todos los profesionales cuando trabajan con estos niños especiales.

1. **No se debe** suponer que el alumno es holgazán en el aula. Lo típico es que un niño con trastorno por déficit de atención o discapacidad de aprendizaje no sea holgazán. Existen otras razones para su mal aprovechamiento.

2. **No hay que** dejarse engañar por el desempeño errático o suponer que el alumno trabaja mal deliberadamente, ya que se ha observado que a veces realiza la tarea que se le ha asignado. El desempeño errático es característico de este desorden. Los alumnos a veces pueden realizar el trabajo, y otras veces no.

3. **No hay que** cesar jamás. Estos alumnos a menudo ponen a prueba la paciencia del maestro y pueden desalentar a cualquiera. Por difícil o frustrante que resulte, estos niños necesitan que el maestro persista y crea en su capacidad para tener éxito.

4. **No hay que** renunciar al empleo de técnicas para la modificación de la conducta. Los alumnos con TDA suelen no responder bien a dichas técnicas ni al refuerzo positivo durante períodos prolongados. Es necesario reformar, revisar y modificar a menudo el sistema de control de la conducta. El esfuerzo vale la pena.

5. **No hay que** dejar de hacer participar al personal de apoyo. Pida cooperación al equipo de consulta o de estudio del estudiante. Ellos lo ayuda-

rán a realizar observaciones, aportando estrategias de manejo de la conducta y de enseñanza en el aula, asistiendo a las reuniones con los padres, proporcionando información y realizando los trámites de referencia necesarios. El trabajo con otros profesionales de la escuela aligera la carga.

6. **No hay que** dejar de comprometer a los padres. Invítelos a visitar la escuela, a observar al niño en el aula, y a reunirse con usted para planificar estrategias conjuntas en beneficio del niño. Sea sensible a las frustraciones y los temores de los padres. A ellos les resulta doloroso y les crea tensión tener un niño con problemas y necesidades especiales. Hágales saber que su preocupación primordial es ayudar a ese niño a tener éxito y a sentirse bien consigo mismo.

7. **No hay que** rodearse de colegas negativos que critican a los alumnos, que no están abiertos o receptivos a las nuevas técnicas y estrategias, o que no han actualizado sus conocimientos.

8. **No hay que** escuchar a los maestros anteriores que sólo quieren referirse a los rasgos y características negativos de los alumnos. Suponga lo mejor acerca del niño. Permita que cada alumno comience el año con un historial nuevo y limpio.

9. **No hay que** olvidar a ese alumno tranquilo que se sienta al fondo y es muy fácil que pase el año inadvertido y anónimo.

10. **No hay que** tener miedo de modificar, hacer excepciones y alterar las tareas asignadas, cuando sea necesario. La meta es el éxito del alumno, crearle autoestima y conservarla. Con algunos niños, esto exige flexibilidad y medidas especiales. Es bueno y justo hacer excepciones con ciertos alumnos que tienen necesidades especiales.

ENTREVISTA CON LA MADRE DE SPENCER
(Colorado)

¿Qué comentarios hirientes recuerda usted de los maestros de Spencer?

"Un maestro me dijo: 'Si saca suficientes ceros aprenderá a hacer lo que se espera de él en quinto grado'; se refería a las tareas. Otro maestro me dijo: 'Se descuidó algunas veces y nos demostró lo inteligente que es. Sólo está jugando con nosotros.'"

Hábleme sobre el mejor maestro que tuvo.

"La maestra de Spencer de tercer grado era maravillosa. Le leía a la clase sin prender la luz… Cuidaba que no hubiera mucho desorden en el pizarrón o en el pupitre de él. Lo sentó frente a ella… para que no pudiera distraerse. Le hablaba con suavidad, y a toda crítica le añadía algo positivo."

Un programa integral de tratamiento para el TDA/TDAH

*E*n cuanto se ha identificado y diagnosticado un TDAH en el niño, hay muchos modos de ayudarlo a él y a la familia. El enfoque más inteligente es un tratamiento multifacético que puede incluir:

- Modificación y control de la conducta, en el hogar y la escuela.

- Asesoramiento de consejeros (consultoría). Se recomienda este asesoramiento para toda la familia que se verá afectada por la presencia de un niño con TDAH en la casa.

- Consultoría individual sobre técnicas de acción exitosa, estrategias de resolución de problemas y modos de tratar con el estrés y la autoestima.

- Terapia cognoscitiva para generar en el niño la aptitud de regular su propia conducta; técnicas de "hacer una pausa y pensar".

- Entrenamiento en habilidades sociales (a veces lo brindan grupos de consultoría de la escuela).

- Numerosas intervenciones escolares (ambientales, de comportamiento, didácticas).

- Válvulas de escape físicas (por ejemplo, natación, artes marciales, gimnasia, en particular, deportes no competitivos).

- Intervención médica (terapia con drogas).

- Educación de los padres para que aprendan todo lo posible sobre el TDAH, a fin de ayudar al niño y defenderlo con eficacia. Los grupos de apoyo a los padres son fuentes excelentes de entrenamiento y asistencia, y redes de apoyo. La mayoría de las comunidades tienen también clases y talleres sobre el quehacer de los padres que abordan diversas estrategias de manejo útiles.

Cuando se realiza un tratamiento, es conveniente hacer consultas con la enfermera escolar y con otros padres de niños con TDAH (quizás a través de un grupo de apoyo). Hay que buscar médicos y terapeutas conocedores y con experiencia específica en el tratamiento de niños con TDAH. El tratamiento médico suele ser sumamente útil y puede ser determinante para los niños con este trastorno. Sin embargo, siempre debe complementarse con intervenciones de comportamiento, ambientales y de otro tipo, en el hogar y la escuela.

La actividad física también es muy importante. Se recomiendan las artes marciales (en particular el aikido), porque acrecientan la aptitud del niño para enfocar la atención y concentrarse.

Si un niño presenta los síntomas de un posible TDA/TDAH, se debe instrumentar la intervención de la escuela aunque no se le haya diagnosticado este desorden. El personal escolar puede alentar a los padres a realizar una evaluación, con el propósito de definir la mejor ayuda que se le pueda brindar y satisfacer las necesidades del niño.

ENTREVISTA CON JOE
(15 años, Minnesota)

Siendo aún muy pequeño, a Joe se le diagnosticaron discapacidades de aprendizaje y TDAH.

Háblame sobre tu maestra favorita en la escuela primaria.

"La favorita es mi maestra de segundo grado. Cuando repetí el grado ella siempre me controlaba y me preguntaba qué estaba haciendo. Todavía paso a visitarla."

Tengo entendido que a lo largo de los años has visto muchos médicos. ¿Qué sientes al respecto?

"Sí. Vi a todo tipo de médicos, incluso a diferentes psicólogos y psiquiatras. Me administraron tests psicológicos muchas veces, pero los médicos no me hablaban. Me atendían dos al mismo tiempo, uno que se ocupaba de mi medicación, y el otro de mi problema psicológico. No me gustaba. Me hablaban con desdén, y eso no me gusta."

¿Cómo te llevabas con los otros niños?

"Me siento realmente bien con los adultos. Con los chicos me resulta duro. Me ofendían con sus palabras. Trataba de ignorarlo, pero me llevaba tiempo. Comprendo que los chicos con los que yo tenía problemas no eran más que tontos. Ahora estoy mucho mejor. He aprendido que nada sucede de la noche a la mañana. Lleva tiempo… Todo lleva tiempo."

¿Qué querrías que los maestros comprendieran?

"Los maestros tienen que respetar a los niños, así como los niños deben respetarlos a ellos. La clase no debe ser tensa, sino relajada. Los maestros no deben burlarse de los alumnos. Me gustan cosas activas como la investigación, los proyectos y los informes, sobre todo los informes orales."

¿Qué les dirías a los padres?

"Los padres tienen que saber que los niños también la pasan mal, y no necesitan más problemas en el hogar. Es posible que los padres no se diviertan en la oficina. Nosotros tampoco nos divertimos en la escuela. Mi papá, que es abogado, todos los días hace lo que aprendió a hacer y le gusta hacer. En la escuela aprendemos cosas nuevas, tenemos que hacer lo que nunca hemos hecho antes, y estar a la altura de las expectativas de nuestro maestro. Es duro. Los padres tienen que darse cuenta y saber qué es lo que el hijo está haciendo en la escuela… participar y hacer que los maestros nos digan más cosas."

Prevención de los problemas de conducta en el aula mediante técnicas de manejo

*E*ntre los factores más importantes para prevenir los problemas de conducta, en particular con niños que tienen necesidades especiales (por ejemplo, TDA/TDAH, discapacidad de aprendizaje), se cuentan:

- La claridad de las expectativas.

- Enseñar lo que es aceptable e inaceptable en el salón de clases.

- Estructura y rutina.

- Predictibilidad, congruencia.

- Mucha práctica, modelo y revisión de las expectativas y reglas de conducta.

- Consecuencias claras y justas.

- Persistencia.

- Comprensión, flexibilidad y paciencia por parte del maestro.

- Cortar el paso a los problemas con tácticas preventivas.

- Ayuda del maestro, de persona a persona.

Estos niños tienen una especial necesidad de que el aula sea estructurada y no caótica. Necesitan sentirse seguros dentro de los parámetros de su clase, y conocer exactamente lo que se espera de ellos en cuanto al estudio y la conducta.

Enseñe sus reglas

- Las reglas deben ser pocas, claras y amplias. Muchos maestros piden que los alumnos discutan, decidan y redacten por escrito las reglas del aula, para que la clase las sienta como propias.

Ejemplo A:

1. Traer los materiales necesarios para el trabajo.

2. Seguir las instrucciones y no abandonar la tarea.

3. Mantener bajo control las manos y los pies; no manosear los objetos.

4. Ser amable y cortés con los otros.

Ejemplo B:

1. Seguir las instrucciones.

2. Prestar atención.

3. Trabajar en silencio en los períodos en que ésa es la indicación.

4. Hacer cada uno su mejor trabajo.

- Exponga la justificación de las reglas. El tiempo que se dedique a enseñar las reglas y a modelar todas las expectativas conductuales es tiempo bien empleado.

- Las reglas escritas o representadas con dibujos deben colocarse en por lo menos un lugar visible. Enseñe con ejemplos. Muestre las reglas en acción, mediante la actuación de papeles). Esto es adecuado en todos los grados. Se necesitan repaso y práctica frecuentes a lo largo de todo el año escolar.

- Para cada expectativa respecto de la conducta, se debe: 1) explicar; 2) formular por escrito; 3) demostrar esa expectativa en acción, y 4) hacer que los alumnos practiquen. Por ejemplo, la práctica de hablar en voz baja: "¿Cómo suena? ¿Es una voz baja?"

- Comunicar las reglas y expectativas a los padres, por escrito.

Refuerzo positivo

El refuerzo positivo en el salón de clases no puede reemplazarse con nada. Es la mejor estrategia de manejo de la conducta, y genera autoestima y respeto. Detecte a los alumnos que hacen lo que usted quiere que hagan. Reconozca y elogie los casos específicos. Ejemplos:

"Me gusta que Cathy recuerde que debe levantar la mano y esperar que yo le diga que hable. Gracias, Cathy."

"Adán, que bueno que formas fila sin formar un desorden."

"Joey, has hecho un trabajo muy bueno al prestar atención y quedarte con el grupo."

"Me agrada cuando todos estamos tranquilos y dispuestos a escuchar."

Algunos ejemplos de refuerzo positivo en el aula

- El mejor refuerzo es el reconocimiento y elogio legítimos.

- Recompensar a los alumnos con privilegios (por ejemplo, actividades y responsabilidades en el aula).

- Por lo general, conviene no emplear "armas pesadas" (incentivos y recompensas muy importantes), a menos que resulten necesarias. Comenzar con recompensas e incentivos pequeños, sencillos.

- A muchos alumnos los motivan las recompensas tangibles (pegatinas, premios, comida).

- Otras recompensas sugeridas son:
    - Elegir un juego para disfrutar con un amigo.
    - Ganar tiempo libre.
    - Ganar un desayuno o almuerzo con el maestro.
    - Leer u hojear revistas de interés especial.
    - Usar la computadora, solo o con un amigo.
    - Escuchar música en una grabadora con auriculares.
    - Trabajar con arcilla, pluma o papeles especiales o en pizarra blanca.
    - Ser líder en un juego, quizá como capitán del equipo.
    - Anular la nota más baja.
    - El alumno puede abstenerse de hacer una tarea que él elija.
    - El alumno puede llevar a la clase algo que quiera mostrar.
    - Perdonar alguna penitencia.
    - Autorización para mascar chicle en un momento determinado.

Incentivos en el salón de clases

Los incentivos en el aula son grandes motivadores. Hay dos que a muchos maestros les han resultado particularmente útiles:

- Los alumnos ganan billetes con los que pueden participar en una rifa semanal, quincenal o mensual. Con los billetes que hayan acumulado pueden comprar juguetes, distintos artículos o privilegios autorizados por el maestro.

- El maestro va reuniendo fichas o bolitas en una jarra cuando los alumnos hacen algo bien o se comportan correctamente. Una vez llena la clase gana una fiesta (por ejemplo, con palomitas de maíz, pizza, helados) o un paseo.

Disciplina firme

Se deben formular con claridad las consecuencias de no acatar las reglas. Cuando los alumnos no las siguen, emplee advertencias con consecuencias cada vez mayores. Preste atención cuando los alumnos se comportan adecuadamente. Algunos sistemas de control en el aula son los siguientes.

Tarjetas de colores

Éste es un sistema gráfico para la observación de la conducta que se emplea en muchas aulas, con múltiples variantes. Por lo general incluye un tablero de casillas, en las que cada alumno es identificado por nombre o con un número. Todos los alumnos comienzan el día con un color (por ejemplo, una tarjeta rosa). Cuando se produce una infracción a las reglas (después de una advertencia) se reemplaza la tarjeta inicial por otra (por ejemplo, amarilla), y la consecuencia pueden ser cinco minutos de "tiempo aparte". A la siguiente infracción, se pasa a una tarjeta de otro color (por ejemplo, azul), con una consecuencia más importante. Después de otra transgresión aparece la tarjeta roja, y una consecuencia aún más severa.

En este sistema, los alumnos comienzan cada día en cero. Para lograr una mayor eficacia, conviene permitir que la propia clase estipule las consecuencias asociadas con cada cambio de color. Si el maestro no quiere que todas las tarjetas estén a la vista de todos los alumnos, puede iniciar el día entregándole a cada uno una tarjeta rosa. Cuando sea necesario, el docente se acerca al escritorio del alumno transgresor y le cambia la tarjeta en privado y en silencio.

Algunos maestros emplean otra variante de este sistema. Le asignan un color a cada una de sus reglas para el aula. Cuando un alumno viola una regla específica, el maestro pone una tarjeta del color correspondiente en el bolsillo del niño, a quien de este modo se le señala con claridad qué es lo que ha hecho mal. El cambio de tarjeta determina consecuencias mayores.

Tarjetas numeradas

Algunos maestros requieren que los alumnos que necesitan modificar su conducta lleven a casa una tarjeta numerada. El código es el siguiente:

5 — Muy buena conducta. ¡Un gran día!

4 — Un buen día.

3 — Un día regular.

2 — Hoy hemos tenido algún problema.

1 — Hemos tenido un día muy difícil.

La comunicación entre el hogar y la escuela

Muchos maestros les hacen llegar a los padres algún tipo de notificación acerca de cómo se ha comportado el niño ese día o esa semana. Cuando se utiliza en el aula el sistema de las tarjetas de color, se suele enviar al hogar la tarjeta final, que llevan todos los alumnos, o sólo los que necesitan una observación estrecha en el hogar y la escuela.

Muchos maestros envían al hogar algún tipo de formulario o ficha que indica cómo se ha comportado el alumno durante la semana. El envío suele realizarse los viernes o los lunes. El alumno debe devolver el formulario a la escuela, con la firma de uno de sus padres. (Véase el sección 18 sobre la comunicación con los padres y el apoyo mutuo.)

Valorizar las acciones de los estudiantes

Algunos maestros emplean un sistema de recompensas y multas. Por ejemplo, utilizando anillos plásticos de color (los hay en los catálogos de material para la enseñanza de matemáticas), el maestro le atribuye un valor monetario a cada uno de los colores: amarillo, 5 centavos; rojo, 10 centavos; verde, 25 centavos; azul, 50 centavos. A los alumnos se les "paga" por su buena conducta: a) toda la clase gana puntos y el maestro recompensa a todos los alumnos con un valor por sus anillos; b) la recompensa es individual, por la conducta durante la tarea; c) se recompensa a grupos, por proyectos o por el trabajo cooperativo. Las posibilidades son ilimitadas. Los alumnos son "multados" por violaciones tales como no haber hecho la tarea, abandonar sus lugares y por su conducta al margen de la tarea. Semanal o quincenalmente pueden "comprar" pequeños gustos o privilegios con su "dinero" (el valor de los anillos).

Cómo evitar los problemas de conducta

Los problemas de conducta suelen aparecer en los momentos en que los alumnos no han recibido instrucciones. La buena planificación y el inicio rápido de la enseñanza en el aula son por lo general buenos disuasivos que evitan los problemas de conducta.

Reciba a los alumnos en la puerta a medida que van llegando. Déles las instrucciones necesarias antes de que entren. Una sonrisa y un "hola" son un hermoso modo de empezar el día. También es útil encargarles una tarea breve en el momento mismo de recibirlos.

Lo mismo se aplica al reunir a los alumnos después del receso, el almuerzo, las clases de gimnasia, artes visuales o música. Hay que estar allí puntualmente. Esos momentos de transición suelen ser los peores con los alumnos que padecen un TDAH.

El "tiempo aparte"

En la mayoría de las clases se necesitan pausas de "tiempo aparte" para los alumnos con TDAH. A menudo estos niños no pueden manejar toda la estimulación del aula, se agitan y se descontrolan. Entonces conviene que pasen un tiempo fuera del grupo para calmarlos y ayudarlos a recobrar el autocontrol.

Emplee pausas de "tiempo aparte" cuando sea necesario.

- En su propia aula, para resguardar al niño de distracciones.

- Asóciese con otro maestro (preferiblemente de otro grado), a cuya aula pueda enviar al alumno con una tarea independiente en la que tendrá que trabajar durante cierta cantidad de tiempo. Éste suele ser un sistema muy eficaz.

- En el centro de consultoría.

Los siguientes son algunos consejos acerca de las pausas de "tiempo aparte".

- Orientar al alumno hacia una pausa tranquila y positiva. Ejemplo: "Michael, me gustaría que te sentaras manteniendo bajo control tus manos y tus pies. Si no puedes hacerlo, vuelve a la mesa. Únete a nosotros cuando estés en condiciones de sentarte sin tocar a nadie."

- Algunos maestros emplean una silla "para pensar" durante un lapso específico, por ejemplo tres a cinco minutos, a fin de que el alumno reflexione sobre su conducta inadecuada.

- Otros maestros hacen sentar al alumno lejos de la clase hasta que él mismo considere que está en condiciones de volver. Una regla práctica típica especifica un minuto de tiempo aparte por año de edad. Un niño de 6 años podría tener seis minutos de tiempo aparte o lejos del grupo.

- Como paso siguiente, otros maestros envían al alumno a sentarse fuera del aula. Cuando el niño considera que está en condiciones de comportarse de modo adecuado, vuelve voluntariamente y aguarda hasta que el maestro lo recibe, diciendo, por ejemplo: "Me alegra que ya estés en condiciones de seguir nuestras reglas. Por favor, ven con nosotros".

- Si el alumno continúa creando problemas, el paso siguiente suele ser enviarlo al centro de consultoría, o a otra aula, para que pase un tiempo solo, y después a la dirección.

- Los maestros con acceso a teléfonos obtienen buenos resultados llamando al hogar o al trabajo de uno de los padres, junto con el alumno.

Nota: Los maestros de escuela primaria deben leer la sección 21 sobre el jardín de infantes. Esa sección contiene muchas sugerencias exitosas para el control de la conducta de alumnos pequeños.

Advertencia: El maestro no debe abusar del "tiempo aparte", y asegurarse de que el niño advierte cuál es la conducta que ha provocado esa medida.

Contratos de conducto

Redacte un contrato que especifique la conducta que se espera y la recompensa que habrá cuando esa conducta o tarea se haya realizado. Los métodos de modificación de la conducta suelen ser eficaces con los alumnos, y siempre deben intentarse. Hay que tener presente que la efectividad con alumnos que padecen un TDAH puede ser de corta duración, de modo que los sistemas y las recompensas deben renovarse con frecuencia. No se desaliente. Intente de nuevo. Pida ayuda al consejero de su escuela. Desde luego, también se necesita la participación y el apoyo de los padres. (Véanse ejemplos al final de esta sección.)

Control de la proximidad

Permanezca cerca de los alumnos con problemas de atención o conducta. Recorra el aula. Una mano sobre el hombro o una mirada directa como recordatorio silencioso siempre vienen bien.

Los alumnos con TDA/TDAH deben sentarse cerca de los maestros y de otros alumnos que se concentran bien. Hay que evitar que se pongan en la periferia. La segunda fila suele ser mejor que la primera para mantener el contacto ocular. Estos niños no deben sentarse cerca de los centros de aprendizaje, las puertas, las ventanas, u otros sitios que distraigan. (Véanse las secciónes 7 y 15.)

La conexión personal

Para hablarle a un alumno sobre su conducta hay que apartarlo del grupo. Con calma, y en términos concretos, se le hacen advertencias y se le explica cuáles serán las consecuencias si viola las reglas. Después, persistir.

Hablar sobre el asunto. Cuando hay un problema, se debe conversar con el alumno de modo privado. El proceso incluye: a) una atención pasiva (escuchar al niño sin interrumpir); b) una respuesta de reconocimiento (proporcionar retroalimentación verbal, no verbal, o de ambos tipos, para que el niño sepa que ha sido escuchado); c) una atención activa (responder, hacer preguntas y comentarios, como, por ejemplo, "Ven a sentarte conmigo… Quizás encontremos una solución", "No estoy seguro de comprenderte. ¿Puedes decirme algo más?").

Trate de formular el problema en términos de conductas específicas, y no le haga llegar al niño el mensaje de que es "malo". Reitere las orientaciones, los límites y las consecuencias de manera calmada y tranquila.

El contacto con los padres es esencial. Es necesario conseguir el apoyo de los padres mediante reuniones, llamadas telefónicas e informes regulares y frecuentes sobre la conducta y la realización de las tareas por parte del niño. Todos los contactos con los padres comunican implícitamente que el docente está cuidando al niño. Junto con las preocupaciones, estas comunicaciones deben incluir siempre observaciones positivas y el reconocimiento de lo que el alumno está haciendo bien.

Modelar la conducta apropiada

Emplee tutores de otra edad o compañeros que modelen para el niño los tipos específicos de conducta con los que él tiene dificultades.

Tome fotografías de alumnos que tienen conductas positivas (por ejemplo, durante una actuación de papeles) y exhíbalas en el aula. Lo preferible no es colgarlas en la pared, sino mostrarlas cuando resulte necesario para recordar las expectativas. Resulta muy eficaz una foto del alumno sentado correctamente y aplicado a su tarea. Esa foto se puede pegar en el pupitre del niño. Adopte como recordatorio convenido el acto de acercarse al niño y señalarle la foto, alentándolo a parecerse a ella.

Señales preventivas

La técnica de señales preventivas apunta a detener la conducta perturbadora antes de que comience, y a evitar la confrontación o la vergüenza del alumno ante sus compañeros. El maestro concierta en privado con el niño una señal determinada (un gesto de la mano o una palabra), que significará que debe calmarse, prestar atención, dejar de hablar o de mecerse en la silla. Los siguientes son recordatorios no llamativos para el resto de los alumnos.

Ejemplos de señales:

- Luces de semáforo o de detención, para indicar que una conducta debe atemperarse o detenerse.

- Acercarse al alumno, mirarlo directamente a los ojos y tocarse reiteradamente el mentón, para indicarle que se concentre en usted.

- Presentar los dos pulgares alzados para indicar que el alumno puede ponerse de pie y pasar a otra parte del aula o salir. (Véase el sección 7, sobre la atención.)

- Si al alumno se le han enseñado estrategias de relajación (véase la sección 17), se puede concertar una palabra o dos como señales de que comience a aplicar esas técnicas para relajarse y recuperar el control.

La eficacia con que el alumno pueda aplicar esta estrategia depende de la medida en que la practique y la internalice. Por ejemplo, yo he enseñado a algunos alumnos a visualizar un color que a ellos los calma y tranquiliza. Esos niños han aprendido a "aspirar" dicho color y enviarlo a través del cuerpo para relajarse y sentirse apaciguados y controlados. Cuando uno de estos alumnos comienza a tener problemas, me acerco a él y le doy la señal. Con una palabra, o unas pocas palabras en voz baja y señales (por ejemplo, "Respira, envía el turquesa a través de tu cuerpo"), basta para que el alumno pueda calmarse y recuperar el control.

- Se pueden entregar a los alumnos signos o tarjetas de colores para pedir ayuda, que ellos colocarán en sus escritorios. Ejemplos:
  - Tarjeta verde: Estoy trabajando.
  - Tarjeta azul: Terminé.
  - Tarjeta roja: Necesito ayuda.

- Entregar al alumno breves notas manuscritas: "Por favor, acuérdate de_____".

- Disponer tarjetas recordatorias en los escritorios individuales (con instrucciones escritas o señales gráficas).

Trate de tener presente que estos niños no pretenden fastidiarlo, y que las conductas molestas y perturbadoras suelen ser no intencionales, e incluso es posible que el niño no tenga conciencia de ellas. Usted puede ayudar haciendo lo siguiente:

- Evite la crítica y las conminaciones que empiezan con "no". Enseñe y explique las conductas correctas. Formule con claridad sus expectativas.

- Demuestre respeto por el alumno y, siempre que resulte posible, conserve el sentido del humor.

¿Qué debo hacer si...?

1. El niño está totalmente fuera de control (grita, dice malas palabras, se oculta debajo del escritorio).

En primer lugar, hay que sacar al niño de la clase inmediatamente. Algunas escuelas cuentan con un equipo de crisis para abordar estos problemas. Cuando un niño está totalmente fuera de control, se avisa a la dirección y alguien del equipo (por ejemplo el director, el vicedirector, el consejero psicológico) va al aula para hacerse cargo del niño, mientras el maestro retira del lugar al resto de la clase. En los casos extremos se necesita apoyo administrativo y la participación inmediata del equipo de consulta del establecimiento para reunirse con los padres, planificar estrategias y proporcionar apoyo y asistencia.

2. El niño no puede permanecer sentado y se cae constantemente de la silla.

En una reunión privada con el niño, hay que explicarle la preocupación del maestro y la expectativa de que permanezca sentado. Se le pregunta por qué no puede hacerlo. A veces el tamaño de la silla es inadecuado e incómodo. En algunos casos un almohadón puede ser útil. Otras veces es conveniente permitir que el alumno dé vuelta a la silla y se siente a horcajadas.

Por lo general, estos niños tienen una necesidad fisiológica de movilidad. Las instrucciones del maestro deben permitir una participación activa y algunos movimientos. Hay que elaborar con el alumno un sistema que le dé la oportunidad de ponerse de pie y caminar cuando lo necesite. Para algunos niños hay que indicar en el piso, con una cinta adhesiva de color, el espacio por el que pueden moverse.

Pruebe con un contrato que, a cambio de "permanecer sentado", ofrezca un refuerzo positivo. Establezca un tiempo mínimo que esté al alcance del alumno, y trabaje para ir acrecentando ese lapso. Concierte una señal privada.

Una consecuencia lógica cuando el alumno no puede permanecer sentado sin causar una perturbación es que temporariamente pierda el privilegio de sentarse. Hay que hacerlo permanecer de pie durante cierto tiempo. Tal vez tenga que trabajar sin sentarse. Algunos niños, por razones físicas, no pueden permanecer sentados ni un tiempo mínimo. Se debe ser tolerante con ellos, y estar dispuesto a ignorar algunas de sus conductas, permitiendo que se pongan de pie cerca de sus lugares cuando lo necesitan.

3. Un niño impulsivo habla constantemente en clase.

Intente un contrato con refuerzo positivo cuando levanta la mano pidiendo permiso para hablar. Un sistema de recompensa con fichas puede ser eficaz como recordatorio externo para el alumno que no tiene controles interiores. Al principio del día se le da al niño una taza con fichas o monedas. Cada vez que habla inadecuadamente en clase se retira una moneda, con un recordatorio o una señal discretos de que tiene que levantar la mano. Cuando estos niños hablan desordenadamente, no se debe prestar atención a sus preguntas o respuestas. Hay que ignorar lo que dicen. Cuando el alumno ha perdido todas sus monedas o fichas, se sigue la consecuencia negativa (un tiempo aparte, la pérdida de un privilegio, etcétera). Si ha logrado conservar las fichas al final del día (o a lo largo de un lapso estipulado), sigue un refuerzo positivo.

Estos niños necesitan recordatorios de control que suponen la proximidad del maestro, y son de carácter táctil (un toque suave) y auditivo (por ejemplo, susurrar "Robert, tienes que levantar la mano"). Después no se lo atiende a él, sino a otro alumno.

4. El niño está constantemente furioso o perturbado por algo.

Destine tiempo a hablar con él y a escucharlo. Pedir ayuda al consejero o consultor. Reconozca los sentimientos del niño y explíquele respuestas o alternativas aceptables más adecuadas.

- Proporciónele un alivio para la tensión física (correr, escribir sobre la furia en un diario o en una hoja suelta).

- Enséñele estrategias de relajación. (Véase el sección 16.)

- Enséñele a tomar conciencia de sus sentimientos cuando comienza a sentirse perturbado, y a practicar técnicas como la respiración profunda ("enfriarse", contar para atrás desde veinticinco hasta cero antes de hacer o decir algo).

- Los alumnos que padecen un TDA/TDAH suelen tener problemas con los compañeros, en razón de sus deficientes habilidades sociales. Enséñeles estas habilidades siempre que pueda, para que se percaten de las situaciones sociales, sobre todo en los grupos de aprendizaje cooperativo.

- Intente un contrato con refuerzo positivo. Cuando el alumno viola las reglas por haberse encolerizado, seguirán obvias consecuencias negativas.

5. El niño irrita continuamente a sus compañeros.

A menudo este niño no tiene conciencia de lo molesto que resulta; lo mejor es señalárselo, hacérselo ver en un momento en que esto no lo humille frente al resto de la clase. Hay que explicarle los sentimientos que despierta en los otros cuando invade su espacio. Busque alternativas en el ambiente del aula; déle a este alumno más espacio (lugar para las piernas, más lugar en la mesa y más espacio donde sentarse). Recompénselo con elogios cuando mira al frente y está correctamente sentado. Ponga énfasis en que es maravilloso verlo bien sentado.

ENTREVISTA CON STEVE
(16 años, California)

Steve tiene discapacidades de aprendizaje y TDAH.

¿Qué les aconsejas a los maestros?

"No avergüencen a los niños frente a toda la clase. Cuando tienen que hablarles sobre algo que han hecho, deben hacerlo en privado. De otro modo, uno termina odiando al maestro, y no escucha lo que dice… Cuando alguien se siente frustrado, denle un par de minutos para que se tranquilice, antes de que se cree problemas."

Muestras de contratos

	Lunes	Martes	Miércoles	Jueves	Viernes

- Junto con el alumno, elija una, dos o tres conductas para observar una o dos veces por día. El gráfico que damos como ejemplo está destinado a dos observaciones por día (antes y después del almuerzo).

- El alumno le lleva al maestro la tarjeta para que la firme, le dibuje estrellas o el símbolo escogido para indicar puntos ganados.

- Reforzar según los términos del contrato.

Ejemplos de comportamientos que es posible observar:

1. Presto atención.

2. Controlo mi mal genio.

3. Escucho al maestro.

4. Mantengo bajo control mis manos y mis pies.

5. Levanto la mano antes de hablar.

6. Trabajo del mejor modo que puedo.

7. Me siento correctamente en la silla.

8. Hablo a los otros con cortesía.

Ejemplos de contratos para utilizar con la tarjeta de observación

Ejemplo A

> Si he reunido _____ estrellas en mi tarjeta el miércoles por la tarde, tendré derecho a _____
>
>
> Firma _____
>
>
> Fecha _____

Ejemplo B

> Si he reunido _____ estrellas en mi tarjeta el viernes, tendré derecho a _____
>
> _____
>
> Firma _____
>
>
> Fecha _____

Ejemplo C

> Cada vez que reúna _____ estrellas, tendré derecho a _____
>
> _____
>
> Firma _____
>
>
> Fecha _____

Fecha _____

La próxima vez me desempeñaré mejor al

_____

(conducta)

Firma _____   _____

_____   _____

Fecha _____

Nosotros vamos a

_____

(conducta)

Firma _____   _____

_____   _____

6

La prevención de problemas durante las transiciones y mientras no se está enseñando

Lo típico es que las transiciones y los lapsos durante los cuales no se enseña resulten los momentos más desastrosos para los estudiantes que padecen un TDA/TDAH. El intermedio entre actividades y clases ocupa el 15 por ciento de la jornada escolar en un aula promedio. Los niños hiperactivos tienen problemas importantes en los recreos, en el transporte, mientras aguardan el almuerzo, camino al baño, etcétera.

Algunos modos de ayudar

1. Trate de que el alumno no se vea sorprendido. Prepárelo para cualquier cambio en la rutina (por ejemplo, asambleas, oradores invitados, excursiones, maestros suplentes).

2. Hable sobre lo que sucederá, y modele el comportamiento adecuado. En este sentido, y especialmente con los alumnos pequeños, es útil la actuación de papeles que los preparen para los cambios que se producirán.

3. Emplee señales (por ejemplo, encender o apagar varias veces las luces, tocar el timbre, poner música) para indicar que una actividad llega a su término y los niños deben dar por concluido lo que están haciendo. A menudo se deja un margen de cinco minutos. Las maestras de jardín tienen un gran dominio de estas técnicas. Estas señales son útiles en todos los grados.

4. Incorpore pausas para alargar y algunos breves ejercicios físicos entre actividad y actividad, particularmente cuando a continuación habrá un trabajo intenso o habrá que pasar mucho tiempo sentado.

5. Emplee técnicas de relajación, imaginación y ejercicio físico para tranquilizar al alumno después del recreo, el almuerzo, etcétera. (Véase el sección 16, sobre estrategias de relajación.)

6. Guíe físicamente a los alumnos a través de la transición. Algunos niños necesitan que el maestro, un ayudante u otro alumno los asista, permanezca cerca y modele para ellos la conducta adecuada.

7. Recompense las buenas transiciones. Algunos maestros otorgan puntuaciones individuales o grupales para recompensar a los alumnos o grupos que están en condiciones de emprender la próxima actividad.

8. Algunos maestros emplean incentivos para toda la clase. Una técnica consiste en dibujar un círculo en el pizarrón. Antes de la transición (por ejemplo, antes de limpiar luego de una actividad artística y sentarse para la actividad siguiente), el maestro avisa que va a contar hasta cierto número y procede a hacerlo. Si todos los niños han terminado con la limpieza cuando el docente acabó de contar, él traza una marca en el círculo. En el caso de que no haya terminado toda la clase, el maestro dice: "Bien, tal vez lo logremos la próxima vez". Si la clase gana un determinado número de marcas en el círculo a lo largo de la semana, se hace merecedora de una recompensa.

9. Para los problemas de conducta que se produzcan en las actividades fuera del aula se necesitan estrategias no previstas en el programa de disciplina de la escuela. Organice reuniones de intercambio informal y de generar de ideas con sus colegas, incluyendo los equipos administrativo y de consulta.

10. Tal vez se necesite mayor estructuración de las actividades durante el receso. A los alumnos con TDAH suele resultarles difícil esperar su turno para participar en un deporte. Tal vez les convengan más los juegos con aros, con cuerdas para saltar, las carreras de postas, etcétera. Estudiantes auxiliares de otra edad pueden ayudar en algunas actividades.

11. Incorpore a los ayudantes y a los otros miembros del personal que tratan con estos alumnos fuera del aula. Hacerles comprender la conducta y necesidades especiales del niño con TDA puede ser muy beneficioso. Siempre que resulte posible, incluya a esos trabajadores en las actividades de formación relacionadas con este trastorno o con las discapacidades de aprendizaje. Por otro lado, el maestro de grado debe conocer los problemas de conducta que se plantean fuera del aula y alertar a los padres al respecto.

12. Prepare a los niños para los períodos de trabajo estático independiente.
    — Las actividades y tareas asignadas deben explicarse claramente.
    — Formule por escrito lo que los alumnos deben hacer durante ese período.
    — Con ciertos estudiantes, aclare y estructure aún más las tareas.

Ejemplos para considerar

- Escriba una lista de lo que hay que hacer. Los alumnos deben tachar las tareas a medida que las vayan realizando.

- Estipule un tiempo razonable para realizar cierto trabajo. Recompense el trabajo terminado o la aplicación a la tarea.

- Si la tarea asignada es difícil o larga, abréviela o modifíquela según sea necesario. No pida un trabajo independiente muy difícil.

- Asígnele al alumno un "socio" o emplee grupos de aprendizaje cooperativo que aclaren las dudas cuando sea necesario. Si el maestro está con otro grupo, los alumnos deben saber que no tienen que interrumpirlo sino preguntar primero a un compañero o a su propio grupo. Sólo si de este modo no obtienen respuesta pueden apelar al maestro.

- Emplee comportamientos silenciosos para los alumnos que tienden a distraerse cuando trabajan quietos y sentados (trabajo estático).

- Algunos alumnos necesitan silencio completo, y pueden beneficiarse de auriculares o tapones en los oídos que bloqueen el ruido.

- Hay que asegurar que los niños tengan a su alcance todos los materiales necesarios, de modo que no haya excusas para abandonar la tarea durante el lapso de trabajo independiente. Para los alumnos a los que les falte algo, hay que contar con una reserva de materiales adicionales, aunque sean menos útiles.

7

La atención: obtenerla, concentrarla, conservarla

Conseguir y mantener el interés y la atención de nuestros alumnos no es siempre una tarea fácil. Conseguir que un alumno con TDA/TDAH permanezca concentrado y trabajando constituye un desafío monumental para los maestros, y exige experimentar con diversos enfoques.

Modos de lograr la atención de los alumnos

1. Emplee técnicas diversas para hacer indicaciones a los alumnos: apagar las luces, hacerlas titilar, tocar el timbre, levantar la mano (como señal de que también ellos deben levantar las manos y cerrar la boca hasta que todos estén callados), tocar un compás en el piano o con la guitarra, etcétera.

2. Varíe su tono de voz: alto, bajo, susurrante. Dé una orden en voz alta: "¡Escuchen! ¡Listos! ¡Basta!". A continuación permita unos segundos de silencio, y proceda a dar instrucciones en un tono de voz normal.

3. Contacto visual. El alumno debe mirarlo mientras usted habla, sobre todo si le está dando instrucciones. Cuando los alumnos tienen escritorios dispuestos en varios grupos, el maestro debe disponer que todos giren sus sillas de modo que queden frente a él cuando así lo indique.

4. Modele el entusiasmo por la lección que se inicia.

5. Haga una pregunta sugerente, no muy fácil, capaz de generar comentarios y despertar interés por la lección que se inicia.

6. A veces es útil "payasear" un poco; un sombrero extravagante o una música extraña pueden atraer la atención de los alumnos.

7. Misterio. En una caja, una valija o una funda lleve un objeto relacionado con la lección que se inicia. Éste es un modo excelente de generar adivinanzas y puede conducir a charlas o actividades escritas de muy buen nivel.

8. Antes de leer un relato o sección, emplee estrategias introductorias (véase el sección 10, sobre lenguaje): mediante una charla con poemas, ayudas visuales, etcétera, incorpore las experiencias anteriores de los alumnos.

9. Obtenga un ambiente tranquilo antes de empezar a enseñar.

Cómo concentrar la atención de los alumnos

1. Cuando presente una lección y de instrucciones, emplee estrategias multisensoriales. (Véase el sección 9.)

2. Utilice ayudas visuales. Escriba palabras clave o dibuje figuras en el pizarrón, o bien use el retroproyector en el transcurso de su exposición.

3. Para destacar los puntos importantes, emplee colores: tizas de color en el pizarrón, y rotuladores de color con el retroproyector. Escriba con un color diferente las palabras o frases clave, los distintos pasos de los problemas de computación, las letras que dan lugar a errores ortográficos en ciertas palabras, etcétera.

4. Enmarque con sus manos o en una caja de color el material visual en el que usted quiere que los alumnos se concentren.

5. Señale el material escrito en el que usted quiere que los alumnos se concentren: con el dedo, con una regla o con un puntero.

   Nota: El retroproyector es la mejor herramienta para concentrar la atención de los alumnos en el aula. Con él, el maestro puede escribir información en color sin tener que dar la espalda a la clase, con lo cual se mejora el manejo en el aula y se reducen los problemas de conducta. Los maestros pueden modelar fácilmente, enmarcar la información importante, y a los alumnos les encanta que los llamen para escribir en las transparencias.

   Las transparencias pueden realizarse de antemano, ahorrando tiempo al maestro. Una puede estar cubierta en parte, a fin de bloquear algún estímulo visual que distraiga. Si se apagan las luces del aula, la pantalla iluminada retiene la atención de los alumnos. Mi consejo es que los maestros que no tienen acceso a un retroproyector hagan todo lo posible para conseguirlo.

6. Use una linterna. Apague las luces y logre que los estudiantes se concentren iluminando con ella a individuos u objetos.

7. Siempre que resulte posible, incorpore demostraciones y exposiciones con práctica.

8. Para atraer a los alumnos, siempre que sea posible explique el propósito y la pertinencia de la lección.

9. Manténgase siempre visible.

10. Proyecte su voz y asegúrese de que todos los alumnos pueden oírlo claramente. Tenga en cuenta los sonidos que compiten con usted en el aula (por ejemplo, un acondicionador de aire).

Consejos para ayudar a los alumnos proclives a distraerse

1. Siente a esos alumnos muy cerca de usted.

2. Establezca contacto ocular directo con ellos.

3. Ni en el escritorio del niño, ni cerca de sus manos, debe haber nada que pueda distraerlo.

4. El niño debe estar sentado entre alumnos atentos y concentrados.

5. Emplee el contacto físico (por ejemplo, una mano en el hombro o en la espalda del niño).

6. Se pueden utilizar técnicas o incentivos para el refuerzo positivo y la modificación de la conducta (por ejemplo, asignar puntos por haber prestado atención y haberse concentrado en la tarea, tarjetas individuales, contratos y tarjetas para puntuaciones, autoadhesivos, etcétera).

7. Elogie al alumno cuando está concentrado: "Me gusta el modo en que Adrián está sentado y mira al pizarrón".

8. Emplee señes privadas, acordadas con el alumno, para mantener su atención. Por ejemplo, el maestro puede tocarse los ojos para indicar "mira", o los oídos para indicar "escucha". Cuando se señala y toca el mentón, puede significar "mírame la cara y presta atención".

Mantener la atención y la participación de los alumnos

1. La lección debe ser clara en todo momento.

2. El ritmo de la exposición debe ser brioso, activo.

3. Prepare de antemano sus materiales, para no perder tiempo.

4. Emplee figuras, diagramas, gestos, objetos didácticos y material de interés.

5. Estructure la lección de modo tal que el trabajo pueda realizarse en parejas o grupos pequeños, para lograr la máxima participación y atención del alumno. El aprendizaje cooperativo es la estrategia y estructura ideal para mantener a los alumnos interesados y participando. En las aulas actuales, es esencial enseñar a aprender. (Véase el sección 14.)

6. Exija razonamiento crítico. Hagan preguntas que requieran razonamiento y estimulen la reflexión y el comentario.

7. Pida que los alumnos tomen notas breves durante la instrucción.

8. Emplee técnicas de rellenar. Distribuya un texto con palabras clave omitidas. Pida que los alumnos llenen lo que falta. En otro texto, que los niños resalten con color los puntos esenciales.

   Ejemplo: "Esta sección explica modos de atraer _____ de los alumnos, y mantenerlos _____ _____ en la tarea".

9. Haga preguntas a todos los alumnos por igual. Muchos maestros, sin advertirlo, ignoran a algunos niños del aula. En general, el maestro no se da cuenta de que pasa por alto a algunos alumnos sentados en rincones, o de que pregunta a los varones con más frecuencia que a las niñas. Algunos maestros son proclives a hacerles preguntas a los niños que tienen los conocimientos que el maestro desea. Otros deliberadamente a los alumnos que parecen no estar preparados o que desconocen la respuesta. Las estadísticas sobre las expectativas y el desempeño escolar en relación con etnia y género lo demuestran abrumadoramente. (Véase, en la sección "Bibliografía y recursos recomendados", la referencia a Dolores A. Grayson y Mary D. Martin, *GESA*.)

   Los niños son muy astutos, muy pronto advierten los hábitos y el sistema del maestro, y se dan cuenta de cuáles son las probabilidades de que los llame a hacer aportes en el aula. Los alumnos que perciben que se los hará hablar frente a sus compañeros permanecen más atentos. El entrenamiento GESA sugiere estrategias para asegurar que todos los alumnos sean llamados con menor discriminación. Tal vez al maestro le resulten útiles algunos de los métodos siguientes.

   — Tenga un fichero de tarjetas con los nombres de los alumnos. Escoja una tarjeta al azar, llame al alumno correspondiente, y vuelva a incorporarla.

   — Escriba los nombres de los alumnos en paletas de helados, y extráigalas al azar.

   — Grábese en video o en audio para controlar sus propias tendencias y descubrir a quiénes toma más en cuenta. Advertirlo nos ayuda a realizar un esfuerzo deliberado para responder a los alumnos que podríamos haber estado ignorando. *Nota:* He observado que yo miro hacia la izquierda y respondo a los niños que están de ese lado con más frecuencia que a los otros. También tiendo a prestar más atención a los alumnos perturbadores. Después de haberlo advertido, estoy tratando de cambiar.

   — Reparta una tarjeta en el escritorio de cada niño. Explíqueles que está tratando de ser justo y llamar a todos equitativamente. Pídales que tracen una marca en la tarjeta cada vez que usted los llama. Esto puede hacerse a lo largo de un día, de varios días, o de una semana. Los resultados son a veces muy reveladores para el maestro, y por lo general a los niños les gusta cooperar. Por otro lado, ellos consideran que la elección al azar es justa.

10. Después de hacer una pregunta, concédale al alumno una pausa de por lo menos cinco segundos. Muchos niños necesitan más tiempo para procesar el interrogante, reunir sus ideas y expresarlas. Trate de reformular, haga preguntas de sondeo, y aguarde un poco más. A los alumnos que no logran responder dígales que volverá a ellos más tarde y efectivamente hágalo.

11. Tome medidas especiales. Sea sensible con los alumnos que sus compañeros consideran malos estudiantes, incapaces de responder. Establezca acuerdos privados con el niño que tiene este problema, para ayudarlo a reforzar su autoestima. Le puede proponer que en adelante levante la mano cerrada cuando no desea que usted lo llame, y la mano abierta en caso contrario.

Mis colegas me han comentado que esta técnica es muy eficaz para cambiar la percepción que tienen los niños de algunos de ellos que levantan la mano muy pocas veces. Los compañeros no reparan en que esté cerrada o abierta (cuando está abierta, el maestro debe tratar de darle a ese niño la oportunidad de responder), de modo que el alumno parece tener conocimientos y deseos de aportarlos a la clase.

12. Haga que los estudiantes participen activamente, para mantener su compromiso y concentración en el tema. Intente las siguientes técnicas:

— Generar ideas. Los alumnos generan ideas relacionadas con el tema y las exponen verbalmente. El maestro las escribe en el pizarrón, en papel o en una transparencia para retroproyector.

— "Discute durante algunos minutos con tu compañero (o con quien tienes frente a ti, o detrás de ti)" o bien "Escribe con tu compañero todo lo que puedas pensar sobre _____".

— Escritura rápida. En un lapso breve, los alumnos tendrán que redactar una respuesta a su pregunta o indicación. Después leerán lo que escribieron a un compañero, a un grupo o a toda la clase.

Métodos para respuesta al unísono

En lugar de llamar a un alumno en particular (lo que les da la oportunidad de "levantar vuelo" a los niños proclives a distraerse), intente otros métodos para evaluar la comprensión.

1. Emplee pizarras individuales. Cada alumno puede tener una en su escritorio, o bien el maestro las reparte cuando es necesario. Ante una pregunta o un problema de matemáticas, los niños buscan la respuesta en sus pizarras y, cuando el maestro lo indica, las alzan y las presentan para que él las vea.

Nota: Muchos maestros que emplean pizarras individuales piden que los alumnos lleven a clase una media vieja donde guardan la tiza, y que utilizan como borrador.

2. Métodos directos de enseñanza. Los alumnos deben observarlo cuidadosamente mientras usted extiende el brazo y les hace una pregunta. Después de permitirles algún tiempo para pensar, deja caer el brazo, preferiblemente con un chasquido de dedos u otra señal auditiva. Ante esta indicación, los alumnos deberán dar la respuesta al unísono.

3. Método de señalar y tocar. Señale a la izquierda de una palabra (por ejemplo, de una lista escrita en el pizarrón o en una transparencia para retroproyector). Explique a los alumnos que cuando usted señala una palabra ellos deben tratar de leerla mentalmente. Cuando, a continuación, usted la toque con el puntero o la tiza, ellos tendrán que pronunciar la palabra en voz alta. Señale entonces una palabra, deje pasar unos segundos para que los niños piensen, y haga la señal de "¿qué dice aquí?". Después toque la palabra. Ante esta señal, todos los alumnos responderán al unísono. Esta técnica de enseñanza directa es muy eficaz para retener la atención de toda la clase cuando se leen listas o gráficos.

4. Respuestas "sí o no" de toda la clase. Esta técnica admite diversas formas. Se recomienda que las señales con las manos o con tarjetas alzadas se realicen de tal modo que la comunicación sólo se establezca entre el maestro y cada uno de los alumnos por separado. Hay que enseñar a los niños a levantar los dedos, las tarjetas, etcétera, bajo el mentón, cerca del cuerpo, mirando adelante. De esta manera nadie observará a los otros para controlar su propia respuesta. Los siguientes son algunos ejemplos de las señales concertadas:

   — Pulgares arriba: sí; pulgares abajo: no.

   — Tarjeta verde: sí; tarjeta roja: no.

   — Mano abierta: sí; mano cerrada: no.

   — Tarjeta con cara feliz: sí; tarjeta con cara triste: no.

5. Tarjetas con signos de las operaciones aritméticas. Los alumnos levantan el signo de la operación que se necesita para resolver el problema.

6. Abanicos de números. Son excelentes para obtener respuestas grupales a problemas de matemática o de otro tipo. Sus significados pueden ser, por ejemplo: 1) Estoy totalmente de acuerdo; 2) Me parece que sí; 3) Estoy en desacuerdo.

Estos abanicos pueden hacerse escribiendo números en franjas de cartón unidas en el otro extremo por un broche mariposa que les permite girar. De este modo los alumnos pueden presentar sus respuestas a problemas matemáticos.

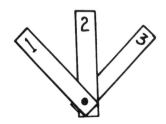

Mantenga la aplicación de los alumnos durante el trabajo estático

1. Controle la claridad. Antes de enviar a los alumnos a sus sitios para que trabajen independientemente, asegúrese de que todos han entendido las instrucciones.

2. Encargue una cantidad manejable de trabajo, que el alumno sea capaz de realizar independientemente.

3. Asigne una tarea fácil, en la que el alumno no pueda fracasar, para que se aplique a ella mientras aguarda la ayuda del maestro, en el caso de que tropiece en alguna parte del encargo.

4. Observe a todos los niños con frecuencia. Todos los alumnos necesitan refuerzos positivos. Haga comentarios positivos a menudo, elogiando a los niños que están aplicados a la tarea. Esto sirve como recordatorio para los que tienden a tener dificultades.

5. Piense en emplear un cronómetro con aquellos estudiantes que trabajan bien "contra el reloj" y de tal modo se esfuerzan para completar el trabajo.

6. Emplee contratos, organizadores gráficos y sistemas para la modificación de la conducta.

7. Cuando los niños se apartan de la tarea, emplee las técnicas de valorizar las acciones y las consecuencias naturales. El alumno puede quedar "debiendo tiempo" que deberá saldar al final del día, antes de las clases del día siguiente, o en los recreos.

Si ha instrumentado un sistema de puntos, cuando no se realiza una cantidad razonable de trabajo se pueden deducir puntos de multa.

8. Asigne áreas silenciosas para el trabajo estático.

9. Con el objeto de aclarar dudas durante el trabajo estático, se pueden asignar compañeros de estudio, sobre todo cuando el maestro está atendiendo a otro grupo al mismo tiempo.

10. Señales que significan "necesito ayuda". Se puede convenir un signo o un color que los alumnos pondrán sobre su escritorio para indicarle al adulto que quieren su asistencia.

ENTREVISTA CON BOB
(49 años)

Bob creció en Nueva Inglaterra. Tiene un título de Master of Science, está jubilado de la Armada, y es en la actualidad consultor comercial y contratista del gobierno.

Descríbame de qué modo sus problemas de atención lo afectaron en la escuela.

"La lectura era mi mayor frustración. La evitaba a cualquier precio. Me gustaban los libros con ilustraciones y revistas como el *National Geographic,* pero sólo leía los títulos. Mi atención no daba para más. No podía concentrarme durante cinco minutos en una página. A menudo salía mal en los exámenes. Me costaba prestar atención a la prueba y quedaba frustrado. A veces me limitaba a hacer dibujitos en las páginas del test."

Hábleme de sus habilidades.

"Siempre tuve la capacidad de tomar poca información (datos), mirarla, tocarla, oírla, y a continuación hacer un dibujo del producto terminado. Recuerdo que en sexto grado teníamos que presentar informes orales frente a la clase. Al principio del año no tuve problemas, porque podíamos hacer o dibujar algo, y después pasar al frente y hablar sobre lo que habíamos hecho. Pero una vez la maestra pidió un informe escrito para leer y compartir. Nunca lo hice, porque me resultaba muy difícil concentrarme el tiempo necesario para redactar. Recuerdo que memoricé todos los datos y toda la información, y recité de memoria el informe, oralmente. Mi maestra estaba furiosa. Me hizo pedazos."

¿Qué recuerdos tiene de la escuela secundaria?

"Los profesores me marcaron como fracasado. Recuerdo vívidamente a mi profesora de historia del último año. En mi familia no había ninguna duda de que proseguiría mis estudios. Todos eran graduados. Esta profesora hizo cuanto pudo para demostrar que yo no tenía 'madera de universitario'. Me sacó de la clase y me puso a dibujar mapas en otra habitación, en lugar de permitirme participar. Dicen que con el tiempo uno se olvida de estas experiencias, pero no es así. Aún siento furia y animosidad contra esa profesora."

¿Qué les aconsejaría a los maestros? ¿Qué habría determinado una diferencia para usted?

"Les diría a los maestros que se pueden recorrer mil caminos distintos. No todos tienen que escoger la misma senda. Todos tenemos distintos modos de asimilar los datos, diferentes filtros, diferentes vivencias, que afectan nuestra manera de ver las cosas y procesar la información. Para ser justos, los maestros tienen primero que considerar si cuentan con algún otro método de aprendizaje que ayude a uno u otro niño a hacer lo que tiene que hacer. A algunos les gusta la lectura. Otros son como yo: si toco algo y lo siento, lo hago mío. Para obtener lo mejor de mí, póngame en un grupo con tres o cuatro personas (de cualquier capacidad). Logro lo máximo en una estructura grupal en la que haya mucho intercambio verbal."

Cómo enseñar a los estudiantes destrezas de organización y estudio

*L*os alumnos con TDA/TDAH tienen importantes problemas con las habilidades de organización y estudio. De hecho, ésta es una de las características clave del trastorno. Estos alumnos necesitan asistencia directa, estructuración y entrenamiento en:

- La organización de su material.
- La organización de su lugar de trabajo.
- El registro de las tareas asignadas.
- La confección de listas.
- Planificar sus actividades por orden de importancia.
- La planificación de las tareas asignadas a corto plazo.
- La división de las tareas asignadas a largo plazo.
- Conocer las normas de trabajo aceptable.
- Leer y utilizar el calendario.
- Leer el reloj y seguir una agenda.
- Saber qué deben llevar al hogar y dejar allí.
- Saber qué deben llevar al hogar y traer de vuelta.
- Saber cuándo y dónde cambiar de tarea.
- Saber qué hacer específicamente durante el trabajo estático.
- Saber qué hacer cuando han completado el trabajo estático.
- Saber qué materiales se necesitan y esperan.

Habilidades esenciales que hay que enseñar a los alumnos con TDA/TDAH

Muchos distritos escolares están empleando un programa pertinente para entrenar a los alumnos en las mencionadas habilidades, así como en diversas estrategias de aprendizaje (por ejemplo, la lectura activa, la toma de notas, la diagramación de material escrito, la corrección de borradores, el estudio para los exámenes y el empleo de libros de referencia). El programa, expuesto en *Skills for School Success*, libro de la doctora Anita Archer y Mary Gleason, Curriculum Associates, Inc. (véase la sección "Bibliografía y recursos recomendados"), es muy eficaz y conveniente para la enseñanza de estas importantes habilidades que se aplican durante toda la vida. Muchas escuelas están utilizando *Skills for School Success* (Habilidades para el Éxito Escolar) como programa para todos los grados, de modo que los alumnos reciban un entrenamiento sistemático y la oportunidad de internalizar verdaderamente sus habilidades de organización y estudio.

Un componente principal del programa "Habilidades para el Éxito Escolar" es el empleo de una carpeta con divisores de materias y bolsillos laterales (para los papeles que se llevan al hogar y se dejan allí o se deben volver a la escuela). Los alumnos reciben también una bolsa, un sobre para materiales y un calendario mensual en el que deben registrar todas las tareas asignadas.

Hay que enseñarles a emplear ese calendario y a registrar las tareas en la fecha correspondiente. Como señala la doctora Archer, la "fecha correspondiente" no es (según creen muchos alumnos) el día en que se supone que tienen que "hacer" la tarea. Los padres deben revisar la carpeta y los bolsillos laterales *diariamente*, junto con el niño. La doctora Archer recomienda contar con una tarjeta plastificada que diga "No hay deberes para hoy"; los alumnos la colocarán en un bolsillo de la carpeta cuando no haya una tarea específica asignada para esa noche.

Métodos para registrar las tareas encargadas y organizar el área de trabajo y los materiales

A los alumnos con TDA/TDAH suele resultarles difícil registrar las tareas para el hogar con cualquier sistema (sea un calendario mensual o una hoja diaria o semanal). El maestro puede intentar las siguientes medidas para que las tareas asignadas sean anotadas correctamente.

1. Designarle al niño un estudiante que sea "compañero de estudio". Ese alumno ayudará a que en la hoja o calendario de tareas queden registrados todos los deberes. Por lo general, estos compañeros de estudio se sientan en la misma mesa que el niño o cerca de él.

2. Describir todas las tareas encargadas en el pizarrón, no limitarse a enunciarlas verbalmente.

3. En el momento en que se encargan los deberes para cada materia, los alumnos deben abrir su calendario y apuntar esas tareas. Si se cuenta

con un retroproyector, lo ideal es dibujar una transparencia del calendario y guiar a los niños en el registro de sus deberes.

4. Los alumnos que tienen problemas especiales con estas habilidades suelen mejorar con una lista diaria. Después de apuntar las tareas en el calendario (incluyendo las pruebas, los informes sobre libros y los proyectos en curso) hay que ayudar a los alumnos a confeccionar una lista de "cosas por hacer". Las listas de "cosas por hacer", en las que los niños van tachando las tareas a medida que las realizan, son muy eficaces.

5. Dedique un par de minutos al final del día escolar a revisar las tareas para el hogar, realice un control rápido para comprobar que el niño se está llevando los libros y materiales necesarios, etcétera.

6. Comuníquese con los padres si aparecen problemas con las tareas. Los padres deben conocer el sistema aplicado por el maestro, y lo que se está intentando para proporcionar ayuda adicional. Tienen que hacer su parte, ayudando con los deberes, la organización y las destrezas de estudio.

7. Explique claramente cuáles son los materiales que espera que los niños lleven a clase (por ejemplo, lápices afilados, goma de borrar, hojas de carpeta). Cuando el niño no ha llevado el material necesario, el maestro, para demostrar su seriedad en lo que pide, le proporcionará sustitutos de calidad inferior, menos deseables (por ejemplo, hojas de formularios para que usen el dorso, lápices cortos y mordidos). No hay que reforzar la irresponsabilidad y la desorganización del niño, permitiéndole que pida prestado materiales buenos, a usted o a los compañeros, sobre todo si lo hace continuamente.

8. Realice controles programados y no programados de las carpetas y los escritorios, y recompense a los alumnos cuando encuentre buena organización (por ejemplo, con certificados especiales, tarjetas de "no hay deberes para esta noche" o con algunos privilegios).

9. Recoja las tareas realizadas en el hogar. Los alumnos las depositarán cotidianamente en un lugar señalado a tal efecto, o el maestro las tomará directamente de cada alumno.

10. Prevea un tiempo "de limpieza", durante el cual los alumnos ordenarán sus escritorios y carpetas. Los niños con problemas de organización necesitan que un adulto los ayude periódicamente a ordenar sus papeles, y a desecharlos o reciclarlos cuando son inútiles. A tal fin, recurra a un ayudante, un voluntario, o un compañero muy organizado.

11. Asegúrese de que las tareas para el hogar repasen o pongan en práctica información ya proporcionada al alumno, y no conocimientos nuevos que él tenga que adquirir por su cuenta, con la ayuda de un familiar.

12. Si el alumno o un familiar dice que todas las noches deben dedicar un tiempo enorme a las tareas asignadas, modifique las asignaciones, reduzca la carga de trabajo.

Cómo ayudar a los alumnos en la organización de los trabajos escritos

1. Inculque normas sistemáticas de trabajo (por ejemplo, escribir a doble espacio, incluir un encabezamiento con el nombre, la fecha, la asignatura y el número de página). El programa "Habilidades para el Éxito Escolar" es excelente para la enseñanza de estas normas y para subrayar la importancia del trabajo prolijo y de calidad.

2. Enseñe al alumno a dejar blancos adecuados entre palabra y palabra y a evitar el apiñamiento, tomando como medida de espaciado el ancho de su dedo índice.

3. Con líneas finas, trace los márgenes izquierdo y derecho en la hoja de papel, y enseñe a los niños a no excederlos.

4. Muchos alumnos intentan escribir sin sostener el papel sobre el escritorio. A menudo apoyan la cabeza sobre la mano libre. Enseñe y exija que una mano sostenga el papel. Si resulta difícil acostumbrar al niño, pruebe fijándole el brazo con papel adhesivo.

5. Los alumnos con TDA/TDAH cometen numerosos errores por falta de cuidado, y a menudo necesitan borrar; la hoja de papel se ensucia y se rompe. Recomiendo que empleen un papel más pesado y más grueso, que resista mejor ese manejo. Por otro lado, es más fácil y tolerante aceptar tachaduras prolijas, de una sola línea sobre la palabra mal escrita, y la corrección intercalada arriba. Aunque el maestro no le permita el procedimiento al resto de la clase, es muy útil para los alumnos que tienen problemas con la escritura.

6. A los alumnos más pequeños, enséñeles las proporciones de las letras: designe el límite superior como "línea de la cabeza", la línea media como "línea del cinturón" y la base como "línea del pie".

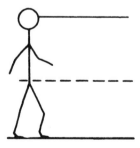

Recuerde a los alumnos el tamaño relativo de las letras: "las jorobas de la letra *m* llegan hasta la línea del cinturón, y no más alto".

7. Los ejercicios de matemáticas pueden ser difíciles de organizar en el papel. Haga que los alumnos dejen mucho espacio entre ejercicio y ejerci-

cio, y que rodeen con un círculo el número de cada problema. Suele resultar útil que para esta materia se utilice papel con rayado vertical, que ayuda a los niños a mantener alineadas las columnas de los números.

Cómo evitar las confusiones visuales

A los alumnos con TDA/TDAH, y también a los que tienen problemas para el procesamiento óptico, les cuesta concentrarse cuando hay confusiones visuales que los distraen.

Ayude a estos niños a prestar atención con las siguientes medidas:

1. Entregue material impreso (proyectos y pruebas) en copias prolijas y legibles, a doble o triple espacio, no apiñadas.

2. Borre todo lo que está en el pizarrón y no es útil. Emplee colores siempre que le resulte posible, para orientar la atención. Son preferibles las pizarras blancas, en las que se escribe con marcadores, porque no juntan polvo y permiten un mejor empleo de los diferentes colores.

3. Evite el apiñamiento de objetos en los escritorios. Ayude a los alumnos a mantenerlos lo más despejados que sea posible.

4. Es útil codificar los archivos con colores.

5. Los círculos autoadhesivos de color en las tapas y lomos de los textos ayudan a estos alumnos a ubicar los libros más rápidamente (por ejemplo, empleando un círculo azul para el "rincón del escritor", y un punto verde para el "rincón del lector").

6. Cuide que el alumno tenga un lugar adecuado para guardar sus materiales (lo indispensable: cuantas menos cosas guarde, por menos cosas tendrá que preocuparse).

7. Los alumnos deben llevar una mochila o valija para sus libros.

8. Si los niños más pequeños no tienen aún cuaderno o carpeta, se puede emplear un sobre grande de plástico, con el nombre del alumno impreso, para lo que deba llevar al hogar.

9. El maestro puede probar en el aula una organización con bandejas rotuladas "Trabajos a corregir", "Trabajos corregidos para devolver", "Trabajos que necesitan ayuda". Los alumnos sabrán dónde tienen que depositar sus tareas para que el maestro las controle. Los asistentes, ayudantes y padres voluntarios pueden retirar las tareas de la bandeja rotulada "Trabajos que necesitan ayudan", y brindarla a los alumnos del caso.

10. Divida en segmentos más pequeños los proyectos prolongados e importantes. Establezca un marco y una secuencia para cada segmento. Explique cuáles son sus expectativas específicas para cada parte, y comunique con claridad la fecha en que debe estar terminada. Cada segmento debe

ser recogido, corregido y comentado por el maestro. Recuerde que a los alumnos con TDA/TDAH les cuesta mucho trabajar en proyectos de este tipo. Sondee sus intereses, proporcione ayuda adicional y comuníquese con los padres, para que también ellos colaboren.

Técnicas para el manejo y la organización del tiempo

1. Ayude al manejo y la organización del tiempo por parte del propio alumno, poniendo un reloj de cartón frente a su escritorio, con las manecillas en la hora en que debe salir del aula. Escriba esa hora en palabras y números, como recordatorio adicional.

2. Ayude al alumno a confeccionar un horario. Péguelo en el escritorio.

3. A algunos alumnos los ayuda el empleo de un reloj que emita una señal cada diez o quince minutos. Si este sistema no molesta o distrae demasiado, permita que el alumno con TDA/TDAH vea el reloj durante su trabajo individual estático. En el caso de que complete su tarea en el marco de tiempo fijado, el maestro o el ayudante lo reforzará, en términos de un contrato.

Ayude a los alumnos a organizar sus ideas

En las secciones sobre estrategias académicas examinaremos técnicas específicas para la organización del conocimiento: por ejemplo, la preescritura, la cartografía del relato, la lectura para determinar "el meollo del texto", los pasos organizativos para resolver problemas de matemáticas, y otras habilidades. Todas ellas son difíciles de adquirir para algunos niños, en particular los que tienen discapacidades de aprendizaje y trastorno por déficit de atención. Los maestros deben pormenorizar esas habilidades y enseñarlas a sus alumnos.

Participación de los padres

Los padres deben compartir la responsabilidad de enseñar a los niños habilidades para la organización y el estudio. Los maestros necesitan trabajar con los padres a fin de ayudar al niño en sus tareas. Corresponde a los padres:

- Tener un lugar de trabajo tranquilo, lejos del televisor.

- Tener materiales e iluminación adecuados.

- Tener un lugar y un sistema para controlar el calendario de tareas asignadas o la hoja de trabajo (así como para recibir las notas, las autorizaciones especiales y otras comunicaciones de la escuela).

- Ayudar a establecer el orden de las actividades y la lista de lo que se deba hacer por la noche.

- Establecer una rutina tan sistemática como resulte posible (por ejemplo, hacer las tareas para el hogar, cenar, acostarse).

- Asegurarse de que el niño haya guardado los libros, los cuadernos, las carpetas, etcétera, en su mochila para el día siguiente.

- Ayudar a confeccionar listas, horarios, notas recordatorias.

- Recompensar las habilidades para la organización en el hogar.

Si el niño trae habitualmente un trabajo mínimo para el hogar, dice que no le han dado deberes o que los hizo en clase, los padres tienen que pedir aclaraciones al maestro. Esa falta de tareas asignadas no es frecuente. Puede ser que al niño le falte percepción, que no se dé cuenta, o prefiera pensar que está al día con el trabajo para el hogar. Los padres deben también comunicarse con el maestro cuando el alumno lleva a la casa demasiado trabajo. En ambos casos se necesita comunicación y flexibilidad entre el hogar y la escuela.

Desde luego, hay muchos hogares caóticos en los que no se podrá ayudar a los niños a desarrollar estas habilidades. Como maestros, tenemos que hacer todo lo posible para proporcionar la estructura y modelar tales aptitudes para nuestros alumnos.

ENTREVISTA CON JOHN
(23 años, cursa el último año en la universidad, en Colorado)

A John se le diagnosticó TDAH siendo adulto.

Dime lo que recuerdas que fue difícil para ti en la escuela primaria.

"Desde primer grado sentí que yo era uno de los 'chicos tontos'. Los maestros decían que tenía capacidad pero no era aplicado. Recuerdo que en sexto grado trabajé mucho en un proyecto y construí yo solo una casa solar. Mis padres no me habían ayudado nada. Sabía lo que quería hacer, pero me faltaban las herramientas para armarlo. En ese proyecto tuve una nota baja, porque no me gustaba pasar mucho tiempo en él. Mi maestro dijo: 'Podrías haber trabajado mejor'."

"En la escuela primaria, tenía problemas cuando la maestra nos narraba cuentos. Me quedaba dormido. Ella me preguntaba continuamente: '¿John, te sientes bien?' porque yo no podía escuchar sus cuentos. Ella no comprendía… Tenía que dormirme para permanecer quieto."

"En uno de los grados, una muy buena alumna presentó un proyecto sobre las ilusiones ópticas. Recuerdo haber pensado que ese trabajo no era muy bueno… Yo podría haberlo hecho mejor. Pero como estaba en el grupo de alumnos con notas más bajas, nunca tuve la oportunidad de que me encargaran proyectos especiales."

¿Qué te gustaría que hubiera sucedido cuando eras más joven?

"Si pudiera volver atrás, me gustaría aprender de nuevo a aprender. Tendría que haber encontrado maestros que realmente se preocuparan y trataran de descubrir cuál era mi problema. Durante mucho tiempo me costó muchísimo leer un relato. Tenía que releerlo continuamente, porque estaba 'afuera, en otra parte', y no prestaba atención a lo que yo mismo leía. Leía una oración una y otra vez, la leía en voz alta, y aun así no tenía la menor idea de lo que había leído."

¿Qué me dices de los primeros años de la escuela secundaria?

"La mayoría de los problemas que tenía en la escuela eran de disciplina, sobre todo en el principio de la escuela secundaria. Empecé a faltar a clase porque el álgebra era muy difícil para mí."

¿Qué les aconsejas a los maestros?

"Lo más importante es que los niños puedan contar con ellos. Esos chicos que tienen problemas precoces, y son identificados, pueden ser ayudados."

sección

9

Enseñanza multisensorial

Buena parte de este libro trata de la necesidad de aplicar técnicas multisensoriales para conectar con todos los alumnos del aula. Las estadísticas sobre estilos de aprendizaje demuestran que la mayoría de los alumnos aprende mejor con presentaciones visuales y táctiles/cinestésicas. Sólo el 15 por ciento tiende a ser preferentemente auditivo. Es particularmente importante que los profesores de secundaria tengan en cuenta este hecho. Si el estilo de enseñanza del docente tiende a la exposición oral, y todo lo dice él, habrá un alto porcentaje de alumnos a los que no llegue el mensaje. Según las estadísticas los estudiante retienen:

- El 10 por ciento de lo que leen.

- El 26 por ciento de lo que escuchan.

- El 30 por ciento de lo que ven.

- El 50 por ciento de lo que ven y escuchan.

- El 70 por ciento de lo que dicen.

- El 90 por ciento de lo que dicen y hacen.

La consecuencia obvia es que debemos presentar las lecciones combinando distintos métodos. Los alumnos necesitan experiencias prácticas, en las que ellos mismos hagan algo. También necesitan la oportunidad de verbalizar a menudo durante el día escolar lo que han comprendido. Las situaciones de aprendizaje cooperativo (con un compañero, con tres o en grupos de cuatro) son muy eficaces para lograr que los alumnos verbalicen y compartan su comprensión en el aula.

Lograrán el mayor éxito los alumnos que tengan la oportunidad de trabajar juntos y de comentar con compañeros que participen activa y físicamente en la lección.

El siguiente ejemplo muestra cómo se pueden enseñar las tablas de multiplicar y los múltiplos de un número (en este caso, cuatro) con un enfoque multisensorial.

Estilo auditivo

Pida que de cuatro en cuatro empleando un ritmo, melodía, canción o *rap*. Hay grabaciones para tal fin en venta. A los alumnos con inclinación musical se les puede encargar que escriban su propio *rap* o melodía y lo enseñen en clase.

Estilos visual y táctil

1. Practique los múltiplos de cuatro en la computadora. Hay algunos programas muy divertidos con juegos de ejercicio y práctica.

2. Practique los múltiplos de cuatro en una calculadora. Los alumnos deben oprimir la tecla de multiplicar y escribir la respuesta.

3. Haga un círculo de papel con el centro recortado. En la franja que queda escriba los números de cero a nueve en cualquier orden, y cuelgue sobre el pizarrón. Escriba "x 4" en el centro en el pizarrón. Los alumnos practicarán pasando al frente y escribiendo los productos alrededor del círculo. Esto puede utilizarse para otros ejercicios, cambiando la operación o el número en el centro del círculo. Cuando hayan varios en el pizarrón, se pueden correr carreras de cálculos.

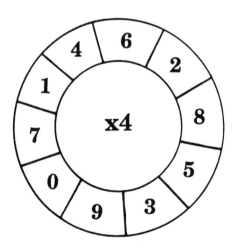

4. Organice el juego de arrojar un dado y multiplicar la cifra que resulte por cuatro. Como de este modo el máximo multiplicador será seis, esta misma técnica puede aplicarse con ruleta, que permita más dígitos. Otra alternativa es que los alumnos arrojen dos dados juntos y sumen los números respectivos (por ejemplo, 6 + 3 = 9); después arrojarán un tercer dado, y multiplicarán la suma anterior por el número que acaba de salir

(por ejemplo, 9 x 4 = 36). Otras variantes funcionan igualmente bien.

5. Emplee tarjetas con números, confeccionadas y coloreadas por los alumnos.

6. Confeccione tarjetas visuales y táctiles escribiendo los multiplicadores con goma de pegar salpicada con arena o sal cuyo exceso se retira cuando se seca la goma. Los alumnos pueden recorrer los números con el dedo mientras los repiten en voz alta.

Estilo espacial

1. Utilice dibujos y colores para ayudar a los alumnos a visualizar el patrón y la secuencia de los múltiplos. El programa "Touch Math" tiene gráficos y dibujos para cada número. Para los múltiplos de cuatro, emplea un patrón de bolos.

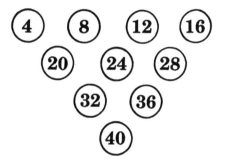

— Los alumnos deben colorear los dos primeros dígitos (4 y 8) de amarillo. Los dos múltiplos siguientes, que tienen un 1 en el lugar de las decenas (12 y 16), se colorean en naranja. La segunda fila de bolos, con números de la segunda decena (20, 24, 28) de rojo. La fila siguiente, con números de la tercera decena (32, 36), de morado. El número 40 recibe el color azul.

— Los alumnos confeccionarán sus propios gráficos, disponiendo los números en secuencia y coloreándolos.

— Fabricar "bolos" grandes, plastificados, de color, mezclarlos y pedir que los alumnos los coloquen sobre el piso en la secuencia adecuada. A continuación indicar, por ejemplo, "Salten al círculo que corresponde a 4 x 6". Ésta es también una técnica cinestética, puesto que involucra movimientos corporales.

Nota: Muchos alumnos con discapacidad de aprendizaje les cuesta mucho trabajo memorizar las tablas de multiplicación. El enfoque "espacial" parece ser la respuesta adecuada para estos niños. Sorprende verlos cerrar los ojos, imaginar la ubicación espacial del número, visualizando con rapidez y señalando dónde está 4 x 8 o 4 x 3, siempre con los ojos cerrados; la mayoría puede decir, sin mirar, de qué color es ese "bolo". Pero estos mismos niños pueden ser incapaces de aprenderse de memoria la tabla de cuatro, incluso contar de cuatro en cuatro. Muchos alumnos con discapacidad de aprendizaje, que presentan una debilidad significativa en las tareas secuenciales de hemisferio cerebral izquierdo, están dotados para el enfoque espacial.

2. Emplee una tabla o matriz con todos los números de 0 a 99, o de 1 a 100, o ambas, y haga que los alumnos cuenten de cuatro en cuatro, coloreando o marcando con una "x" los casilleros correspondientes a los sucesivos múltiplos de cuatro. De este modo podrán percibir *visualmente* el patrón.

3. Pida que los alumnos unan cubos de plástico en grupos de cuatro, que deberán ser del mismo color en cada grupo. Cuando tengan diez de esos grupos deberán contar de cuatro en cuatro. Esto puede también hacerse con anillos de plástico u otros objetos didácticos.

4. El siguiente es otro diseño divertido para los alumnos y útil para los niños de orientación visual.

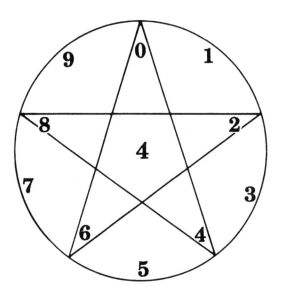

Dibuje un círculo, y a lo largo del mismo coloque los números de 0 a 9. Escriba un cuatro en el centro. Pida que los alumnos escriban los múltiplos de cuatro (4, 8, 12, 16, 20, 24, 28, 32, 36, 40). Comience señalando con el lápiz el número 4, y pida que los niños conecten en orden los dígitos del círculo teniendo en cuenta sólo las *unidades* de cada múltiplo. Habrá que unir con una recta el 4 y el 8, el 8 y el 2 (que representa el 12), el 2 y el 6 (que representa el 16), el 6 y el 0 (que representa al 20), y en adelante habrá superposición con líneas ya trazadas. Los números dígitos (4, 8, 2, 6, 0) reaparecerán una y otra vez en la secuencia de los múltiplos (24, 28, 32, 36, 40, 44, 48, etcétera). Los alumnos disfrutan realizando estos dibujos con los distintos números.

Estilo verbal

Desde luego, es esencial que los alumnos capten el concepto de multiplicación. Deben tener muchas oportunidades de hablar en clase para remediar sus problemas de expresión. Por ejemplo, se puede pedir que toda la clase participe en una generación de ideas y produzca una tabla y listas de "cosas que vienen de cuatro en cuatro". Ésta es una actividad excelente, muy útil para los niños. A partir de la lista (que puede incluir las ruedas de un auto, las patas de un caballo, los palos de una baraja), los propios alumnos pueden plantear problemas para que los resuelvan sus compañeros.

Estilo conceptual

Hay centenares de juegos activos y otras actividades que los alumnos pueden y deben realizar en el aula para captar la multiplicación a nivel conceptual. Aprenderse de memoria las tablas y la resolución de problemas a nivel simbólico no basta. Libros y fuentes como *Mathematics: A Way of Thinking*, y *Math Solutions*, son recursos excelentes. Véase el sección 12.

En las secciones que siguen sobre estrategias específicas de lectura, escritura y matemáticas, explicaremos con mayor profundidad las técnicas multisensoriales. Para que los alumnos tengan la oportunidad de aprender eficazmente se necesita una diversidad de enfoques y el reconocimiento por parte del maestro de que los niños aprenden de diferentes maneras.

ENTREVISTA CON BRITA
(37 años, California)

Brita recibió de adulta un diagnóstico de discapacidad de aprendizaje y TDA.

¿Qué recuerda de la escuela primaria?

"Vivía una familia de lectores ávidos. Crecí rodeada de libros. Me gustaba estar entre libros, pero no podía leerlos. Recuerdo cuánto disfrutaba de oír leer a mi maestra de tercer grado. Escuchar cuentos era una experiencia muy intensa. Mi mayor frustración consistía en no poder adelantar en lectura."

Cuénteme cómo sus dificultades para concentrarse la afectaron en la escuela.

"Uno de los problemas con el TDA es que tenemos días buenos y días malos. Yo no podía prever cuándo se abriría la trampa y perdería el hilo de mis pensamientos. Por ejemplo, si quería hacer una pregunta en clase, levantaba la mano y me repetía mentalmente, una y otra vez, lo que quería preguntar, para no olvidarlo. Pero en el lapso de la espera, me olvidaba de todo. Perdía mucho, y esto era muy frustrante. Tenía que dedicar horas a las tareas para el hogar. Leer, procesar la lectura y escribir me resultaba muy difícil."

¿Y en la escuela secundaria?

"No tenía muchos amigos, pero no me importaba demasiado. Lo que me interesaba en primer lugar era desempeñarme bien. Los profesores siempre me gustaban. Siempre estaba en sintonía con lo que ellos querían, y hacía cuanto podía para agradarles.

"Tuve algunos profesores muy buenos. Gran parte de mi trauma era autoinfligido. Los engañaba. Engañaba a todos, pero al hacerlo (es decir, al ocultar que no podía leer), pensaba que estaba haciendo trampa. Al hablar con muchos otros adultos que tienen discapacidad de aprendizaje se descubre que muchos sentimos que estamos haciendo trampa al no cumplir con lo que se espera de nosotros en el sistema tradicional. Es posible que nos la hayamos ingeniado para pasar por el sistema, pero tuvimos que encontrar nuestros propios métodos. La mayoría de nosotros nos dimos cuenta desde muy pequeños de que algo estaba mal, pero no sabíamos qué era.

"En los primeros años de la escuela secundaria recuerdo que era la última que se ponía en marcha. Me sentaba para escribir algo, pero no podía empezar. Me sentía muy frustrada, y mi nivel de angustia crecía continuamente, empeorando las cosas. A menudo me parecía estar separada del cuerpo. El cuerpo estaba al lado mío. Mi cerebro y mi cuerpo no se encontraban coordinados entre sí."

¿Cómo encaró sus dificultades?

"Me costó mucho. Pasé períodos de grave depresión. Tuve que atenderme con psiquiatras. Ninguno imaginó que no podía leer.

"He aprendido a acomodarme a mí misma. En la clase me sentaba adelante, cerca de los profesores, y trataba de mantener con ellos una relación de persona a persona, en la medida de lo posible. En la universidad nunca falté a una clase. Soy muy desorganizada, pero tengo una oficina y soy responsable de ella. Logro organizarla con indicaciones visuales. Ubico las cosas en pequeñas cajas prolijas, y con un código de colores. Empleo recursos que me ayudan a compensar mi discapacidad, como el Franklin Language Master, y saco partido de las grabaciones para ciegos de libros y textos, que también sirven para individuos con discapacidad de aprendizaje. Si no puedo llegar al estante alto, me ayudo con una escalera; entonces, ¿qué problema hay en tener recursos para compensar una discapacidad? Puedo hacer muchas cosas que no están al alcance de otras personas. Soy muy creativa. Ahora estoy aprendiendo a congratularme a mí misma, de modo que no voy a volver a caer en el agujero negro en el que estuve durante treinta años."

10

Estrategias para la clase de lenguaje

Los niños con TDA/TDAH, y otros que corren riesgo de fracasar en la escuela, se cuentan entre los alumnos que pueden beneficiarse de las actuales estrategias de enseñanza que se exponen y recomiendan en todos los Estados Unidos. Se trata de las estrategias de lenguaje integral, el proceso de escritura, la enseñanza recíproca y otras estrategias de cuestionamiento y razonamiento critico.

Son muchas las estrategias que los maestros pueden utilizar para enseñar del mejor modo un currículo integrado de lenguaje. Las páginas siguientes resumen muchos métodos para la enseñanza de la literatura y la escritura.

Estas ideas han tenido diversos orígenes. Deseo reconocer y agradecer a algunas de las maestras y fuentes cuyas concepciones comparto: Arlene White-Gruber, Darlene Rios-Smith, Wendy Wright, Sumi Holzman, Carol Fisher, Valerie Kear, Meijean Chan, Ethel Daniels, Ann Sturm, C.P.L., Yellow Pages: California Literature Project, Dominguez Hills Teacher Leaders (verano de 1989), Chancer/Asher (1990).

Estas estrategias son excelentes para los alumnos a los que les cuesta concentrarse y mantener la atención porque:

- son muy interesantes, pertinentes y motivadoras;

- son de naturaleza multisensorial;

- suponen una participación activa;

- involucran la interacción con compañeros, de lo que resulta una mayor aceptación social, el desarrollo de las habilidades sociales y un mejoramiento de la autoestima;

- permiten sondear, escoger y aprovechar los estilos de aprendizaje y los talentos del alumno.

Cuando experimentamos la introducción de algunas de las siguientes actividades y estrategias en el aula, se benefician todos los alumnos, en particular los que tienen necesidades especiales.

En un enfoque integrado de lenguaje resulta difícil enfocar por separado las estrategias de lectura y las de escritura.

No obstante, en el capítulo siguiente examinaremos con más detalle los problemas de escritura.

Estrategias previas a la lectura

Narre los cuentos para proporcionarles a los estudiantes experiencia o conocimientos previos mediante:

- Charlas en la clase.

- Generar ideas/hacer gráficas de los conocimientos previos.

- El empleo de ayudas visuales o audiovisuales relacionadas con el tema (por ejemplo, mapas, música, diapositivas).

- Predicciones, mapas y gráficas acerca del cuento.

- Establecer un propósito para la lectura.

- El repaso previo de las ilustraciones del texto.

Los organizadores gráficos y otras estrategias para entender

Los organizadores gráficos

Se trata de diagramas de un concepto que permiten que el alumno organice visualmente lo que ha leído. Los buenos lectores visualizan y dan forma a imágenes mientras leen; los malos lectores no saben hacerlo.

1. **Secuencia del cuento.** Divida en secciones un tablero o una hoja de papel, y pida que los alumnos dibujen y escriban los acontecimientos de del cuento, en cada sección en el orden en que ocurrieron.

2. **Diagramas o mapas del cuento.** Identifique los personajes, el problema, la secuencia de los acontecimientos, la resolución del conflicto.

3. **Perfiles gráficos.** Después de leer un libro escoja algunos acontecimientos y produzca un gráfico con los que los estudiantes consideran más excitantes. Represente gráficamente la opinión mayoritaria de la clase (expresada levantando la mano o aplaudiendo) acerca del grado de interés de cada acontecimiento.

4. **Gráfica de la parte favorita.** Similar a los anteriores: la clase identifica algunas escenas o partes del libro, y las representa en una gráfica de barras donde todos registran sus preferencias.

5. **Cuentos circulares.** Escriba en el pizarrón los principales acontecimientos. Toda la clase decidirá si forman parte del círculo. Después, en hojas individuales, divididas en secciones, los alumnos reproducirán el cuento en orden (en imágenes y palabras), y volverán a narrarla.

6. **Carteles.** Los alumnos crean carteles que representan las características de un personaje del libro.

7. **Diagramas de Venn.** Emplee diagramas para hacer comparaciones y contrastes entre dos obras literarias análogas; compare un libro con su versión cinematográfica, o distintos personajes de una misma obra. Ejemplo:

La telaraña de Charlotte

8. **Red del personaje.** Escriba el nombre del personaje en el centro de la red, del que se desprenderán rasgos y descripciones.

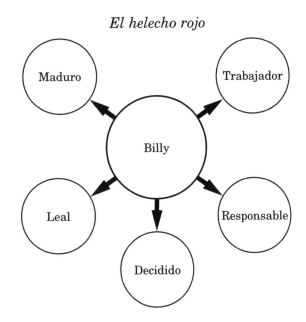

El helecho rojo

9. **Gráficas del argumento del cuento.** Confección de gráficas para cuentos como *La bella durmiente* y *Los tres chanchitos*. Emplee la siguiente estructura:

Alguien   quería   pero   y entonces...

10. **Gráficas de predicción.** Crear gráficas que se van modificando a medida que leemos el cuento. Sobre la base del título y las ilustraciones, los alumnos realizan sus predicciones iniciales. A medida que leen, se detienen y predicen lo que sucederá a continuación. Siga haciendo preguntas, prediciendo y anotando. Explique a los alumnos que una predicción es la mejor conjetura realizada sobre la base de la información que se tiene en un momento dado, y que los buenos lectores predicen constantemente a medida que leen.

Otras estrategias para entender

1. **La silla caliente.** Un alumno se sienta voluntariamente en "la silla caliente", representando cierto personaje del cuento. Los otros alumnos le hacen preguntas que él debe responder como lo haría el personaje del que se trata.

2. **Escritura rápida.** Conceda a los alumnos dos o tres minutos para escribir lo que piensan sobre el tema. Se les aclara que no deben preocuparse por la puntuación, la ortografía, por ni la gramática, sino sólo por escribir.

3. **Protocolo de diálogo.** Padres de estudiantes leen en voz alta e intercambian sus interpretaciones y preocupaciones.

4. **Actividad dirigida de lectura y pensamiento.** Guíe a los alumnos en la predicción de lo que sucederá en el cuento leyendo después para verificar las hipótesis; y comprensión entre los compañeros y el maestro, y se reitera todo el procedimiento cada cierta cantidad de pasajes o páginas leídos.

5. **Imaginación. (visualización) guiada.** A medida que el maestro lee o sugiere descripciones sensoriales, genera significado al crear imágenes personales del texto en la mente de los alumnos. Los alumnos cierran los ojos mientras el maestro lee en voz alta o describe el escenario, y son guiados en la creación de imágenes mentales personales con el empleo de sus cinco sentidos.

6. **Modelo del maestro.** El maestro resume y modela el pensamiento.

7. **Asientos de diario.** Incluya diarios de reflexión, diarios metacognoscitivos y diarios de asiento doble.

Diario de reflexión

LO QUE SUCEDIÓ	LO QUE YO SENTÍ	LO QUE APRENDÍ

Diario metacognoscitivo

LO QUE APRENDÍ	CÓMO LLEGUÉ A COMPRENDERLO

Diario de asiento doble

CITA: FRASE U ORACIÓN Que me gusta especialmente	MIS PENSAMIENTOS sobre esta cita

8. **Diarios literarios.** Pida que los alumnos anoten sus reflexiones, resúmenes y predicciones personales.

9. **S-Q-A.** Genere la siguiente tabla a tres columnas:

S: ¿Qué *sabes*?

Q: ¿*Qué* quieres llegar a saber?

A: ¿Qué has *aprendido*?

S	Q	A

10. **Enseñanza recíproca.** Esta estrategia enseña a los alumnos a concentrarse con perseverancia en lo que están leyendo; consiste en formular preguntas y resumir lo que han entendido. Las investigaciones han descubierto que los buenos lectores emplean espontáneamente las estrategias de predecir, interrogar, aclarar y resumir. Los malos lectores no se autoobservan ni emplean la estrategia de hacerse preguntas que los conduzcan a comprender. En un esquema de enseñanza recíproca se pide a los alumnos que resuman las respuestas a preguntas tales como: "¿sobre qué trata principalmente este párrafo?", "¿cuál sería un buen título para este pasaje?". A continuación plantee preguntas más profundas: "¿quién es la persona más importante en este párrafo?", "¿qué detalles sustentan la idea principal?". Preguntas aclaratorias pueden ser: "¿alguien ha oído antes esta expresión?, ¿qué creen que significa?".

11. **Teatro del lector.** Convierta en diálogo un fragmento literario, y léalo en voz alta, de modo dramático.

12. **Narrar de nuevo.** Repase los cuentos que han leído los alumnos haciendo un relato del cuento, un resumen, cronologías, escritura rápida, dibujos rápidos, cintas grabadas, gráficas del argumento o cualquier organizador gráfico.

13. **Enseñe** a los alumnos lo siguiente:

    — El vocabulario en su contexto.

    — El punto de vista.

    — El estilo, el empleo del lenguaje por el autor (incluso figuras retóricas).

14. **Lectura en voz alta.** Lea a la clase en todos los grados, modelando la fluidez, la expresión y la metacognición.

15. **Consejos adicionales**

    — Cuando emplee "libros gigantes", señale con un puntero. Enmarque con las manos las palabras y frases clave.

    — Emplee gráficos de bolsillo y pequeños papeles adhesivos de color con oraciones, para volver a narrar el cuento y comentar el vocabulario.

    — En los diagramas de pared, tape las palabras clave y pida que los alumnos las suministren.

Proyectos "de extensión" con actividades y libros

Dibujar:

    — Una escena tomada de un libro.

    — Un mapa o diagrama del ambiente del cuento.

    — Un cartel de publicidad del libro.

— Un marcador de hoja con imágenes o símbolos en una cara, y una lista de acontecimientos importantes o resumen en la otra.

— Una página de historieta que destaque las acciones importantes.

Diseñar:

— Una tarjeta postal del escenario. Al dorso, escribirle a un amigo como si uno fuera el personaje principal del libro, hablándole del ambiente del cuento y de los acontecimientos que se produjeron allí.

— Una camiseta para el personaje principal, que represente los atributos de su personalidad.

— Una camiseta con símbolos que representen acontecimientos del libro.

Hacer:

— Un diorama del cuento.

— Un álbum sobre un personaje, con tarjetas postales, dibujos, certificados de premio, libretas de calificaciones, etcétera.

— Un cubo, en el cual se dibujarán los acontecimientos clave del relato.

— Un *collage* de palabras e imágenes sobre los principales hechos del cuento.

— Un juego de mesa basado en el libro.

— Un móvil del argumento del cuento.

— Tomar fotos que podrían ilustrar el libro.

— Un libro sorpresa, un minilibro, un libro acordeón o un libro gigante.

— Un relato para franelógrafo.

— Una cesta de recuerdos, con objetos que representen los acontecimientos o temas del cuento.

— Comidas mencionadas en el libro.

Hacer el papel de:

— Periodista de televisión. Graba en audio o video una entrevista con un personaje del libro.

— Fiscal. Acusa formalmente a uno de los personajes del libro. Prepara el caso, expón todos tus argumentos y susténtalos con hechos.

— Director cinematográfico. Elige estrellas para protagonizar el libro. Explica las razones de cada elección.

— Periodista que está informando en vivo para el noticiero de la televisión sobre un acontecimiento del cuento.

Escribir:

— Una carta a un amigo, narrándole las partes más emocionantes del libro.

— Una carta al personaje principal, reflexionando sobre lo que habría ocurrido si él hubiera actuado de otra manera.

— Una telenovela con los personajes del libro.

— Una carta a un consultorio sentimental, desde el punto de vista de uno de los personajes, y la respuesta correspondiente.

— Un final distinto o una continuidad del relato.

— Poemas sobre el relato o un personaje.

— Un comercial de televisión para el libro.

— Un asiento del diario personal del protagonista, que describa uno de los acontecimientos principales del relato.

— Algunos acertijos sobre el cuento.

— Una escena del relato, pero en diferente momento del pasado o del futuro.

— Una moraleja de la narración, relacionándola con la propia vida.

— Un breve informe sobre un tema relacionado con el cuento.

— Un diario de viaje que describa los lugares que se han recorrido en la narración.

— Una campaña publicitaria para una película sobre el libro.

— Una carta al autor.

— Un acontecimiento del cuento, desde otro punto de vista.

Buscar:

— Figuras retóricas (metáforas, comparaciones, personificaciones, etcétera).

Crear:

— Una sobrecubierta para el libro.

— Crucigrama con vocablos y personajes del cuento.

— Un juego de dados que siga el argumento del cuento.

— La animación de una escena con dibujos sucesivos en una tira de papel.

Interpretar:

— Una canción original relacionada con el cuento.

— Pantomimas del cuento.

— Una conversación telefónica entre dos o más personajes.

— Un teatro del lector redactado a partir del libro.

El relato del cuento

El relato del cuento es muy eficaz en el aula, tanto para el maestro que la cuenta como para enseñarles las técnicas a los alumnos. La narración promueve la atención e invita una participación activa; alienta la visualización y el empleo activo de la imaginación; desarrolla en los niños el concepto de relato y su capacidad para escuchar; y lleva la literatura a los niños de una manera particularmente satisfactoria.

Enseñe a los alumnos a tomar un cuento breve, leerlo cuatro o cinco veces, y hacer diagramas, mapas, dibujos o composiciones sobre las escenas clave. A continuación deberán observar cada escena con el ojo de la mente, como si se tratara de una película muda, registrando todos los detalles. De este modo estarán preparados para el ejercicio de volverla a contar. [1]

El relato del cuenta inculca la concentración interior. Es un excelente vehículo para motivar y ayudar a los alumnos, en particular a los que tienden a distraerse y a los que son más difíciles de captar.

Estrategias para la lectura oral

La lectura oral en el aula es necesaria, pero puede ser problemática. Para comentar el relato de un texto resulta particularmente importante que todos los alumnos hayan leído el material. Sin embargo, la lectura "en ronda", por turno, en voz alta, no suele ser la más eficaz o productiva, sobre todo en un aula grande.

A los alumnos que tienen dificultades con la lectura les cuesta seguirla y prestar atención. Estos alumnos pierden la continuidad, el flujo y, en consecuencia, el sentido del pasaje. Es posible que tengan tanto miedo de pasar vergüenza y tan poca capacidad para la lectura oral que durante toda la clase se sientan aterrorizados, y traten de prever el fragmento que les tocará a fin de practicarlo de antemano. En consecuencia, no escuchan ni siguen la lectura de los otros.

Intente lo siguiente:

1. Lea en voz alta y modele la fluidez, la expresión y el interés; los alumnos seguirán el texto. Podría pedirles a algunos de ellos que vuelvan a leer oralmente ciertos pasajes. Mediante preguntas e indicaciones, pida que los alumnos localicen información y vuelvan a leer los pasajes respectivos.

2. Pida que los alumnos lean primero mentalmente, antes de la lectura oral. Nunca se debe obligar a leer en voz alta ante la clase a los estudiantes (en particular de mayor edad) que no se sientan cómodos en la lectura oral. Hay que pedirles que lo hagan cuando se ofrecen voluntariamente. La lectura con un compañero o en grupos pequeños es un modo mucho más "seguro" y preferible para la práctica de la lectura oral.

3. La lectura con un compañero o "socio": asigne (o permita que los alumnos elijan) un compañero de lectura. Después de que las parejas formadas hayan leído sus relatos mentalmente, cada "socio", por turno, leerá en

---

[1] Véase Catherine Farrel, *Word Weaving: A Guide to Story Telling*, San Francisco, Word Weaving, Inc., 1987.

voz alta y escuchará al otro. Indique cuántos renglones hay que leer para cambiar de lector. Por lo general, en esta actividad la pareja utiliza un solo libro, pero, tratándose de niños proclives a distraerse, tal vez sea mejor que cada uno tenga su propio ejemplar.

A veces la lectura en parejas se realiza con los alumnos sentados dándose la espalda, por turno o al unísono. A cada pareja el maestro puede plantearle preguntas que los alumnos tendrán que responder. Es importante que haya bastante espacio como para que las parejas estén separadas entre sí y no sean distraídas por el conjunto de voces leyendo con distintos ritmos.

Problemas que los alumnos con TDA/TDAH pueden tener en la lectura

1. **Lectura en silencio.** A estos alumnos suele resultarles necesario subvocalizar o leer en voz muy baja, para sí; al escuchar su propia voz logran mantener la atención y captar el significado. Hay que permitirles que lo hagan. Muchos alumnos necesitan el estímulo auditivo y no pueden captar el significado leyendo mentalmente.

2. **Mantener la atención durante instrucción con toda la clase.** Si es posible, pida que los alumnos con TDA se sienten entre otros que se concentran bien durante la clase. A estos niños les resulta sumamente beneficiosa la oportunidad de escuchar una selección grabada de la lectura, que puedan volver a leer ellos mismos a continuación, con un compañero o en grupos pequeños.

3. **Ilación del pensamiento.** No pueden concentrarse en lo que están leyendo. Un alto porcentaje de individuos con TDA manifiestan experimentar esta dificultad. Es posible que tengan gran capacidad para decodificar y leer fluidamente, pero, debido a su tendencia a distraerse les cuesta muchísimo mantener la atención en lo que están leyendo, en particular si lo encuentran árido, carente de interés o difícil. Dicen tener que leer y releer varias veces. Técnicas tales como la enseñanza recíproca, la lectura de notas, la autoobservación y las preguntas son estrategias útiles que conviene enseñar a los alumnos.

4. **Dificultades con el lenguaje o el vocabulario.** Naturalmente, ésta es una de las desventajas de utilizar un mismo libro para toda la clase. A algunos estudiantes el libro o cuento les resulta demasiado difícil de leer y descitrar por sucuenta. Sin embargo, se beneficiarán escuchando la lectura del maestro, releyendo ellos mismos o escuchando la relectura de otros alumnos. Todas las técnicas y actividades lingüísticas, creativas, motivadoras, relacionadas con la técnica de lenguaje integral representan para ellos una enorme ventaja.

Sin embargo, es muy probable que estos niños necesiten más entrenamiento en fonética y pronunciación de palabras que el que reciben en sus programas de lectura. También necesitan desarrollar estrategias para la decodificación independiente de palabras nuevaso desconocidas. No a todos los alumnos se les pueden enseñar actividades para la lectura independiente con técnicas de visión global de la palabra. Muchos niños necesitan asimilar estrategias específicas para pronunciar las palabras no familiares. Es preciso que perciban y reconozcan ciertos patrones visuales, por ejemplo para diferenciar la sílaba *ge* de la sílaba *gue*.

En la escuela elemental, y en todos los grados, pero sobre todo en el primero, hay que intentar la "lluvia de ideas" como auxilio adicional para algunos alumnos que necesitan una práctica más intensiva de la capacidad de decodificar. Muchos alumnos, aunque no todos, tienen esta necesidad. Existen muchos buenos programas suplementarios para proporcionar entrenamiento adicional en fonética. Véase la "Bibliografía y recursos recomendados".

5. **Dificultad para entocarse visualmente el texto impreso.** Pierden el lugar en el que están leyendo. Hay que alentar a los alumnos a que vayan rastreando el texto con un marcador de cartulina o con el dedo. A algunos les resulta beneficiosa una tarjeta con ventanas (véase la figura), en la que pueden ser útiles recortes de distinto tamaño, que abarquen diferentes áreas de material impreso. Los alumnos seleccionan un recorte adecuado y lo ubican al principio de cada renglón, deslizándolo hacia abajo por el margen izquierdo. Otros niños necesitan colocar la tarjeta sobre la página, tapando todo el material impreso, salvo las palabras que se ven a través de la ventana elegida. Ellos deslizan la tarjeta por la página para dejar ver algunas palabras por vez. La ventana puede ser tan grande como se desee.

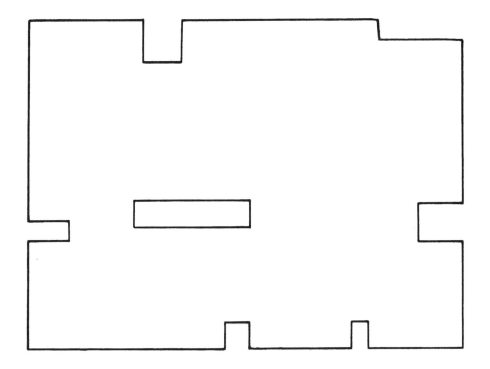

6. **Necesitan más asistencia personalizada, y repaso de destrezas en un grupo pequeño.** Una vez más, cada escuela tiene que utilizar todos sus recursos para proporcionar ayuda adicional a los alumnos que la necesitan, con especialistas en lectura, maestros para dar repaso, ayudantes, padres voluntarios, tutores de otra edad, tutores de la misma edad, grupos de repaso dirigidos por maestros, tutores para antes o después del horario escolar, ayuda en el laboratorio de computación, y cuentos grabados para que los alumnos los escuchen.

ENTREVISTA CON MALINDA
(14 años, California)

¿Qué clase te gustaba más en la escuela secundaria?

"No me acuerdo mucho de mis clases. Me gustaban las maestras que hacían real lo que estábamos estudiando. Por ejemplo, si estudiábamos historia, ellas explicaban y discutían las noticias del día, vinculándolas con lo que sucedía en el mundo."

¿Qué les aconsejas a los maestros?

"Los maestros tienen que conceder más tiempo a los alumnos para que traten de comprender. Hay que explicar con cuidado, responder las preguntas y tomar más tiempo para enseñar cada punto, antes de seguir adelante."

Estrategias para el lenguaje escrito

*E*ntre todas las habilidades escolares, la que más problemas crea a los alumnos con TDA/TDAH es la relacionada con la escritura. Estos alumnos tienen mala ortografía y por lo general también mala caligrafía y dificultad para organizar sus pensamientos en una expresión escrita; su desempeño es pobre en cuanto a los signos de puntuación y la organización de la escritura (por ejemplo, la distribución espacial en la página); les cuesta muchísimo escribir con alguna rapidez. El producto suele presentar muchas borraduras y ser en gran medida ilegible. Estos niños experimentan una enorme frustración al tratar de ponerse a la altura de las expectativas del maestro y del ritmo de los compañeros cuando se trata de escribir.

Enseñe ortografía

Muchos alumnos con discapacidades de aprendizaje, déficit de atención, o ambos trastornos, tienen mala ortografía por distintas razones. A menudo no prestan atención a los detalles visuales, y no advierten ni recuerdan las letras y su secuencia en las palabras. No perciben visualmente los agrupamientos típicos de las letras, y son descuidados en la escritura y la ortografía.

Los niños con discapacidad de aprendizaje suelen tener déficit de memoria secuencial auditiva, lo que les crea una gran dificultad para asimilar la relación entre letras y sonidos, y escuchar y recordar los sonidos en el orden correcto. Por ejemplo, pueden escribir *"pergunta"* en lugar de "pregunta".

Otros niños tienen un déficit de memoria secuencial visual, lo que les crea dificultades para recordar el aspecto de una palabra y colocar las letras en el orden o secuencia correctos. Estos alumnos cometen errores con muchas palabras que han visto y empleado miles de veces. Por ejemplo, tal vez escriban *lus* en lugar de *luz*, *oja* en lugar de *hoja*, etcétera. (Véase en el sección 28 una explicación de las discapacidades de aprendizaje.)

¿Cómo podemos ayudar?

En la enseñanza de la ortografía, son prioritarias las palabras que se emplean con mayor frecuencia. Para el 90 por ciento de lo que escriben cotidianamente, los adultos no necesitan más que unas mil palabras. Se cometen un número importante de errores de ortografía con unas cien de las palabras empleadas con más frecuencia.

En inglés, existen algunos libros que contienen listas de las palabras usadas con más frecuencia (por ejemplo, *Instant Spelling Words for Writing*, de Rebecca Sitton).

Sobre la fonética

También en inglés, el abandono de la enseñanza de la fonética es causa de preocupación, porque, como consecuencia, declinará aún más la aptitud de los alumnos para asimilar la asociación entre letra y sonido, necesaria para decodificar las palabras desconocidas o codificarlas (escribirlas correctamente). El sistema fonético reduce las palabras más largas a una cantidad accesible de partes componentes. Aproximadamente el 80 por ciento de las palabras inglesas pueden decodificarse con signos fonéticos.

Al escoger palabras para las pruebas semanales de ortografía, no pierda tiempo con muchas poco frecuentes, con esos vocablos inhabituales que los alumnos quizá nunca necesiten escribir. Elija los que permitan reconocer patrones y regularidades (incluso los prefijos y sufijos). Por ejemplo, parónimos con *s*, *c* y *z*, con *h* y sin *h*, palabras terminadas en "-ción" y "-sión", en "-ivo", etcétera.

Técnicas de enseñanza multisensorial para ayudar a los alumnos con problemas de ortografía

- Escriba la palabra en el aire, mientras la pronuncia.

- Escriba la palabra con goma de pegar o engrudo en un trozo de cartón. Esparza sobre ella arena o algún otro material en polvo, para crear una textura en tres dimensiones que el alumno pueda seguir con el dedo.

- Prepare una bandeja con arena o sal, para que los alumnos escriban palabras con el dedo mientras las pronuncian en voz alta.

- Pida que los alumnos escriban palabras con el dedo: sobre la mesa, empleando crema de afeitar, o en una superficie de puré o merengue extendido sobre papel de aluminio.

- Agrupe a los alumnos en parejas y pida que cada uno escriba palabras con el dedo sobre la espalda del otro.

- Use pizarras individuales con tiza de color, o pizarras blancas con marcadores, también de color, para motivar al alumno en la práctica de las palabras con dificultades ortográficas.

- Pida que escriban palabras en la máquina de escribir o computadora. Utilice alguno de los numerosos programas de aprendizaje de listas de palabras pida que practiquen regularmente de en una computadora.

- Escriba palabras con letras grandes sobre una hoja de diario, y pida que los alumnos las repasen varias veces con diferentes marcadores o creyones de color.

- Pida que los alumnos sumerjan en agua un pincel limpio y escriban las palabras sobre el pizarrón o el escritorio.

- Recurra a ejercicios orales (concursos de ortografía).

- Asocie un movimiento con el aprendizaje de una palabra problema tica (por ejemplo, una palmada por letra, saltar la cuerda o rebotar una pelota mientras se deletrea cada palabra).

- Pida que canten las palabras problematicas con tonadas o melodías conocidas.

- Emplee letras didácticas (magnéticas, bizcochos con formas de letras, letras de esponja) para practicar la ortografía.

- Emplee indicadores de configuración. Escriba una palabra en letra de molde y empleando otro color repase su borde.

- Busque claves nemotécnicas para ayudar al alumno a aprenderse de memoria y recordar la ortografía. Por ejemplo, "En la palabra *ahuyentar* está la palabra *huyen*" (para recordar que se escribe con *h*).

- Invente oraciones que ayuden al alumno a recordar las palabras problematica. Ejemplo: "El que no sabe, le pone h *hasta* al *asta* de la bandera".

Pruebas de ortografía

- Dicte cada palabra lentamente, exagerando o alargando los sonidos. Esto ayuda a los alumnos a retener la secuencia mientras escriben.

- Dicte con lentitud. Déles a estos niños el tiempo que necesitan para escribir cada palabra cuidadosamente, antes de pasar a la siguiente. También puede dar tiempo después de la prueba para que los alumnos la repasen y reescriban las palabras que quedaron incompletas.

- Con los alumnos que tienen una dificultad importante en este tema, acorte la lista de palabras dictadas. Después puede mejorar su calificación si escriben bien las palabras no incluidas en la lista abreviada en una prueba adicional.

- Permita que los alumnos mejoren sus notas con pruebas de ortografía orales. Deben hacer también la prueba escrita, pero se les asignará la nota de la prueba oral en el caso de que sea mayor. Muchos de estos niños obtienen mejor nota en las pruebas de ortografía oral, aunque fracasen en la prueba escrita.

Escritura y caligrafía

Una característica frecuente de los alumnos con TDA/TDAH es la mala calidad de su caligrafía. Suele costarles mucho escribir con prolijidad, respetando los márgenes, y su letra es torpe. Sus escritos tienen un aspecto confuso e inmaduro. A menudo les resulta difícil copiar del pizarrón o de un libro. Tienden a no sostener la hoja de papel mientras escriben, y son sumamente lentos cuando intentan hacer un trabajo mejor. Otros escriben con tanta rapidez que el producto es totalmente ilegible. Muchos de estos niños tuvieron problemas de atención en los grados en los que se enseña la forma correcta de las letras. Adquirieron su propio modo de escribir, creativo, a veces extravagante.

Un efecto inesperado de la medicación (en particular de la Ritalina) es que en algunos alumnos genera un mejoramiento sorprendente de la escritura y un aumento de velocidad. He visto muchos cuyos productos coloreados, dibujados, caligrafiados, y su prolijidad general, mejoraron tanto que resultaba casi increíble que se tratara del mismo niño.

Estrategias para enseñar a los alumnos que tienen problemas de caligrafía

- Enseñe y modele cuidadosamente, si es posible con un retroproyector. Vaya mostrando los rasgos de las letras a medida que habla, paso por paso.

- Haga lo mismo, pero con movimientos grandes y exagerados de la mano en el aire.

- Pida que los alumnos se pongan de pie, formen una línea a un lado del aula, y escriban las letras en el aire con grandes movimientos, mientras usted los observa.

- Mientras los alumnos practican en papel o en pizarras individuales, recorra el aula y trate de identificar a los que necesitan un trato personal, en grupo pequeño, o una nueva instrucción inmediata.

Nota: Cuando aprenden a trazar las letras de modo incorrecto, es casi imposible cambiar los malos hábitos de los niños. Ellos encuentran su propio modo de escribir, que se vuelve permanente (por ejemplo, trazando la *t* de abajo arriba, o la *o* con un movimiento circular en el sentido de las agujas del reloj).

- Para enseñar las proporciones correctas de las letras y su forma, resulta útil el gráfico de una persona cuya cabeza toca la línea superior, el cinturón está a la altura de la línea media, y los pies sobre la línea de base. Al enseñar a dar forma a las letras, el maestro puede entonces referirse a la "línea de la cabeza", la "línea del cinturón" y la "línea de los pies".

Ejemplo: "Para hacer la letra *h*, comienza en la línea de la cabeza y baja hasta la línea de los pies. Desde allí vuelve a subir hasta la línea del cinturón, como una montaña que después desciende de nuevo hasta la línea de los pies".

- Si es necesario, pida que los alumnos usen portalápices, o lápices gruesos y papel rayado.

- Pídales que escriban con distintos útiles (por ejemplo, creyones, rotuladores, pinceles).

La compensación necesaria para los alumnos que tienen problemas

A algunos alumnos de los grados superiores la escritura cursiva les resulta tan tediosa y desagradable que prefieren emplear letra de imprenta. Permítales que lo hagan, y al mismo tiempo insista con la cursiva. Muchos docentes de grados superiores de primaria y profesores de secundaria aceptan la letra de imprenta en lugar de la cursiva, siempre y cuando sea legible.

A muchos alumnos a los que les cuesta escribir con rapidez y claridad, el mejor servicio que se les puede prestar es enseñarles mecanografía. Deben tener la oportunidad de adquirir esta habilidad a una edad temprana, porque necesitarán compensar sus dificultades atinentes a la rapidez, la claridad y la calidad de su producción. Permita que los alumnos entreguen trabajos mecanografiados, y aliéntelos a usar la máquina de escribir o la computadora, particularmente en los grados superiores.

Organización de la hoja de papel

- Enseñe a los alumnos cómo debe realizarse un trabajo escrito para que sea adecuado y presentable. Debe tener un encabezamiento (con nombre y apellido, fecha, materia, número de página), márgenes (izquierdo y derecho), espacios en blanco (a la cabeza, al pie, entre subtítulos, etcétera), borraduras o tachaduras prolijas, palabras legibles y números bien alineados, horizontal o verticalmente.

  Para ayudar a los alumnos a organizar adecuadamente la página, recomiendo *Skill for School Success*, de Anita Archer y Mary Gleason, publicado por Curriculum Associates. (Véase la sección de "Bibliografía y recursos recomendados".)

- Es útil que las escuelas mantengan las mismas normas a lo largo de todos los grados o años, de modo que los alumnos no deban cambiar de esquema.

- Enseñe a los alumnos a espaciar las palabras dejando entre ellas el ancho del dedo índice.

- Algunos niños necesitan papel con renglones más espaciados. Tenga a mano alguna reserva de este tipo de papel para ellos.

- Algunos de los alumnos más pequeños confunden el pie y la cabeza de la hoja; con ellos es útil poner un punto verde a la izquierda y arriba, que indique dónde deben empezar. Un punto rojo indicará dónde deben detenerse. (Por la misma razón, para los trabajos de matemáticas, use un punto verde para indicar la columna de los dígitos o unidades.)

- Véase el sección 12, donde se encontrarán recomendaciones para la organización de la página cuando se trata de problemas matemáticos, con los cuales es típico que estos alumnos tengan dificultades.

- En un lugar visible, disponga buenos modelos y muestras de trabajo escrito.

- Aliente a los alumnos a controlar su propio trabajo escrito, en relación con los requerimientos:

  — "¿Has recordado el encabezamiento?"
  — "¿Has recordado saltear un renglón (o dos) entre las palabras de vocabulario?"
  — "¿Has dejado el espacio entre palabras con el dedo índice?"

- Una alternativa es agrupar a los alumnos en parejas para que, antes de entregar los trabajos, cada uno lea el del otro y le señale los errores.

- El "proceso de escritura" no exige que todos los trabajos escritos tengan ortografía, puntuación y organización correctas. No se les deberá poner una nota baja porque presenten errores de ortografía o puntuación, a menos que esto se avise de antemano. De todos modos, es bueno insistir en los alumnos en que revisen su trabajo cotidiano antes de entregarlo al maestro. "Vean si han puesto letras mayúsculas al principio de las oraciones." "¿Se acordaron del punto final en las oraciones?"

El proceso de escritura

Los alumnos deben tener numerosas oportunidades de escribir con fines determinados, siguiendo las etapas sucesivas de este proceso.

1. **Preescritura.** Esta etapa se omite a menudo, pero es sumamente importante. Involucra experiencias orales o escritas que actúen como estímulo. Son ejemplos generar ideas, intercambio entre grupos, semántico diagramas, oir una canción o un poema, el diálogo con un compañeros.

2. **Escritura.** En esta etapa se desarrollan ideas derivadas de la anterior. Es preciso que lo que se escriba responda a un propósito específico que los alumnos conozcan claramente; también tienen que saber cuál será el destinatario o lector.

3. **Reacción.** Esta etapa consiste en la primera reacción al escrito. En el intercambio con sus compañeros, los alumnos recibirán retroalimentación que debe ser positiva y constructiva. Se le puede pedir a la clase que diga lo que piensa de algún trabajo, señalando lo que le gusta (una palabra o frase descriptivas, algún rasgo del vocabulario, o un sentimiento o emoción sugeridos). Por ejemplo, "Me gusta el modo en que Michael emplea la palabra *inquirió* en lugar de *preguntó*".

4. **Revisión.** Reordenamiento, ampliación, sustitución, supresión.

5. **Corrección.** Es la eliminación de los errores. No todos los trabajos de escritura tienen que pasar por esta etapa. Muchos maestros piden que el alumno escoja algún trabajo escrito realizado durante la semana; su organización en la página, sintaxis, puntuación y ortografía se corrigen cuidadosamente, después de lo cual el niño lo copia.

6. **Desarrollo de habilidades.** A partir del trabajo escrito se puede determinar qué habilidades necesita adquirir el alumno, y el maestro deberá enseñárselas.

7. **Evaluación.** No es necesario que cada trabajo escrito dé lugar a una evaluación de todas las habilidades involucradas. No hay que poner un énfasis excesivo en esta parte del proceso.

8. **Postescritura.** Consiste en intercambiar los trabajos escritos, publicarlos, exhibirlos y leerlos en voz alta.

La expresión escrita

Muchos alumnos no saben sobre qué escribir, ni volcar sus ideas sobre el papel, ni emplear un vocabulario descriptivo interesante. Las siguientes son diversas estrategias para ayudarlos.

- **Trabajo de grupo y generar de ideas sobre temas de interés** (por ejemplo, deportes, lugares que se podrían visitar, cosas misteriosas o que dan miedo, etcétera). Esta lista elaborada por toda la clase puede servir como estímulo para escribir en diarios o realizar otras actividades de escritura.

- **Diagrama semántico** (recomendado en la etapa de preescritura). Esta estrategia ayuda a organizar las ideas. Se trata de establecer un mapa de categorías en torno a un tema central, y enumerar detalles. Véase el ejemplo siguiente.

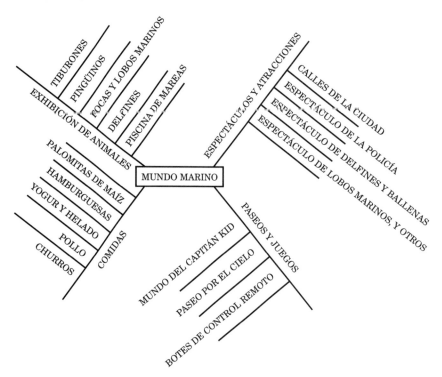

- **Enseñar alternativas para palabras empleadas en exceso.** Pida que la clase genere una lista o banco de palabras trilladas (palabras de cinco centavos) que puedan reemplazarse por otras más interesantes (palabras de diez centavos, de veinticinco centavos, de cincuenta centavos). Pida que los alumnos busquen en el diccionario palabras "de más valor". Ejemplos:

5 centavos	10 centavos	25 centavos
estúpido o idiota	incapaz	necio
	torpe	
insultar	agraviar	zaherir
	injuriar	afrentar

- **Busque lenguaje descriptivo.** Pida que la clase en general, y los alumnos individualmente, lleven listas de las metáforas, comparaciones, personificaciones y otras figuras retóricas halladas en los textos. Señale ejemplos en los libros que la clase lea en conjunto y también en los que los distintos alumnos lean por separado. Confeccione una gran cartelera con ejemplos.

— *Las metáforas* son figuras retóricas que comparan dos cosas sin emplear la palabra "como". Ejemplos:

El camino era una serpiente que envolvía la montaña.
El teatro era una heladera.
Esa música explosiva era un martillo que me golpeaba en la cabeza.

— En las *comparaciones* se emplea la palabra "como". Ejemplos:

Furioso como un oso herido.
Blanco como la leche.
Duro como el acero.
Tenue como un pétalo.

- Aliente a los alumnos a buscar y llevar a clase buenos ejemplos de descripciones sensoriales (apelando a los cinco sentidos).

- **Mostrar, no decir.** Enseñe a los alumnos a crear escenas con lenguaje descriptivo. A tal fin, se pueden emplear actividades como las siguientes:

— Pida que los alumnos cierren los ojos e imaginen una escena (por ejemplo, un muchacho que pesca a la orilla del río con el abuelo, truenos, ganar la lotería). Con el método de la "lluvia de ideas" pida que la clase exprese lo que imaginó, cómo eran las escenas al tacto, a la vista, al olfato. A continuación, los alumnos escribirán un párrafo al respecto.

— Lleve fotos de revistas (por ejemplo, del *National Geographic*) o tarjetas postales de diversas escenas. Pida que cada alumno elija una y la describa detalladamente empleando un vocabulario colorido. Después distribuya al azar las composiciones de los alumnos; cada uno deberá tratar de encontrar la imagen descrita en el texto que recibió.

- Aliente a los alumnos a escribir sobre ellos mismos: "Me sucedió una vez..."

- **Llevar una carpeta de ideas** en la que los alumnos reunirán pensamientos, impresiones, temas para desarrollar por escrito en el futuro.

- Aliente a los alumnos a escribir sobre excursiones o viajes.

- Pida que los alumnos escriban sobre lo que han aprendido en la clase de ciencia, de matemáticas, etcétera.

- **Correspondencia.** Procure oportunidades para el intercambio de notas o cartas entre dos grados. Esto puede hacerse con un sistema especial de entrega entre clase y clase, o de buzones.

- **Diarios de los alumnos.** Los alumnos deben tener la oportunidad cotidiana de escribir y expresarse, no para ser evaluados, sino para ganar confianza y fluidez. Es muy recomendable que lleven diarios durante cierto tiempo, siguiendo una rutina (por ejemplo, después del almuerzo). El maestro debe mostrar con el ejemplo cómo se escribe un diario, cómo es la escritura rápida, en el mismo período en que se pide a los alumnos que realicen esta actividad. De tal modo se les permite ver que los maestros tropiezan tanto como los alumnos, y que no siempre las palabras fluyen fácilmente.

  Los siguientes son algunos temas posibles para quienes comienzan a llevar un diario, si necesitan orientación e indicaciones:

  — ¿Cómo te sientes después de haberte peleado con tu mejor amigo? ¿Cómo crees que se siente tu amigo?

  — Si pudieras redactar una nueva ley para nuestro país, diría que... Ésta sería una buena ley porque...

  — Ojalá que todos los animales pudieran... Esto sería maravilloso porque...

  — ¿Qué sucedería si no hubiera más televisión? ¿Por qué sería bueno? ¿Por qué sería malo?

  — Si pudiera convertirme en un animal durante una semana, me gustaría ser... ¿Por qué?

  — ¿Cuándo estás orgulloso de ti mismo?

  — Si ganara un millón de dólares, entonces...

  — ¿Le has hecho una broma pesada a alguien, o alguien te la ha hecho a ti? ¿En qué consistió?

  — Si pudiera volverme invisible cuando quisiera, me gustaría...

  — Si mis padres me pagaran las lecciones, me gustaría aprender...

- **Diarios de socios.** Otra técnica recomendada para conectar la lectura con la escritura es el diario llevado en conjunto por un par de alumnos. En este diario de socios los alumnos escriben alternativamente, "conversando" entre sí. Cada uno lee lo que ha escrito el otro, y le responde en consecuencia. A los jóvenes les gusta leer lo que han escrito otros alumnos, de modo que estos diarios son motivadores y refuerzan la autoestima. Cada alumno se puede asociar con distintos compañeros a lo largo del año escolar.

La enseñanza de la puntuación

Los alumnos con discapacidades de aprendizaje, TDA o ambos trastornos, suelen tener dificultades serias con los signos de puntuación y las mayúsculas. No prestan atención a este tipo de errores, y les cuesta mucho corregir sus propios textos.

- Insista a menudo en que los alumnos revisen la puntuación y las mayúsculas.

- Ayúdelos a identificar sus errores.

- Dé a menudo el ejemplo de cómo se corrige. Presente oraciones con errores de puntuación, y repase la corrección con los alumnos. Es útil presentar el trabajo de algún alumno (sin identificarlo, para que no se avergüence) y hacer que lo corrija la clase como grupo.

- Organice a los alumnos en grupos de dos o tres para que se corrijan recíprocamente sus textos.

- Realice una práctica breve de dictado, con dos o tres oraciones. Pida a los niños que controlen el principio de las oraciones (las mayúsculas), el final, las comas, las comillas. A continuación escriba esas oraciones correctamente en el pizarrón o el retroproyector, para que los propios alumnos controlen lo que han hecho. Emplee esta técnica para la enseñanza de la escritura y la corrección de una manera no amenazante, que no dé lugar a calificaciones.

- Pida que los alumnos dicten algunas oraciones o un párrafo. Escríbalo exactamente en una gran hoja de papel, omitiendo deliberadamente todos los signos de puntuación y las mayúsculas. Pida a los niños que indiquen dónde hay que poner mayúsculas y signos de puntuación. Incorpore las correcciones correctas en otro color.

- Emplee títeres para enseñar el uso de las comillas y las comas en conversaciones. Con esos títeres, los alumnos imaginan un diálogo o conversación; el maestro anota ese intercambio entre los personajes en una hoja de papel grande, omitiendo la puntuación. A continuación los alumnos colocan los símbolos de puntuación en el diálogo.

Otras técnicas y materiales útiles

- Emplee papel de computadora en formato *legal*, con espacios en blanco y sombreados, para redactar borradores y escritura creativa. Se puede pedir a las empresas que donen resmas de papel de computación para que la escuela las emplee con este propósito, y utilizar hojas sueltas, o confeccionar cuadernillos, doblando las hojas por la mitad y engrapándolas. Los alumnos escribirán solamente en los renglones en blanco. Cuando el maestro examina el trabajo, lo revisa y lo corrige, emplea los renglones sombreados para insertar palabras con la ortografía correcta.

- La habilidad de escribir a máquina o en computadora es una de las más valiosas que podemos legarle a nuestros alumnos. Existen diversos programas que enseñan esta habilidad.

- Permita y aliente el empleo de herramientas y medios auxiliares que ayuden al alumno a remediar su dificultad para la consulta de materiales de referencia como diccionarios. En inglés, contamos con algunos recursos excelentes para los niños a los que les cuesta emplear los diccionarios convencionales y encontrar palabras porque no conocen su ortografía correcta.

En la lengua inglesa *Word Finder* es un libro de referencia en el que las palabras aparecen exclusivamente representadas por sus consonantes. Por ejemplo, si el alumno quiere saber cómo se escribe *weather*, debe buscar *WTHR*. En la entrada *DSTRKTBL* se encuentra la ortografía de dos palabras: *distractible* y *destructible*. Por su parte, Franklin Learning Resources tiene algunos medios auxiliares electrónicos, que van desde los más simples hasta los más refinados, y permiten a los alumnos encontrar con facilidad la definición y la ortografía correcta de las palabras, lograr acceso a un diccionario y controlar el vocabulario y la gramática. Algunos de sus productos son Language Master™, Spellmaster™, Speaking Dictionary™ y Wordmaster™.

12

Estrategias para la enseñanza de las matemáticas

*L*os alumnos con problemas de aprendizaje, TDA, o ambos trastornos, suelen tener dificultades específicas con los cálculos:

- sus cálculos son descuidados e imprecisos;
- no alinean correctamente los números en la hoja;
- les cuesta organizarse y copiar los problemas del libro o del pizarrón;
- no prestan atención a los signos;
- les cuesta memorizar y recordar las tablas.

En este capítulo recomendaremos intervenciones específicas para mejorar esas habilidades.

Pero mucho más grave es la debilidad que demuestran nuestros alumnos (los niños norteamericanos en general) en la comprensión de los conceptos matemáticos, y su dificultad para resolver problemas y aplicar lo que saben. "La Evaluación Nacional del Progreso Educativo informa que los alumnos presentan carencias lamentables en las áreas de las matemáticas que requieren aptitudes cognoscitivas y razonamiento para resolver problemas rutinarios que se resuelven paso a paso."[1]

Además, a muchos de nuestros alumnos las matemáticas les provocan miedo y padecen baja autoestima porque no logran comprender este lenguaje y sus conceptos. Esta sección enfocará principalmente lo que necesitamos hacer en el aula para inculcar aprecio a las matemáticas, y para ayudar a los alumnos

---

[1] Marilyn Burns: *About Teaching Mathematics*, Sausalito, California, Math Solutions Publications, 1992, pág. 3.

a advertir la importancia de esta materia en sus vidas. Deben aprender a resolver problemas asumiendo riesgos y empleando los recursos de la tecnología. Muchas de las técnicas que presentamos aquí se basan en las recomendaciones de *Mathematics: A Way of Thinking* y *Math Their Way* (cursos del Center for Innovation in Education) y *Math Solutions I* (el curso de Marilyn Burns Education Associates).

Tradicionalmente, el currículo K-8 pone énfasis en la aritmética, los ejercicios prácticos con papel y lápiz, y la copia y resolución de problemas tomados de los libros de texto. Pero la aritmética es sólo una parte de un currículo equilibrado de matemáticas. El plan de estudio matemático debe incluir y poner énfasis en otras disciplinas:

- la geometría;

- la lógica;

- la medición;

- los números;

- los patrones y funciones;

- el cálculo de probabilidades y la estadística.

Muchos maestros se sienten presionados a abarcar todos los capítulos de un libro de texto, y apenas tocan estos otros aspectos, que por lo general se encuentran en el apéndice de los libros. Además, muchos docentes están más familiarizados y se sienten más cómodos con la aritmética.

Nota: Los alumnos con discapacidad de aprendizaje y déficit de atención, así como otros niños con mal desempeño típico, suelen tener aptitudes especiales de aprendizaje, y a veces están muy dotados para la percepción espacial, el pensamiento y el razonamiento lógicos y la visualización. Ellos pueden descollar con un currículo de matemáticas equilibrado, que subraye los patrones, la geometría, la medición, las probabilidades y la lógica.

Estos alumnos suelen aprender mejor cuando usan las manos y reciben estímulos visuales; se benefician mucho con el empleo de objetos didácticos (bloques, tubos, baldosas, etcétera), representaciones gráficas, búsqueda de patrones y otras estrategias fuera de los libros de texto y de las hojas de ejercicios.

Es preciso que cuestionemos nuestro énfasis en la aritmética, en particular la práctica de dar ejercicio tras ejercicio, página tras página de cálculo tedioso, aislado de las situaciones de resolución de problemas. A menudo los alumnos resuelven páginas de ejercicios sin comprender siquiera los algoritmos ni saber cómo y cuándo hay que emplearlos. Numerosos adultos reconocen que utilizan sus calculadoras o el cálculo mental con una frecuencia mucho mayor que el papel y el lápiz en sus vidas personales y profesionales. Nuestros alumnos deben conocer todas las herramientas y estrategias de resolución de problemas; hay que enseñárselas y permitir que las empleen.

Los beneficios y la importancia de un enfoque práctico, cooperativo, de resolución de problemas

Dice Marilyn Burns: "Hay que presentar el material en el contexto que le da sentido. No cabe enfatizar los procedimientos sin relacionarlos con las situaciones en las que son necesarios. Se debe esperar que los niños comprendan lo que se les pide que hagan, y por qué." (*About Teaching Mathematics*, pág. 159.)

Mathematics Their Way y *Mathematics: A Way of Thinking* son dos programas excelentes, divertidos y estimulantes a nivel elemental; enseñan conceptos matemáticos a través del descubrimiento práctico, empleando una variedad de materiales concretos accesibles. Entre esos conceptos se cuentan los de número y de aritmética; otros temas son la representación gráfica, los patrones, la clasificación, la probabilidad, el pensamiento lógico, etcétera. Se guía a los alumnos a que realicen sus propios descubrimientos pasando del nivel concreto al nivel simbólico. Organizados en grupos cooperativos, exploran, resuelven problemas y descubren.

El libro *Math Solutions I*, también de Marilyn Burns, es otro curso valioso que presenta un enfoque innovador en la enseñanza de las matemáticas. Se centra en la resolución de problemas en situaciones significativas. El curso abarca todas las ramas de las matemáticas, con múltiples actividades para realizar en grupos de aprendizaje cooperativo. Este programa también utiliza objetos manipulables. Marilyn Burns subraya la necesidad de que los alumnos expongan el razonamiento y las estrategias que emplearon para resolver los problemas. El maestro hace preguntas: "¿Puedes decirme qué significa esto?", "¿Puedes decirme la respuesta antes de hacer esto?", "¿Puedes dibujar lo que está sucediendo en el problema?". También se pide a los alumnos que *escriban* a menudo, que desplieguen sobre el papel su pensamiento o razonamiento, que expliquen e ilustren sus descubrimientos.

Si el enfoque es de resolución de problemas, el énfasis está en el trabajo persistente, y no sólo en llegar a las respuestas correctas, ni tampoco en la rapidez. El maestro estructura la clase de modo tal que los alumnos tengan el tiempo necesario para "abordar los problemas, buscar estrategias propias y evaluar sus propios resultados. Después describen sus métodos y soluciones, no sólo para el maestro, sino también para los compañeros. Esto requiere tiempo el comentario, donde los alumnos son alentados a escuchar, a hacer preguntas y a aprender unos de otros". (*About Teaching Mathematics*, pág. 29.)

Al valorar y compartir los razonamientos individuales y las estrategias para la resolución de problemas, los alumnos comprenden que por lo general existen varias soluciones, y no un único método "correcto". Algunas de las estrategias típicas para la resolución de problemas son las siguientes:

- buscar un patrón;
- construir una tabla;
- confeccionar una lista organizada;
- la representación teatral;
- el dibujo;
- el empleo de objetos manipulables;
- intentar una solución y verificarla;
- trabajar de fin a principio;
- formular una ecuación;
- resolver un problema más sencillo (o análogo);
- confeccionar un modelo;
- eliminar posibilidades.

En *Math Solutions*, *Mathematics Their Way* y *Mathematics: A Way of Thinking*, y también con otros enfoques similares, el papel del docente es muy distinto del que asume en una clase de matemáticas típica. El maestro no presenta fórmulas ni algoritmos, ni explica cómo hay que resolver el problema, sino que lo modela y lo presenta en forma llamativa, conduce a los alumnos a realizar sus propios descubrimientos, y organiza y maneja la clase en un escenario cooperativo. Lo que es más importante, reconoce la validez de emplear diversos enfoques y métodos, y alienta a los alumnos a que lo hagan.

Beneficios para los niños con TDA/TDAH

¿Qué tiene esto que ver con la educación de los niños con dificultades en la atención? Estas estrategias y enfoques para la enseñanza de las matemáticas resultan sumamente valiosos para los alumnos "diferentes" en cuanto al aprendizaje y la atención. Entre los beneficios de un programa de este tipo se cuentan los siguientes:

- la motivación es alta;
- los alumnos advierten la importancia de los conceptos, y los captan mejor;

- el programa es desafiante pero no amenazante;

- el trabajo interactivo, cooperativo, en grupo, asegura la participación y la atención del alumno;

- se promueve la autoestima;

- se recurre a todos los puntos fuertes del alumno, y se sondean todos los estilos de aprendizaje;

- los alumnos que no son muy capaces en aritmética pueden perfectamente descollar en otras ramas de las matemáticas; es posible que de este modo estemos salvando a algún futuro matemático, científico o descubridor.

Recomendaciones para la enseñanza de las matemáticas

1. Si para enseñar matemáticas usted se basa considerablemente en los libros de texto y en las hojas con ejercicios impresos, y no está familiarizado o no se siente cómodo con otras estrategias y herramientas, considere la posibilidad de aprovechar la excelente formación que se ofrece en muchos distritos y condados de los Estados Unidos. En algunos distritos escolares le reembolsan al maestro el costo de cursos y conferencias que le permitan capacitarse para enseñar matemáticas y ciencias naturales.

2. Ponga empeño en emplear **programas de computadora** para los ejercicicó y la práctica. Si los alumnos tienen computadoras en el aula, o un laboratorio de computación, utilice los numerosos programas existentes que hacen divertido el aprendizaje de las matemáticas. Los programas de computación retienen la atención de los alumnos con TDA, porque los estímulos cambian rápidamente.

3. **Evaluación y cuaderno de matemáticas.** Pida que los alumnos lleven un diario de sus pensamientos, sus razonamientos, sus interrogantes y su comprensión de los conceptos matemáticos. Aliéntelos a "poner el cerebro en el papel". Resulta interesante comparar la comprensión que tiene el alumno de un determinado concepto antes y después de que el maestro imparta la unidad correspondiente, según se desprende de los asientos en el diario, con las propias palabras e ilustraciones del alumno.

4. **Enseñe en equipo.** Si al maestro no le agradan las matemáticas, o se siente amenazado por ellas... es preferible que no enseñe la materia. Aproveche los múltiples cursos y talleres que pueden ayudarlo a sentirse más cómodo y entusiasta con la enseñanza de las matemáticas. (Véase el sección 25 sobre la enseñanza en equipo.)

5. Intente regularmente la **representación gráfica** en todos los grados (gráficas de barras, diagramas de Venn, gráficas circulares, gráficas lineales). La representación gráfica es un modo de presentar y organizar los datos que permite advertir fácilmente las relaciones. Los alumnos deben confeccionar su propia gráfica antes de interpretarla y utilizarla para la resolución de un problema.

6. Incluya muchas actividades de **cálculo** en el currículo.

Intervenciones y estrategias para los problemas de cálculo

- En las pruebas escritas de matemáticas conceda tiempo adicional para que los alumnos que tienen dificultades no se sientan apremiados y cometan errores por falta de cuidado.

- Permita y aliente el uso de calculadoras. Marilyn Burns dice que las calculadoras son "derecho de todo alumno".

A muchos alumnos con TDA o dificultades de aprendizaje les cuesta muchísimo copiar en una hoja de papel los problemas del libro y alinear los números en columnas para poder operar con ellos correctamente. Las siguientes son algunas soluciones:

1. **Permita que el alumno elija el papel.** Disponga en clase de una reserva de papel cuadriculado, ya perforado, para encarpetar. Pida que los alumnos le muestren sus trabajos y escriban los ejercicios prolijamente, sea en papel común con dos o tres espacios de blancos entre problemas, o bien en papel rayado para carpetas, con el margen trazado (véase la ilustración), o papel cuadriculado.

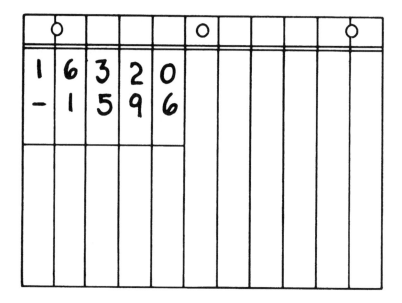

2. **Reduzca el número de ejercicios.** No es necesario que en la hoja de prueba el alumno resuelva todos los problemas para evaluar su comprensión o hacerlo practicar. Permita que los alumnos hagan sólo los ejercicios que tienen un número par, impar, o múltiplo de un dígito. Diez problemas escritos prolijamente, bien espaciados, bien presentados, son preferibles a treinta problemas en una página, abordados con descuido.

3. **Evite la ansiedad que generan las pruebas cronometradas de las tablas de multiplicar.** A algunos alumnos (con TDA y discapacidades

de aprendizaje) les resulta sumamente difícil aprenderse de memoria las tablas. Esto no se debe a pereza o falta de práctica. Aunque esos alumnos sepan básicamente las tablas de memoria, a menudo se inhiben y no pueden de-sempeñarse bien en una prueba cronometrada. Considere la posibilidad de conceder algún tiempo adicional a los alumnos que no pueden recordar las tablas y escribirlas rápidamente. En el caso de que esto les resulte demasiado difícil, permítales ganarse la nota respondiendo oralmente. Si algunos alumnos apelan a contar con los dedos (o con objetos manipulables), no los penalice por ello.

4. **Reduzca el trabajo de copiaro** con los alumnos que tienen dificultades en ese aspecto, fotocopiando las páginas respectivas. Otra posibilidad es que alguien (un ayudante, un padre, un voluntario, un compañero tutor) copie los problemas para el niño.

5. **Destaque con colores** los signos, para los alumnos que tienden a no prestarles atención o a advertir cuando cambian.

6. **Marque con un punto de color** el lugar donde el alumno debe iniciar el cálculo, para recordárselo.

7. **Arranque las páginas** de los cuadernos de ejercicios impresos. Déle al alumno una página por vez, en lugar de un engorroso cuaderno completo.

8. **Emplee recursos de nemotecnia** que ayuden a recordar los pasos de las operaciones. Por ejemplo, si el alumno memoriza la frase "Dame Más Rosas Blancas", las iniciales de estas palabras pueden recordarle las operaciones sucesivas que debe realizar en una división (dividir, multiplicar, restar mentalmente, bajar el dígito siguiente).

9. **Enumere claramente los pasos**.

10. **Ilustre las operaciones** en tablas y matrices numéricas.

11. **Emplee retroproyectores** cotidianamente, si es posible. Ésta es la herramienta ideal para la enseñanza. En el en el mercado hay transparencias de esferas de reloj, billetes y monedas, bloques y cubos didácticos y calculadoras. En el retroproyector se pueden ejemplificar fácilmente todos los problemas de cálculo con marcadores de color. Estas herramientas son de gran ayuda para lograr que los alumnos visualicen y capten conceptos matemáticos abstractos.

12. **La matemática de tacto** es una excelente técnica complementaria para ayudar a los alumnos de la escuela primaria (sobre todo en los primeros grados) que tienen dificultades con el cálculo. Mediante el empleo de puntos ubicados estratégicamente sobre los números, de cero a nueve, los alumnos aprenden a tocar y contar. Éste es un método simple, concreto, práctico, para calcular con rapidez y exactitud; los alumnos no necesitan entonces contar lenta y torpemente con los dedos de las manos o los pies, u otros métodos. La técnica de la matemática de tacto se emplea para la suma, la resta, la multiplicación y la división.

Fuentes recomendadas para la enseñanza de las matemáticas

Baretta-Lorton, Mary: *Mathematics Their Way*, Menlo Park (CA), Addison-Wesley Publishing Company, 1976.

Baretta-Lorton, Robert: *Mathematics: A Way of Thinking*, Menlo Park (CA), Addison-Wesley Publishing Company, 1977.

Burns, Marilyn: *A Collection of Math Lessons for Grades 1-3*, Sausalito (CA), Math Solutions Publications, 1988.

Burns, Marilyn: *A Collection of Math Lessons for Grades 3-6*, Sausalito (CA), Math Solutions Publication Company, 1987.

Burns, Marilyn: *About Teaching Mathematics*, Sausalito (CA), Math Solutions Publications, 1992.

Burns, Marilyn: *Math for Smarty Pants*, Boston (MA), Little, Brown, and Company, 1982.

Burns, Marilyn: *The I Hate Mathematics Book*, Boston (MA), Little, Brown, and Company, 1975

Cook, Marcy: *Mathematics Problems of the Day*, Palo Alto (CA), Creative Publications, Inc., 1982.

Downie, D.; Slesnick, T. y Stenmark, J.: *Math for Girls and Other Problem Solvers*, Berkeley (CA), Lawrence Hall of Science, University of California, 1981.

Saunders, Hal: *When Are We Ever Gonna Have to Use This?*, Palo Alto (CA), Dale Seymour Publications, 1981.

Stenmark, J.; Thompson, V. y Cossey, R.: *Family Math*, Berkeley (CA), Lawrence Hall of Science, University of California, 1986.

Hay muchas casas editoriales especializadas en el área de las matemáticas. Entre ellas:

Addison Wesley Longman
1 Jacob Way
Reading, MA 01867

Goodyear Books
4350 Equity Drive
P.O. 2649
Columbus, OH 43216-2649

The Center for Applied Research
240 Frisch Court
Paramus, NJ 07652

Prentice Hall
1 Lake Street
Upper Saddle River, NY 07458

Dale Seymour
10 Bank Street
P.O. Box 5026
White Plains, NY 10602-5026

Scott Foresman
1900 East Lake Avenue
Glenview, IL 60025

Didax Educational Resources
395 Main Street
Rowley, MA 01969

13

Consejos para dar instrucciones

Vale la pena dedicar algún tiempo a asegurarse de que las instrucciones son claramente entendidas por todos los alumnos. Seguir los consejos que damos a continuación puede ayudar a los niños a seguir sus instrucciones.

1. No comience a dar las instrucciones hasta que la clase esté en completo silencio.

2. Aguarde a que todos le presten atención. Tal vez necesite acercarse a algunos alumnos y tocarlos o darles alguna indicación física para que se concentren en usted.

3. Explique claramente, con lentitud y concisión.

4. Hable dando el frente a los alumnos.

5. Emplee instrucciones multisensoriales, visuales y verbales. Por ejemplo, escriba en el retroproyector o en el pizarrón algunas palabras o frases clave, números de páginas, indicaciones gráficas.

6. Dé ejemplos de lo que hay que hacer, muéstrele a la clase.

7. No abrume a los alumnos con demasiadas instrucciones al mismo tiempo.

8. Si encarga deberes que los alumnos deberán presentar al día siguiente o en el curso de la semana, pida que los anoten en su calendario. Ayúdelos a realizar un registro correcto, y deje el encargo escrito en el pizarrón o en otro lugar visible hasta el final del día, como recordatorio.

9. Verifique que la clase haya comprendido, haciendo preguntas específicas. Por ejemplo:

    El maestro: ¿Tenemos que hacer los problemas 8 y 12?
    La clase: No.
    El maestro: ¿Por qué no?
    La clase: Sólo tenemos que hacer los impares.

10. Pida que algunos alumnos repitan o reformulen las instrucciones para estar seguro de que han comprendido.

11. Dé instrucciones completas, incluyendo lo que usted espera que los alumnos hagan después de haber terminado la tarea.

14

Las ventajas del aprendizaje cooperativo en el caso de los alumnos con TDA/TDAH[1]

Los expertos norteamericanos en aprendizaje cooperativo explican que las situaciones de aprendizaje pueden estructurarse de modo tal que los alumnos *compitan* entre sí ("Yo nado, tú te hundes; yo me hundo, tú nadas"), o se ignoren y *trabajen independientemente* ("En esto, cada uno por su lado"), o bien *trabajen cooperativamente* ("Nos hundimos o nadamos todos juntos"). En el caso del desempeño independiente, no se encuentra ninguna correlación con las metas alcanzadas. Cuando existe competencia, la correlación con las metas alcanzadas es negativa. Con cooperación, hay una correlación positiva. El aprendizaje cooperativo es respaldado por una cantidad considerable de investigaciones como la estructura más beneficiosa y menos empleada en el aula.

Los cinco elementos del aprendizaje cooperativo

1. **Interdependencia positiva.** Establece e incluye metas, recompensas y materiales compartidos, con roles asignados.

2. **Interacción cara a cara.** Se agrupan un máximo de tres o cuatro niños, de cara a cada uno.

3. **Responsabilidad individual.** Se da a cada miembro una prueba individual, o se escoge al azar a un miembro para que dé una respuesta por todo el grupo.

---

[1] En este capítulo citamos o resumimos información tomada de *Cooperation in the Classroom*, cuyos autores son David Johnson, Roger Johnson y Edythe Holubec (Interaction Book Company, 1990) [edición castellana en prensa, Editorial Paidós, 1999]. Utilización autorizada.

4. **Habilidades interpersonales y de grupo pequeño.** Los alumnos no llegan a la escuela con todas las habilidades sociales necesarias para colaborar con eficacia. El maestro debe enseñarles las habilidades adecuadas.

5. **Reflexión evaluativa del grupo.** Proporcione tiempo y enseñe procedimientos para que los alumnos evalúen el funcionamiento de su grupo.

No basta con agrupar los para que automáticamente nazca una interdependencia positiva y aparezca el deseo de trabajar en colaboración. Los alumnos deben ser cuidadosamente estructurados por el maestro. Sólo entonces los vemos compartir las respuestas y el material, alentarse recíprocamente, unir sus manos, ponerse a prueba unos a otros, y hablar sobre su trabajo.

Cuando la clase *no ha sido* estructurada para promover la cooperación y la interdependencia, es posible que los alumnos dejen el grupo impulsivamente, hablen de otros temas, ignoren a los compañeros y se dediquen a hacer un trabajo individual, no compartan las respuestas o el material, y no verifiquen que los otros miembros del grupo hayan realizado un aprendizaje.

Cómo proporcionar estructura y minimizar los problemas en los grupos cooperativos

Muchos alumnos (en particular los que tienen un TDAH) no saben trabajar en grupo. Las siguientes sugerencias ayudarán a los maestros a proporcionar la estructura necesaria y minimizar los problemas.

1. Organice grupos heterogéneos y pequeños: de dos, tres o eventualmente cuatro miembros.

2. Pida que los miembros del grupo se sienten muy cerca entre sí (cara a cara, rodilla a rodilla).

3. A lo largo de todo el currículo, incorpore experiencias de aprendizaje cooperativo.

4. Asigne a cada alumno un rol o tarea (por ejemplo, la de lector, apuntador, revisor, elogiador, alentador, encargado de los materiales).

5. Exponga claramente sus expectativas en cuanto a la conducta del grupo: explique, modele, demuestre, interprete papeles. "Espero verlos a todos trabajando en grupo, aportando ideas."

6. Observe y haga preguntas mientras los alumnos trabajan.

7. Después de cada sesión, pida que los grupos se pregunten: "¿Qué hemos hecho bien trabajando juntos hoy? ¿Qué podríamos hacer incluso mejor mañana?"

La estructuración para que haya una interdependencia positiva

Las siguientes estructuras y técnicas ayudan a que los alumnos comprendan que cada miembro del grupo sólo puede alcanzar sus metas si también las logran los demás.

1. Haga una pregunta al grupo. Recoja una sola respuesta, firmada por todos (lo cual significa que todos contribuyeron a ella, pueden explicarla y defenderla).

2. Establezca como exigencia un determinado nivel de dominio para todos los miembros; por ejemplo, la meta del grupo puede ser que cada miembro demuestre un 80 por ciento de dominio en una prueba particular. Si todos los miembros alcanzan ese objetivo, el grupo es recompensado con puntos adicionales. Otro ejemplo: la meta de cada grupo de tres es alcanzar una nota total de X puntos.

3. Escoja al azar un trabajo firmado por todos los miembros (puede ser un informe, una prueba impresa), representativo del grupo, con fines de evaluación.

4. Otorgue puntos adicionales en la nota u otras recompensas cuando todos los miembros del grupo satisfacen los criterios.

5. En la nota total, añada puntos para premiar la capacidad de cooperación.

Enseñanza de las habilidades sociales mediante el aprendizaje cooperativo

La aptitud para cooperar es la piedra angular de las familias estables, las carreras exitosas y los grupos de amigos que no se disuelven. Estas habilidades deben enseñarse directamente, en especial a los alumnos que tienen problemas de conducta y atención, tan deficitarios en la percepción y la aplicación de las habilidades sociales. Para enseñar y practicar las habilidades sociales no hay mejor lugar o estructura que el contexto de los grupos de aprendizaje cooperativo.

Un sistema excelente para que los alumnos sepan qué es lo que se ve y lo que se escucha mientras se está trabajando cooperativamente consiste en confeccionar una tabla a dos columnas como la siguiente.

Habilidad: llegar a un acuerdo

LO QUE SE VE	LO QUE SE OYE
las cabezas juntas	"Buena idea."
todos se miran	"¿Qué les parece?"
hay sonrisas	"¡Sí, sí!"
todos miran el papel	"¿Qué piensan de esto?"
se dan las manos	"¿Cuál es tu idea?"
levantan los pulgares	"¡Eso es bueno!"

- Elija una habilidad para practicar.

- Modélela, explique su necesidad, haga una demostración.

- Pregunte a la clase qué se verá y qué se oirá al ponerla en práctica.

- Recorra el aula, observe lo que se ve o se oye en cada grupo y que resulte concordante con la habilidad practicada. Exponga esas observaciones a la clase, al final de la lección.

- Refuerce con puntos en la nota final las conductas positivas que observe en los grupos.

- Haga presentaciones visuales de las habilidades sociales positivas, por ejemplo en carteleras o láminas.

Las fotografías de alumnos que se están desempeñando con una conducta adecuada son reforzadores poderosos de las habilidades sociales, en particular con los alumnos que padecen un TDA/TDAH. Tome fotos de los grupos e individuos que se están desempeñando con una conducta cooperativa, y ubíquelas en un lugar destacado.

También son eficaces las fotos de grupos que practican las habilidades sociales con actuación de papeles. Disponga esas fotos sobre el pizarrón, haga copias y distribúyalas en los grupos como recordatorio visual cuando abordan sus tareas de aprendizaje cooperativo.

Tome también una foto de un niño con TDA/TDAH sentado correctamente en su escritorio, como corresponde a un alumno, con aspecto de alumno. Puede pedir que el niño pose para esa foto. Después péguela en el escritorio de él, como recordatorio individual.

Algunos resultados de la enseñanza promovidos por el aprendizaje cooperativo

1. Mejor desempeño y mayor retención.

2. Mayor empleo de estrategias de razonamiento y aumento de la capacidad para el razonamiento crítico.

3. Mayor capacidad para ver las situaciones desde el punto de vista de otros.

4. Mayor motivación intrínseca.

5. Relaciones más positivas, aceptadoras y de apoyo con los compañeros, independientemente de las diferencias étnicas, sexuales, de capacidad o clase social, e incluso de las discapacidades.

6. Actitudes más positivas respecto de las materias, el aprendizaje y la escuela.

7. Actitudes más positivas respecto de los maestros, los directores y el resto del personal de la escuela.

8. Mayor autoestima, basada en una autoaceptación básica.

9. Mayor respaldo social.

10. Mejor adaptación psicológica, mejor salud.

11. Conducta menos perturbadora y más aplicada a la tarea.

12. Mayor capacidad para cooperar, y más aptitud para el trabajo eficaz con otros.

Habilidades cooperativas que hay que enseñar

Formas

1. Moverse en el grupo sin hacer ruido y no molestar a los otros.

2. Permanecer en el grupo.

3. Hablar en voz baja.

4. Alentar a todos a participar.

5. Dirigirse a todos por su nombre, mirar a quien habla, no ser despectivo, controlar manos y pies.

Funciones

1. Dirigir el trabajo del grupo (enunciar reiteradamente la tarea, establecer límites en el tiempo, proponer procedimientos).

2. Expresar respaldo y aceptación, en términos verbales y no verbales.

3. Pedir ayuda o aclaraciones.

4. Ofrecerse a explicar o aclarar.

5. Parafrasear los aportes de los otros.

6. Estimular al grupo.

7. Describir los sentimientos cuando resulta apropiado.

Formulación

1. Realizar resúmenes en voz alta, tan concretos como resulte posible.

2. Buscar precisión, corrigiendo o ampliando el resumen.

3. Buscar elaboración.

4. Buscar modos más hábiles de recordar las ideas y los hechos.

5. Exigir una buena vocalización.

6. Pedir a los otros miembros del grupo que planifiquen en voz alta cómo enseñarían el material.

Fermentación

1. Criticar las ideas, no a las personas.

2. Discernir cuándo hay desacuerdo en el grupo.

3. Integrar las distintas ideas en una posición única.

4. Pedir justificación de las conclusiones o respuestas.

5. Ampliar las respuestas de los otros miembros.

6. Sondear con preguntas profundas.

7. Generar más respuestas.

8. Verificar el trabajo del grupo.

Formulario de aprendizaje cooperativo

Unidad de planeamiento de habilidades sociales

¿Cuáles son las habilidades sociales que va a enseñar?

1. _____

2. _____

3. _____

4. _____

PASO 1: ¿Cómo va a comunicar la necesidad de las habilidades sociales?

_____ **1.** Con láminas, carteles, tableros, etcétera.

_____ **2.** Explicando a los alumnos por qué son necesarias estas habilidades.

_____ **3.** Recortando materiales relacionados con esta necesidad.

_____ **4.** Pidiendo que los grupos trabajen en una lección cooperativa, y pidiendo a continuación a los alumnos que, en una "lluvia de ideas", digan qué habilidades necesita el grupo para funcionar con eficacia.

_____ **5.** Otorgando puntos adicionales, o una nota por separado, como premio por el uso competente de las habilidades sociales.

_____ **6.** Otros modos: _____

PASO 2: ¿Cómo definirá la habilidad?

1. Frases (escriba 3):

_____

_____

_____

2. Conductas (describa 3):

_____

_____

_____

3. ¿Cómo explicará y modelará cada habilidad social?

_____ **a.** Con una demostración inicial, una explicación paso por paso, y una demostración final que recapitule el proceso.

_____ **b.** Empleando un video o una película.

_____ **c.** Pidiendo a cada grupo que prepare demostraciones en forma de actuación de papeles para presentar la habilidad a toda la clase.

_____ **d.** Otros modos: _____

PASO 3: ¿Cómo se asegurará de que los alumnos practiquen la habilidad?

_____ **1.** Asignando roles específicos a los miembros del grupo y verificando que los pongan en práctica.

_____ **2.** Anunciando que observará las habilidades.

_____ **3.** Con sesiones específicas de práctica, no dedicadas a las tareas formales de la escuela.

_____ **4.** Otros modos: _____

PASO 4: ¿Cómo se asegurará de que los alumnos reciban retroalimentación y evalúen su empleo de las habilidades?

Observación del maestro

_____ **1.** Observación estructurada con la hoja de Observación de Habilidades Sociales, dedicando a cada grupo de aprendizaje la misma cantidad de tiempo (30 minutos para 6 grupos, 5 minutos a cada grupo).

_____ **2.** Observación estructurada con la hoja de Observación de Habilidades Sociales, concentrándose sólo en los grupos de aprendizaje que incluyen alumnos con problemas emocionales o de conducta, discapacidades, bajo desempeño, etcétera.

_____ **3.** Observación anecdótica (atención discreta) para registrar los hechos significativos, específicos, que involucran la interacción de los alumnos.

_____ **4.** Otros métodos: _____

Intervención del maestro

1. Si en un grupo cooperativo no se advierten habilidades sociales, tomaré la medida siguiente:

_____ **a.** Le preguntaré al grupo qué ha hecho hasta ese momento y qué prevé realizar a continuación, a fin de aumentar el empleo de la aptitud para el debate.

_____ **b.** Otras medidas: _____

2. Si un grupo cooperativo está utilizando las habilidades sociales,

_____ **a.** Incorporaré la nota pertinente en la hoja de observación o en el registro de anécdotas, y volveré al grupo en el momento de la evaluación, le señalaré el empleo de las habilidades sociales y lo felicitaré.

_____ **b.** Interrumpiré al grupo, le señalaré el empleo de las habilidades sociales, y lo felicitaré.

_____ **c.** Analizaré ese señalamiento durante la evaluación con toda la clase.

_____ **d.** Otros procedimientos:_____

Observación por parte de alumnos

1. Los alumnos observadores serán elegidos por:_____

2. Los alumnos observadores serán preparados por:_____

3. El tiempo para que los alumnos observadores proporcionen retroalimentación a los miembros del grupo será autorizado por:_____

Durante la autoevaluación grupal, los alumnos

_____ **1.** Reciben retroalimentación del maestro.

_____ **2.** Reciben retroalimentación del alumno observador.

_____ **3.** Confeccionan una lista, y dicen o escriben: *Las cosas que hice hoy que ayudaron a mi grupo son...*

_____ **4.** Dicen o escriben: *Las cosas que voy a hacer de distinto modo la próxima vez para ayudar mejor a mi grupo son...*

_____ **5.** Dicen o escriben: *Lo que he aprendido sobre lo necesario para ser un buen miembro del grupo es...*

_____ **6.** Otros procedimientos:_____

PASO 5: *Asegúrese de que los alumnos perseveren en la práctica de las habilidades*

Proporcionaré oportunidades continuas para que los alumnos practiquen reiteradamente las habilidades vinculadas a la cooperación, con las siguientes medidas:

_____ **1.** Asignando las tareas cooperativas a miembros del grupo durante _____ sesiones.

_____ **2.** Asignando las tareas cooperativas al grupo como un todo, haciendo responsables de ellas a todos los miembros, durante _____ sesiones.

_____ **3.** Pidiendo a otro maestro, un ayudante o un padre voluntario que actúe como tutor y preparador con los alumnos problema, en el empleo de estas habilidades.

_____ **4.** Pidiendo al grupo que evalúe el desempeño de cada miembro en el empleo de estas habilidades durante _____ sesiones.

_____ **5.** Dedicando cada cierto tiempo una clase a los alumnos que están entrenándose, para que apliquen reiteradamente estas habilidades.

_____ **6.** Otorgando cada cierto tiempo una recompensa de _____ a los grupos cuyos miembros superen cierto nivel establecido en el desempeño de estas habilidades.

Lista de autoevaluación del alumno: cooperación

He aportado información e ideas.

Siempre	*Algunas veces*	*Nunca*

Solicité información e ideas de los demás.

Siempre	*Algunas veces*	*Nunca*

Resumí toda la información y las ideas.

Siempre	*Algunas veces*	*Nunca*

Pedí ayuda cuando la necesité.

Siempre	*Algunas veces*	*Nunca*

Ayudé a aprender a otros miembros del grupo.

Siempre	*Algunas veces*	*Nunca*

Me aseguré de que todos los miembros de mi grupo comprendieran cómo había que hacer la tarea.

Siempre	*Algunas veces*	*Nunca*

Ayudé a mantener al grupo aplicado a la tarea.

Siempre	*Algunas veces*	*Nunca*

Incluí a todos en el trabajo.

Siempre	*Algunas veces*	*Nunca*

Recomendaciones

I. DECIDIR

LECCIÓN: Comience con una lección breve, algo con lo que usted se sienta cómodo.

TAMAÑO DEL GRUPO: Comience con un grupo pequeño, de dos o tres miembros. (Para tener éxito con grupos más grandes, se necesitan más habilidades.)

ASIGNACIÓN DE LOS ALUMNOS A LOS GRUPOS: Se puede realizar al azar, o basarse en la tarea que debe realizar cada grupo.

MATERIALES: Proporcione material a cada alumno, o al grupo como unidad. Cuando es el grupo el que maneja la provisión de papel, esto ayuda a crear interdependencia entre los miembros.

II. PLANTEAR LA LECCIÓN

EXPLICAR EN QUÉ CONSISTE

La tarea:
Enunciar con claridad lo que se quiere que los alumnos hagan: una lámina, llenar la prueba impresa, responder preguntas.

Los criterios del éxito:
Los alumnos deben conocer el significado de las notas, lo que éstas implican en cuanto a porcentaje realizado de la tarea:

90 %: excelente, 10
80 %: muy bien, 9

La interdependencia positiva:
Los miembros del grupo tienen que saber que a cada uno le concierne el aprendizaje de los otros: van a flotar o hundirse juntos. Esto puede hacerse examinando a cada miembro.

La responsabilidad individual:
Cada alumno debe saber que tiene la responsabilidad de aprender la tarea.

Las conductas esperadas:
Especificar las conductas que se espera de los alumnos en la tarea. Estipular acciones específicas, observables, describibles.

III. OBSERVAR (*el maestro, como observador, brindará un modelo para realizar esta tarea*)

OBSERVACIÓN REALIZADA POR:

Maestro/Alumno_____   Maestro _____

LA ATENCIÓN ESTARÁ EN:

Los grupos _____   La clase total _____

Los alumnos individuales _____

PLANILLA DE OBSERVACIONES: Comenzar observando sólo dos o tres conductas, que deben ser positivas, no negativas:

aguardar el turno para intervenir, participar, clogiar, controlar (remitirse a "Conductas esperadas").

IV. REFLEXIÓN EVALUATIVA/RETROALIMENTACIÓN: Dedique tiempo a la retroalimentación de sus alumnos. Remítase a las conductas que les pidió que intentaran, señalando las acciones positivas que ha observado en tal sentido.

Planilla de observaciones

INSTRUCCIONES PARA SU EMPLEO: 1) Escriba los nombres de los miembros del grupo a la cabeza de las columnas. 2) Haga una marca en la casilla correspondiente cada vez que un miembro del grupo realiza un aporte. 3) Cuando aparece una conducta interesante no prevista en la columna de la izquierda, realice una observación al dorso. 4) Es conveniente recoger una o más conductas deseables de cada miembro del grupo.

	Alumno A	Alumno B	Alumno C	Alumno D	Alumno E	Totales
1. Aporta ideas.						
2. Describe sentimientos.						
3. Parafrasea.						
4. Expresa apoyo, aceptación y simpatía.						
5. Alienta a los otros a aportar.						
6. Resume.						
7. Alivia la tensión con bromas.						
8. Da dirección al trabajo del grupo.						
Totales						

Participación confiada: 1, 2; Aceptación confiada: 3, 4; Intercambio confiado: 1, 2; Liderazgo: 1, 2, 6, 7; Mantenimiento de liderazgo: 3, 4, 5, 8; Comunicación: 1, 2, 3 (y, técnicamente, el resto de las categorías); Resolución de conflictos: 1, 2, 3.

Observación en el aula

Maestro observado _____

El propósito de la observación en esta lección es: _____

		COMENTARIOS
Materia		
Objetivo en habilidades sociales		
Interdependencia positiva	Meta del grupo ❑ Grado del grupo ❑ División del trabajo ❑ Materiales compartidos ❑ Puntos de premio ❑ Roles asignados ❑ Materiales recortados ❑ Otros ❑	
Composición de los grupos	Homogénea ❑ Heterogénea ❑	
Disposición espacial	Visión clara de los otros ❑ Visión clara de los materiales ❑	
Responsabilidad individual	Evaluación de todos los alumnos ❑ Los alumnos se controlan recíprocamente ❑ Evaluación al azar de algún alumno ❑ Otros ❑	
Observación	Maestro ❑ Alumno ❑ Observación con formulario ❑ Observación informal ❑	
Retroalimentación del maestro: habilidades sociales	La clase como un todo ❑ Grupo por grupo ❑ Individual ❑	
Evaluación grupal	Datos de la observación ❑ Habilidades sociales ❑ Habilidades escolares ❑ Positiva ❑ Establecimiento de metas ❑	
Clima general	Exhibición de los productos del grupo ❑ Exhibición del progreso del grupo ❑ Exhibición de los medios auxiliares ❑ del trabajo del grupo ❑	

Observador: _____ Fecha _____

Los estilos de aprendizaje

He llegado a una conclusión aterradora:
Yo soy el elemento decisivo en el aula.
Mi enfoque personal crea el clima,
mi estado de ánimo determina la atmósfera.

Como maestro, tengo un poder tremendo
para hacer alegre o desdichada la vida de un niño.
Puedo ser un instrumento de tortura
o un instrumento de inspiración.
Puedo humillar o dar placer, herir o curar.

En todas las situaciones, es mi respuesta
lo que decide que una crisis
se intensifique o atempere,
y que un niño se humanice o deshumanice.[1]

—Haim Ginott

En los Estados Unidos hay una conciencia creciente de que los individuos tenemos diferentes estilos de aprendizaje, y de que ellos afectan nuestro modo de pensar, de comportarnos y de encarar el aprendizaje, así como la manera en que procesamos la información. En su entrenamiento sobre los estilos de aprendizaje, el maestro tiene primero que advertir cómo se produce el proceso en él mismo. Para la evaluación de los estilos de aprendizaje se cuenta con diversos instrumentos. En primer lugar, el maestro observa con atención su propio funcionamiento cuando aprende, sus propias propensiones, sus propios puntos fuertes, debilidades y preferencias, y el modo en que los transfiere al aula en la que enseña.

---

[1] Haim Ginott: *Teacher and Child*, Nueva York, The Macmillan Co., 1972, pág. 15.

Para comprendernos mejor a nosotros mismos y comprender mejor a nuestros colegas es muy revelador observar la variedad de nuestros estilos. Esta conciencia y esta sensibilidad a los estilos de aprendizaje nos ayudan a *enseñar* mejor a todo tipo de alumnos, en especial a los que enfrentan dificultades intelectuales, emocionales y de conducta.

Definiciones, estadística y elementos

Existen distintas definiciones de los estilos de aprendizaje. La doctora Rita Dunn define el estilo de aprendizaje como "el modo en que cada individuo que aprende comienza a concentrarse, procesar y retener la información nueva y difícil".[2]

El estilo de aprendizaje ha sido también descrito como el modo en que cada uno aborda las ideas y las situaciones cotidianas, como el conjunto de sus tendencias y preferencias en el aprendizaje, como la manera en que encara el pensamiento o mejor percibe y procesa la información.

Estadísticas a considerar

- La tercera parte de nuestros estudiantes no procesa la información de modo auditivo.

- Más del 60 por ciento de nuestros alumnos prefiere una actividad de aprendizaje táctil-cinestética, y se desempeña mejor con ella.

- Por lo menos el 50 por ciento de nuestros alumnos resulta frustrado por la asignación de tareas de tipo secuencial, de hemisferio cerebral izquierdo, siendo que estos jóvenes organizan y procesan la información de un modo global, holístico y azaroso.[3]

Según los doctores Rita y Kenneth Dunn, autores de *Teaching Students Through Their Individual Learning Styles: A Practical Approach* (Prentice Hall, 1978), el estilo personal de aprendizaje incluye algunos elementos específicos, entre los que se cuentan los siguientes:

- **Elementos ambientales**
    — Sonido.
    — Luz.
    — Temperatura.
    — Diseño (formal o informal).

- **Elementos sociológicos**
    — Orientación hacia la pareja.
    — Orientación hacia los compañeros.
    — Orientación hacia el equipo.

---

[2] Rita Dunn: "Introduction to Learning Styles and Brain Behavior: Suggestions for Practitioners", *The Association for the Advancement of International Education*, vol. 15, n° 46, invierno de 1988, pág. 6.

[3] Sally Botroff-Hawes: "Understanding Learning/Teaching Styles", *Thrust*, setiembre de 1988.

      — Orientación hacia sí mismo.

      — Orientación hacia la autoridad.

- **Elementos emocionales**

      — Motivación.

      — Persistencia.

      — Responsabilidad.

      — Estructura.

- **Elementos físicos**

      — Preferencia perceptual (visual, auditiva, táctil, cinestética).

      — Momento del día.

      — Necesidad de ingerir (comer/beber).

      — Necesidad de movilidad.

Los maestros que ofrecen a sus alumnos un equilibrio de métodos de enseñanza, agrupamiento, estructuras y adaptaciones ambientales que tomen en cuenta los diversos estilos de aprendizaje son los que con mayor eficacia llegan a captar todos los niños.

Adaptación a los estilos de aprendizaje para satisfacer las necesidades de todos los alumnos

- Presente toda la información nueva empleando un enfoque multisensorial. Haga participar todos los sentidos, proporcionando estímulos auditivos, visuales y táctil-cinestésicos.

- Cuando tenga que volver a enseñar algo, trate de hacerlo en otros estilos.

- Para los alumnos en los que predomina el aprendizaje visual proporcione mapas, gráficas, imágenes y diagramas, y escriba en el pizarrón o el retroproyector con tiza, marcadores o lápices de colores.

- Señale, destaque, modele y demuestre.

- Emplee esquemas de árbol, mapas semánticos y otros organizadores gráficos.

- Los alumnos en los que predomina el *aprendizaje global* necesitan ver todo el cuadro antes de dar sentido a las partes; para ellos, muestre el producto final.

- Los alumnos en los que predomina el *aprendizaje auditivo* sacan partido si usted emplea la lectura en voz alta, la paráfrasis, la música, ritmos, melodías, debates y videos.

- Resulta muy útil tener grabado el material que los alumnos deben aprender, de modo que puedan escucharlo. Permita que los alumnos lleven grabadoras pequeñas para grabar las lecciones del maestro (como complemento de las notas que toman).

- Para los alumnos en que predomina el **aprendizaje táctil/cinestético**, genere muchas experiencias prácticas que lleven a aprender haciendo algo. Emplee objetos manipulables para enseñar matemáticas, y actuación de papeles, danza y movimiento, dramatizaciones.

- Use computadoras y juegos.

- Ofrezca muchas alternativas (por ejemplo, reseñas de libros, proyectos de ciencia, informes orales).

- Trate de que los alumnos se comprometan emocionalmente con la enseñanza.

- Los alumnos deben saber por qué el material que se les expone es importante para ellos.

Todas las lecciones pueden estructurarse en un marco de aprendizaje individual, competitivo o cooperativo. En el aula caben estos tres enfoques. No obstante, las investigaciones demuestran que el menos empleado pero más eficaz es el aprendizaje cooperativo. Siempre que sea posible, estructure sus lecciones en términos cooperativos. Proporcione al alumno múltiples oportunidades de trabajar con un asociado o en grupos de tres o cuatro.

Los alumnos con dificultades de atención (por cierto, la mayoría de los alumnos) pueden ganar mucho con el aprendizaje cooperativo, por las siguientes razones:

- Les permite recibir retroalimentación más rápida.

- Tienen que esperar menos tiempo para exponer o responder.

- El grupo pequeño es el mejor lugar para aprender y practicar las habilidades sociales.

Aunque a estos alumnos puede resultarles difícil permanecer aplicados a la tarea con el grupo, lo típico es que se comprometan más que si trabajaran individual o competitivamente.

Hay muchas otras adaptaciones posibles a los estilos de aprendizaje:

- Cambie los criterios para los agrupamientos en el aula (por ejemplo, se puede agrupar por interés, por habilidad, por tema).

- Individualice actividades y encargos (por ejemplo, proporcione un paquete de contratos, en el cual cada alumno elegirá los suyos).

- Genere en el aula algunas actividades competitivas (juegos en equipo).

- Permita que los alumnos utilicen medios auxiliares de aprendizaje (grabadoras, tablas, calculadoras, máquinas de escribir, computadoras, el diccionario de la computadora).

- En todas las materias, aplique estrategias para entender (metacognición, enseñanza recíproca, pensamiento en voz alta).

- Enseñe estrategias de visualización. Ayude a los alumnos a desarrollar la técnica de confeccionar un cuadro mental detallado.

- Aliente a los alumnos a buscar e identificar patrones (en matemáticas, literatura, poesía, ciencias naturales, música, danza).

- Siempre que le resulte posible, emplee un enfoque de "descubrimiento". Pida a los alumnos que experimenten y descubran por sí mismos.

- Enseñe a los alumnos a explicar sus razonamientos y exponer sus procesos de pensamiento por escrito. Por ejemplo, pregunte: "¿Cómo encararon el problema?".

- Introduzca humor en el aula.

- Al planificar sus lecciones, considere los intereses de los alumnos.

- Enseñe a los alumnos técnicas nemotécnicas para ayudarlos a memorizar. Por ejemplo, Italia tiene la forma de una bota, o la célebre estrofa que comienza con "Treinta días tiene noviembre...", para recordar los días de los meses del año.

- Atienda las necesidades físicas. Cuando los alumnos se sienten físicamente incómodos (porque necesitan ir al baño, tienen hambre, sed o calor), no pueden concentrarse en lo que se les enseña. Muchos maestros les permiten llevar botellas de agua al aula, sobre todo en los días calurosos. A nivel de primaria quizá convenga tener una pequeña reserva de galletitas para los niños que sientan hambre.

Experimentación con las adaptaciones del ambiente

Modifique la distribución de los alumnos en el espacio del aula. Algunas posibilidades son:

- Escritorios o filas de pupitres escalonados;

- disposición en semicírculo;

- agrupamiento de los escritorios formando mesas;

- mezcla de agrupamientos con pupitres individuales.

Los maestros que deseen diseñar su aula para acomodarla a los diferentes estilos de aprendizaje tienen un número enorme de opciones posibles. Un "aula para los estilos de aprendizaje" en el nivel secundario puede tener los pupitres ordenados a la manera tradicional, en filas o en semicírculo, agrupados o enfrentados.

A nivel secundario, es una ventaja para la mayoría de los estudiantes que a lo largo del día atraviesen una gran variedad de estilos de enseñanza y ordenamientos del ambiente. Si el modo de enseñar de algún maestro es incompatible con su propio estilo de aprendizaje, por lo menos el alumno no tendrá que soportarlo durante todo el día. Por otro lado, para muchos alumnos con TDA/TDAH esta necesidad de adaptarse a tantas personalidades y expectativas diferentes puede constituir un problema. Ellos suelen desempeñarse mejor cuando hay una estructura nuclear y pocos cambios de docentes.

A nivel primario, un aula diseñada para albergar diversos estilos de aprendizaje puede incluir:

- Centros de aprendizaje, de intereses y auditivos. Los alumnos proclives a distraerse no deben sentarse cerca de esas áreas.

- Zonas informales (por ejemplo, el área de la alfombra, de los almohadones, del sofá).

- Escritorios, sillas y mesas no uniformes. Algunos alumnos tienen piernas más largas y necesitan más espacio; ellos deben tener mesas y sillas más altas, y pupitres más amplios.

Una o dos mesas semicirculares resultan excelentes para trabajar con los alumnos en grupos pequeños: el maestro se sienta con el grupo de frente a todos los miembros, que estarán al alcance de sus manos, pero con la mesa interpuesta como indicadora de distancia.

Una de las mejores modificaciones ambientales para los alumnos a nivel de primaria con problemas de atención son los compartimientos tabicados.

Los tabiques bloquean las distracciones visuales, por lo menos a izquierda y derecha del alumno. Se pueden construir con tres piezas de cartón corrugado, con otro tipo de cartón cortado a la medida, etcétera (el maestro puede conseguir fácilmente estos materiales en distintos negocios). Algunos maestros permiten que los alumnos decoren o personalicen su tabique, siempre y cuando esa decoración no resulte ser una distracción. Es muy útil tener por lo menos tres o cuatro "compartimientos" en el aula para el trabajo estático, con la atención concentrada (en particular cuando se toma prueba). Hay que presentarlas como áreas deseables, de las que puede disponer el alumno que lo solicite; de este modo se evita que la clase las vea como áreas de castigo.

- Otro recurso útil para emplear con estudiantes que tienen problemas de atención son los auriculares, que se usarán durante el trabajo estático o en otros momentos que requieren concentración (por ejemplo, la lectura en silencio). Los auriculares más eficaces para bloquear el ruido son los que emplean los trabajadores de la construcción. Pero los tapones de espuma de plástico y otros tipos de auriculares son también eficaces.

- Haga la prueba de modificar la cantidad de luz del aula. Vea qué ocurre si apaga las luces en ciertos momentos del día. Muchos alumnos con TDA/TDAH manifiestan una sensibilidad extrema al zumbido de los tubos fluorescentes y a la intensidad de cierta iluminación artificial.

- Trate de satisfacer la necesidad fisiológica de movilidad que tienen los alumnos, en particular los que padecen un TDAH. Introduzca pausas para realizar ejercicios físicos, correr en la pista, hacer encargos para el maestro saliendo del aula (por ejemplo, llevar algo a la administración).

- Cambie periódicamente la ubicación de los alumnos en el aula. Sea sensible cuando se quejan del lugar que ocupan, y satisfaga sus pedidos razonables de cambio.

Empleo de tabiques individuales en mesas al aire libre.

Tabiques individuales en el aula durante los exámenes, o para bloquear

Área de compartimientos tabicados. Estos tabiques de madera terciada pintados
bloquean las distracciones visuales provenientes de los lados.

Centro de aprendizaje para que los alumnos trabajen durante el "tiempo libre".

Disposición de las mesas dando al frente. En el fondo del aula hay
compartimientos, que son áreas opcionales para el trabajo estático y los exámenes.

Área informal. Alumnos leyendo sentados en almohadones,
en el rincón de la biblioteca.

Alumnos trabajando cooperativamente en actividades
del centro de aprendizaje "miniciudad".

Alumnos de un grupo de lectura al aire libre,
sentados o tendidos sobre algo.

Área informal en un rincón del aula.

Rincón de computación en el aula.

Alumnos que, con el retroproyector, demuestran su
comprensión de la lección expuesta.

Rincón silencioso. Los alumnos pueden utilizar auriculares para escuchar música
ambiental, o bien (sin música) para bloquear eventuales distracciones auditivas.

- Experimente con música ambiental en distintos momentos, para relajar, motivar y estimular el pensamiento. Muchos alumnos proclives a distraerse disfrutan de la música y se benefician con ella. No es el caso de otros, que no la toleran. Prevea medidas para uno y otro tipo de alumnos.

Las inteligencias múltiples en el aula

Howard Gardner, en su libro *Frames of Mind*, identifica siete tipos distintos de inteligencia y estilos de aprendizaje. Ellos son:

1. **El estilo lingüístico:** estos alumnos aprenden mejor diciendo, oyendo y viendo palabras.

2. **El estilo lógico-matemático:** estos alumnos aprenden mejor categorizando, clasificando y trabajando con pautas y relaciones abstractas.

3. **El estilo espacial:** estos alumnos aprenden mejor visualizando, empleando imágenes mentales y trabajando con imágenes y colores.

4. **El estilo musical:** estos alumnos aprenden mejor con el auxilio de ritmos, música y melodías.

5. **El estilo corporal-cinestético:** estos alumnos aprenden mejor tocando, moviéndose e interactuando con el espacio.

6. **El estilo interpersonal:** estos alumnos aprenden mejor exponiendo, relatando y cooperando con otros.

7. **El estilo intrapersonal:** estos alumnos aprenden mejor trabajando solos, a su propio ritmo, en proyectos individuales.

El capítulo 29 describe la Key School, una escuela elemental de Indianápolis cuya pedagogía se basa en la teoría de las inteligencias múltiples de Gardner. Su propósito es impartir un currículo que ponga igual énfasis en los siete tipos de inteligencia.

Las expectativas relacionadas con el género o la etnia, y el desempeño del alumno

El maestro debe saber que nuestros alumnos pueden tener talentos en áreas que quizá no sondeemos en el aula. Para generar autoestima y captar al niño total debemos darle al alumno la oportunidad de desarrollar, emplear y demostrar sus talentos ante los compañeros. En el distrito escolar donde yo enseño hay un programa denominado Punto de Inflexión, subvencionado por el gobierno federal. Actualmente existen en San Diego trece escuelas elementales del "Proyecto Imán" cuyos docentes han recibido entrenamiento intensivo sobre los estilos de aprendizaje y enseñanza, y acerca de las expectativas del maestro en relación con el trato equitativo que merece el alumno. Nuestra escuela es una de las incorporadas al proyecto, y tenemos la suerte de que todos nuestros docentes puedan recibir este entrenamiento.

Es importante que cada docente evalúe su propio modo de enseñar y relacionarse con los distintos alumnos. El entrenamiento lo ayuda a percibir su interacción con los alumnos, tanto consciente como subconsciente. Las expectativas del maestro afectan considerablemente el desempeño de los alumnos. Los maestros no siempre tienen conciencia de sus propias expectativas relacionadas con cuestiones étnicas y de género, así como con lo que se espera de los "buenos alumnos" y los "alumnos débiles". Nuestras expectativas afectan muchas de las interacciones con el alumno, entre ellas las examinadas en el libro *Gender / Ethnic Expectations and Student Achievement*, de Dolores Grayson y Mary D. Martin:

- las oportunidades de responder;

- el reconocimiento y la retroalimentación;

- la organización y el agrupamiento;

- la proximidad física al alumno;

- el contacto físico;

- la reprobación (indicación verbal o no verbal de que la conducta del alumno es inaceptable);

- las preguntas de sondeo;

- el escuchar;

- las preguntas de razonamiento.

Este entrenamiento ayuda a los maestros a analizar el modo en que interactúan con los alumnos, y a rectificar las conductas no equitativas. Por ejemplo, según Grayson y Martin:

El tiempo promedio que el maestro le concede a un alumno para responder una pregunta es 2.6 segundos. Los maestros aguardan un promedio de 5 segundos cuando prevén una respuesta correcta, y recortan ese tiempo a menos de 1 segundo cuando esperan que el alumno dé una respuesta incorrecta o no responda en absoluto.

Piénsese en las consecuencias de este hecho cuando el alumno tiene dificultades para procesar las preguntas y no puede responder con rapidez. Es esencial que les demos a todos nuestros alumnos la oportunidad de ser "vistos" y "oídos" por sus maestros y compañeros. En el aula hay que valorar y alentar los aportes de todos.

Para evaluar la equidad con que ellos mismos reaccionan a los alumnos en el aula los maestros pueden utilizar los siguientes recursos:

- Grabarse en audio.

- Grabarse en video.

- Pedir que otro maestro o ayudante observe y anote la frecuencia de sus interacciones específicas con distintos niños. Ejemplo: ¿Cuántas veces hago participar a los alumnos? ¿Con qué frecuencia reconozco o repruebo a alumnos individuales?

- Pedir que los niños anoten en una tarjeta la cantidad de veces que se les pide una respuesta, en el curso de la mañana o del día.

La filosofía de los estilos de aprendizaje es poderosa, y determina una diferencia importante en la vida de los alumnos. Es preciso ayudar al alumno a comprender, respetar y valorar lo que él mismo tiene de diferente, y lo que tienen de diferente los otros. Debemos ayudar a los alumnos a descubrir sus talentos y a cultivarlos. A todos nos resulta beneficioso exponernos a distintas estrategias y advertir la diversidad de modos con que vemos el mundo y resolvemos los problemas. No hay un único modo correcto de hacer las cosas, sino muchos, y descubrirlo resulta maravilloso.

Los niños con trastornos de la atención se cuentan entre la población de alumnos que pueden obtener el mayor beneficio de un maestro flexible, capaz de aplicar modificaciones ambientales y estrategias o técnicas relacionadas con los estilos de aprendizaje.

Como resultado de mi propia formación en el proyecto Punto de Inflexión, he desarrollado el siguiente guión para entrevistas relacionadas con el estilo de aprendizaje, para alumnos de los grados tercero a duodécimo. Si queremos ayudar a nuestros alumnos a conocerse y apreciarse mejor, y a la vez deseamos comprender sus sentimientos y sus procesos de razonamiento, debemos dedicar tiempo a preguntar y escuchar. He descubierto que los alumnos saben formular muy bien sus necesidades y preferencias, y lo hacen con gusto.

Entrevista sobre los estilos de aprendizaje

Guión diseñado y redactado por Sandra Rief, especialista en recursos, sobre la base de la Entrevista Modelo sobre Estilos de Aprendizaje, de Rita y Ken Dunn.

1. Piensa en los últimos años que has pasado en la escuela. ¿En qué clase te resultó más fácil aprender? ¿En cuál te sentiste más cómodo? ¿En cuál te resultó más fácil prestar atención? Dime algunas de las cosas de las que disfrutabas en cualquiera de tus clases. (*Aclarar que esta pregunta no se refiere al maestro, sino al ambiente del aula y a la sensación de éxito del alumno.*)

2. Iluminación. ¿Prefieres mucha luz cuando estudias? ¿O luces bajas? ¿Te gusta sentarte cerca de la ventana? ¿Te gusta que las luces estén apagadas y las persianas cerradas?

3. Temperatura. ¿Prefieres que las ventanas del aula estén abiertas? ¿Te gusta el acondicionador de aire? ¿Te gusta el calefactor en los días fríos?

4. Imagina el aula perfecta para ti. Piensa en ella y dime o dibuja cómo te gustaría que fuera. ¿Pondrías las mesas o los pupitres en filas? ¿Agruparías las mesas? Dime o muéstrame dónde quieres que esté el maestro, y dónde te sentarías tú en esta habitación.

5. ¿Te molesta el ruido en el aula cuando estás tratando de estudiar o concentrarte? ¿Te gusta que haya mucho silencio? ¿Te gusta algo de ruido? ¿Te sientes bien con alguna música de fondo, o te molesta?

6. En tu casa, ¿dónde haces habitualmente los deberes? Si pudieras elegir, ¿en qué lugar de la casa te gustaría hacer los deberes y estudiar? Supongamos que tus padres te construyen o te compran lo que necesites para tener un buen lugar de estudio en tu casa. ¿Cómo sería, y qué habría en él? Cuando estás estudiando o haciendo los deberes, ¿te gusta estar solo o prefieres que haya alguien cerca? ¿Necesitas silencio total? ¿Te gusta que haya algo de música o ruido mientras estudias?

7. ¿Te gusta realizar un proyecto solo, o prefieres trabajar con otros?

8. Si tuvieras que estudiar para una prueba de estudios sociales, ¿te gustaría hacerlo solo? ¿Con un amigo? ¿En un grupo pequeño? ¿Con tu padre, tu madre o un maestro ayudándote?

9. Si en tu aula hubiera compartimientos tabicados, y otros alumnos los estuvieran usando, ¿decidirías ir allí a realizar el trabajo estático?

10. ¿Cuándo te parece que puedes trabajar y concentrarte mejor? ¿Por la mañana, antes del receso? ¿Después del receso, pero antes del almuerzo? ¿Después del almuerzo, por la tarde?

11. ¿Cuándo te concentras mejor y prefieres realizar las tareas para el hogar? ¿Poco después de volver de la escuela? ¿Prefieres hacer una pausa, jugar primero, pero trabajar antes de la cena? ¿O después de la cena?

12. Por lo general, ¿tienes hambre y sientes deseos de comer algo durante el día escolar? ¿Te gustaría que te permitieran comer algo ligero, pero sano, en el aula?

13. Si el maestro te asignara un proyecto grande y te permitiera elegir, ¿cómo preferirías presentarlo? Las siguientes son tus alternativas:

    — Una exposición oral frente a la clase.
    — Una cinta grabada.
    — Una interpretación teatral.
    — Construir algo (por ejemplo, en arcilla o madera).
    — Dibujar algo.
    — Escribir algo, mecanografiarlo o hacerlo en la computadora.

14. ¿Piensas que eres hábil para construir cosas? ¿Sabes desarmarlas y volverlas a armar?

15. ¿Te gusta escuchar cuentos? ¿Te resulta fácil aprender letras de canciones?

16. ¿Te gusta leer? ¿Y escribir relatos? ¿Trabajar en matemáticas? ¿Realizar experimentos científicos? ¿Proyectos de arte? ¿Cantar? ¿Bailar? ¿Emplear objetos manipulables de matemáticas? ¿Te gustan los deportes? ¿Cuáles?

17. ¿Te resulta más fácil aprender cuando alguien te explica, o cuando te muestran las cosas?

18. Si tienes que darle instrucciones a alguien acerca de cómo hacer algo, ¿te resulta más fácil hablar y explicar, o bien dibujar o escribir?

19. ¿Para qué piensas que tienes realmente talento? ¿Para qué te parece que no tienes tanta facilidad?

20. ¿Qué es lo que más te gusta hacer en tu casa? Si tuvieras la oportunidad, ¿qué te gustaría aprender a hacer?

21. ¿Siempre sientes que no puedes concentrarte en clase? ¿Tienes problemas para prestar atención? ¿Qué tipos de cosas te distraen?

22. Supongamos que te prometen un viaje con tu familia, y también $10,000 para gastos, siempre y cuando obtengas un diez en una prueba muy difícil (por ejemplo, una prueba de estudios sociales que abarque los últimos cuatro capítulos estudiados, con mucha información y material que aprender de memoria). ¿Qué sucedería?

— ¿Querrías que tu maestro te enseñara? Dime exactamente lo que te gustaría que el maestro hiciera en clase para que tú pudieras asimilar la información.

— ¿Cómo harías para aprender de memoria toda la información que te enseñan?

— ¿Cómo tendrías que estudiar en tu casa? ¿Qué tipo de ayuda querrías que tus padres te brindaran? ¿Preferirías estudiar solo? ¿O con alguien? Dime todo lo que puedas.

ENTREVISTA CON SUSAN
(38 años, California)

Susan es bachiller en terapia ocupacional y tiene una maestría en rehabilitación. Se desempeña como consejera de rehabilitación en California. De adulta le diagnosticaron discapacidades de aprendizaje y un TDA.

¿Qué les aconseja a los maestros?

"Que ayuden a los alumnos a tomar conciencia de sus talentos. Si lo único que hacemos es tocar donde duele, la gente se da por vencida y abandona la escuela. El alumno que trabaja a partir de sus talentos, sus intereses y su estilo de aprendizaje está motivado para aprender las habilidades necesarias y se olvida de lo que le duele. Hay que crear un ambiente en el que los alumnos se comuniquen e interactúen."

¿Qué la ayudó a usted a pasar por la escuela con éxito?

"Aprendí a identificar mi estilo de aprendizaje y a compensar mis debilidades. No soy hábil para el procesamiento auditivo. [*Nota:* Susan solicitó una entrevista cara a cara, no por teléfono.] Para aprender, mi estilo es cinestético. Camino muchísimo. Así he tenido mis mejores ideas. Cuando me empantano en un proyecto, doy una caminata y capto la totalidad del concepto. Entonces puedo avanzar. Permito que me ayuden mis habilidades cinestéticas. Por ejemplo, las clases de estadística me resultaban sumamente difíciles. Grabé las lecciones y las escuché unas cuantas veces en casa, sin mucho éxito. Entonces comencé a caminar por la orilla del lago mientras escuchaba la grabación. Esto me ayudó considerablemente. Ahora hago pausas frecuentes, me muevo mucho y equilibro mis actividades. No me hallo sentada a un escritorio."

16

Relajación, imaginación guiada y otras técnicas de visualización

A menudo los alumnos con TDA/TDAH padecen en la escuela un estado de estrés. La enseñanza de estrategias para tranquilizarse y distenderse tiene valor terapéutico. Los alumnos hiperactivos o impulsivos, en particular, obtienen gran provecho de las técnicas que les permiten relajar mente y cuerpo, reconocer sus propios sentimientos y liberar la tensión interior. Estas estrategias les procuran a los niños una sensación de paz y autocontrol.

Existen diversos métodos que han demostrado su eficacia para tranquilizar, mejorar la concentración y la autoconciencia. Un libro en particular es una mina de oro de ideas maravillosas, ejercicios descritos paso a paso, y actividades para maestros y padres que ayudan a los niños a lograr esa sensación de relajación y bienestar. Se trata de *Centerplay: Focusing Your Child's Energy* (Fireside, 1984), escrito por Holly Young Huth, asesora de relajación y maestra especializada en educación para la primera infancia.

Diversión y risa

La risa es uno de los mejores modos de liberar el estrés y sentirse bien. Las sustancias químicas que la risa hace circular por el cuerpo reducen el dolor y la tensión. Probablemente nada pueda reemplazar la diversión y la risa con nuestros niños.

Técnicas de respiración

Muchas mujeres conocen los efectos positivos de la respiración controlada gracias a las clases de Lamaze u otros métodos de parto natural. La respiración controlada, consciente, relaja los músculos y reduce el estrés. Muchos la consideran útil para el manejo y quizá la cura de algunos trastornos y enfermedades físicos.

- Enseñe a los alumnos la respiración consciente y profunda para relajarse.

- Haga demostraciones de inhalación profunda (dentro de lo posible por la nariz, pero también es aceptable por la boca) y la exhalación *lenta*, por la boca.

- Los alumnos pueden realizar la respiración relajante sentados en sus sillas, en el piso, con las piernas cruzadas y los ojos cerrados, tendidos o incluso de pie.

- Enseñe a los alumnos a aislar diferentes partes del cuerpo y distenderlas con cada exhalación lenta. Por ejemplo, pida que se tiendan en el piso. Indíqueles que tensen o contraigan los dedos del pie izquierdo, y a continuación los distiendan con una respiración profunda. A continuación deberán tensar la rodilla y el muslo izquierdos, relajarlos y respirar. Se sigue de la misma manera con la extremidad inferior derecha, después el abdomen y el tórax, uno y otro brazo, las manos y los dedos, el pecho, la garganta, las mandíbulas y el rostro.

- Resulta particularmente útil para los niños reconocer que, cuando se encuentran nerviosos, tensos y coléricos, deben tratar de sentir la contracción de ciertas partes del cuerpo. Si advierten cuando cierran los puños, aprietan las mandíbulas, endurecen el abdomen, estarán en condiciones de controlar sus cuerpos y relajarse. Pueden comenzar a respirar profundamente y "enviar" conscientemente el hálito a sus manos (exhortándose mentalmente a distenderse, hasta que el puño se afloje y los dedos se abran). Enseñe a los niños que, con el cuerpo relajado, están en mejores condiciones para pensar y planificar.

- Guíe a los alumnos a visualizar que, con cada inspiración, su cuerpo se llena lentamente de un suave color, un suave aroma, un suave sonido, una suave luminosidad, una suave calidez u otras sensaciones agradables.

Pida a los alumnos que piensen en un color que los haga sentir muy cómodos, apaciguados y distendidos. Pida que practiquen con los ojos cerrados la "inspiración" de ese color y su "envío" imaginario a todo el cuerpo. Por ejemplo, si una niña elige el turquesa, guíela para que visualice ese color descendiendo por la garganta, el cuello y el pecho, hasta el estómago, hasta que ella se sienta llena de ese hermoso, apaciguador y maravilloso turquesa... finalmente relajada y controlada.

El yoga y los movimientos lentos

Centerplay enseña algunas posturas de yoga y movimientos y ejercicios lentos que son divertidos y apropiados para los niños. Antes de realizar estos movimientos, Holly Huth recomienda bajar las luces y crear un ambiente silencioso. La autora enseña posturas de espalda, sobre el pecho y sentadas, mientras el niño juega a ser una muñeca de trapo, un espantapájaros, un globo inflado, una vela, un arado, una bicicleta, un pez, un puente, una serpiente, un arco, un bote, una flor, un cocodrilo...

Cuando se inician estos ejercicios, el maestro les dice a los niños que se trata de un momento de silencio y que, si necesitan hablar, deben hacerlo en voz baja. Los niños se tienden en el suelo (si lo desean, sobre mantas, alfombras, esteras) y el maestro los guía. "Ahora vamos a convertirnos en..."

Con esta técnica de "jugar a ser que se es..." el docente lleva a los alumnos a realizar movimientos lentos, calmarse y despertar su creatividad. Algunos de los ejercicios explicados en *Centerplay* son:

— Llevarle a alguien un regalo muy grande.

— Jugar a ser un pavo real.

— Nadar en el aire.

— Trepar por el espacio.

— Subir a una pirámide.

— Ser una ola o el viento.

Meditación al caminar

La meditación puede realizarse en línea recta o en círculo. Tomamos el ejemplo siguiente de *Centerplay*.

Caminata con el puerco espín

"Vamos a jugar a que estamos siguiendo un puerco espín que camina muy lentamente. Queremos ser amigos del puercoespín, de modo que tratamos de no asustarlo. Muy lentamente, cada uno juega a que camina detrás de su puerco espín. Yo me pondré a la cabeza del círculo, para que vean cuán lentamente tenemos que ir. Miren el puerco espín, y cuiden de no caminar demasiado rápido para no pisarlo y clavarse sus espinas. Piensen: ¿adónde va el puerco espín? Permanezcan en silencio."

Visualización e imaginación guiada

Los niños tienen la capacidad natural de visualizar con imágenes coloridas y vívidas, imaginación rica y acción detallada. Se ha descubierto que estas mismas aptitudes son útiles para ayudar a las personas a superar los obstáculos de la vida. Muchos adultos toman clases para desarrollar esas habilidades. Por ejemplo, *Mega Memory*, de Kevin Trudeau, nos enseña que las técnicas de visualización mejoran espectacularmente la memoria. A pacientes con cáncer se les está enseñando a usar su poder de visualización para detener la proliferación de las células de cáncer en sus cuerpos.

Una enferma de cáncer que es líder de un grupo de apoyo en su comunidad ha explicado cómo se prepara mentalmente para los tratamientos y logra dar batallas exitosas mediante la visualización. Empleando música (que ella selecciona para las diferentes etapas) y técnicas de relajación, logra un estado en el que está preparada para luchar. Entonces imagina con claridad y vividez a sus "células buenas" atacando a las "células malas". Las células aparecen en colores vivos, con uniformes y armas. La paciente planifica estrategias diferentes para diversas batallas. Comienza por la cabeza y poco a poco sus "células buenas" superan en número, vencen y destruyen todas las "células malas", pasando de un órgano y una parte del cuerpo a los siguientes.

En *Centerplay*, Huth describe algunas maravillosas actividades de imaginación guiada. La siguiente tiene la forma de adivinanza.

Preparación: "Tiéndanse sobre las mantas (las colchonetas, las esteras, etcétera) en la posición más cómoda... como cuando se van a dormir a la noche. Muévanse un poco hasta encontrar una postura familiar y agradable. Sientan todo su cuerpo pesando sobre el piso. Aspiren profundamente por la nariz (o, si prefieren, por la boca) y exhalen. Vuelvan a inspirar y comiencen a advertir que el aire que entra y sale los ayuda suavemente a reposar. Cierren los ojos. Traten de cerrar los ojos, porque de ese modo podrán imaginar mejor lo que voy a decirles. Pueden olvidar todo lo demás, y estar verdaderamente aquí. Ahora estamos listos para entrar juntos en una fantasía. Si quieren venir conmigo, imaginar conmigo, pueden hacerlo. En caso contrario, sigan descansando en silencio."

Buque de vela. "Están flotando en el agua, que los acuna hacia atrás y adelante. Sientan el cuerpo relajándose en el agua tibia. Las suaves olas llegan y se van, una y otra vez. Ustedes son firmes y fuertes. El sol brilla y calienta la madera de la que están hechos. El viento sopla y los empuja suavemente al mar. La brisa hincha los paños y hace que ustedes se muevan lentamente. ¿Qué son?"

El maestro se va acercando a los distintos niños y ellos le susurran lo que creen que es la respuesta a la adivinanza.

En *Centerplay*, la autora presenta muchas otras fantasías guiadas, prolongadas o breves, en las que los niños imaginan hacer un viaje, como una pluma, una hoja, una nube, etcétera.

Técnicas adicionales de visualización y relajación

- **Emplee música**. La música puede ser muy útil para la relajación, como actividad previa a la visualización, para hacer a un lado preocupaciones y distracciones y procurar una sensación de paz interior.

- **Emplee agua.** Todos conocemos el efecto relajante, tranquilizador, reductor del estrés de un baño caliente. El agua también puede emplearse en el aula (o fuera de ella) para evocar esta sensación. Tal vez el maestro quiera experimentar con actividades que incluyan bañeras de plástico o canaletas.

- **Enseñe a los alumnos a visualizarse en situaciones en las que tienen un buen desempeño y éxito.** Después de que hayan practicado la visualización guiada, aliéntelos a usar la técnica de la respiración profunda mientras se visualizan haciendo lo que quieren hacer. Por ejemplo, antes de tomar una prueba, pueden visualizarse detalladamente trabajando con diligencia en ella. Aliéntelos a verse como personas persistentes, que leen cada punto con cuidado, distendidas, sin ponerse nerviosas, y confiadas en sus respuestas. Pida que se imaginen terminando la prueba, volviendo atrás y controlando sus errores producidos por descuido. Además, hacerles escuchar el tema de la película *Rocky*, u otra canción motivadora, puede ayudar a generarles confianza.

ENTREVISTA CON BRUCE
(37 años)

Bruce es un empresario muy exitoso que vive en Manhattan. Le diagnosticaron discapacidades de aprendizaje y TDAH a principios de la escuela primaria.

Recuerdos de infancia: Bruce ha bloqueado prácticamente sus recuerdos de infancia, y no ha retenido ningún detalle. Sí recuerda los sentimientos de cólera y rabia. "Yo me empeñaba con todas mis fuerzas, y todos me desdeñaban." Se describe como un sobreviviente, y recuerda la sensación de estar siempre ocultando algo. "El secreto era mi seguridad. Me protegía."

Bruce pasó por la *universidad* "estudiando mañana, tarde y noche". Todo lo que fuera matemáticas y mecánica le resultaba fácil. Pero leer y escribir eran tareas muy difíciles y tediosas para él.

¿Qué aprendió que le resulte útil ahora, de adulto?

"Aprendí que tengo que hacer ejercicios todos los días para sentirme bien. También aprendí a meditar. Aprender a relajarme, tranquilizarme y controlar mi mente y mis pensamientos fueron algunas de las mejores cosas que me han sucedido."

17

Música para las transiciones, para calmarse, y para la visualización

*L*a música puede ser eficaz y útil para generar estados de ánimo, motivar, dar señales y utilizar en los momentos de transición en el aula, el hogar y otras situaciones (por ejemplo, las salas de hospital y los quirófanos, los consultorios de los terapeutas). Por medio de la música, los niños pueden acrecentar considerablemente su habilidad para la crítica y la atención analítica, la concentración, y para responder a instrucciones y sugerencias específicas. Los siguientes son dos ejemplos del empleo de música en momentos de transición de una tarea a otra.

- "Cuando escuchen por primera vez el tambor, devuelvan los libros a la biblioteca."

- "Cuando en esta canción los pájaros comiencen a gorjear, acérquense en silencio a la alfombra."

Algunas actividades permiten entrenar a los niños en la audición crítica; por ejemplo, se les dice "Cuenten la cantidad de veces que se repite el tema en esta grabación" (del *Bolero* de Ravel).

Las actividades de visualización en respuesta a la audición de selecciones musicales pueden integrarse con actividades escritas, orales y plásticas. Muchas de las grabaciones de esta sección son útiles para la visualización (por ejemplo "Bydllo", para visualizar un buey que tira de una carreta en la distancia, acercándose cada vez más, a medida que aumenta el volumen de la música). El maestro puede poner cualesquiera de estas grabaciones y permitir la interpretación creativa de los alumnos, preguntando, por ejemplo: "¿En qué te hace pensar esta música?" "¿Ves alguna imagen en tu mente mientras la escuchas? Dinos lo que ves." Un maestro creativo encontrará incontables modos de utilizar la música en el currículo, para generar un ambiente que promueva los estilos de aprendizajes individuales y también para presentar y realizar la educación y la apreciación musical.

La música que nos acompaña de un lugar a otro (por ejemplo, las marchas) es excelente para inculcar a los niños la disciplina de mover adecuadamente sus cuerpos. Ella exige estar concentrado y contar.

Bertha Young, especialista en música de las escuelas de la ciudad de San Diego, ha recomendado selecciones musicales que se pueden emplear para tranquilizar, visualizar, para las transiciones y los movimientos. La señora Young tiene 23 años de experiencia docente, desde el jardín hasta el octavo, así como en desarrollo del currículo y escritura musical. La lista siguiente, que reproducimos con su autorización, contiene selecciones cuidadosamente compiladas. Incluyen diferentes instrumentos (trompeta, tuba, carillones, guitarra, piano, flauta, y también la voz humana) y diferentes períodos de la historia de la música (por ejemplo, el barroco, el clásico, el romántico, el moderno y el contemporáneo). Están representados una variedad de compositores de distintos marcos étnicos y culturales, y los intérpretes contemporáneos de las distintas tradiciones étnicas pueden servir como modelo para los alumnos.

Música de efecto calmante

Estas selecciones son especialmente útiles después del receso y en otros momentos más activos del día.

1. Barber, Samuel. "Adagio para cuerdas", del Cuarteto para Cuerdas n° 1, op. 11.

2. Beethoven, Ludwig. "Para Elisa". (Piano, aproximadamente 3 minutos.)

3. Bizet, Georges. "Berceuse" de *Juegos de niños* (*Jeux d'Enfants*).

4. Copland, Aaron. "Appalachian Spring Suite", Secciones 1, 6, 7 y 8.

5. Debussy, Claude. "Claro de luna" (instrumentos de cuerda, aproximadamente 3 minutos).

6. Delibes, Leo. "Vals" de *Coppelia* (instrumentos de cuerda, aproximadamente 2 minutos).

7. Halpern, Steve. *Spectrum Suite* (catorce canciones de 3 a 5 minutos cada una; temas de diferente color).

8. Holst, Gustav. "Júpiter", de *Los planetas* (sección de las cuerdas, aproximadamente 1 minuto).

9. Mendelssohn, Felix. "Nocturno", de *El sueño de una noche de verano*.

10. Mozart, Wolfgang Amadeus. "Adagio para armónica de vidrio", de *Music and You, Grade 5*.

11. Mussorgsky, Modesto. "Bydllo" ("La carreta"), fragmento de *Cuadros de una exposición*; sólo la sección de la tuba, de *Music and You, Grade Two*.

12. Offenbach, Jacques. "Barcarola", de *Los cuentos de Hoffman* (aproximadamente 3 minutos y medio).

13. Puccini, Giacomo. "El gran coro", de *Madame Butterfly*.

14. Ravel, Maurice. *Bolero* (la primera mitad).

15. Rimsky-Korsakov, Nikolai. "El mar y la nave de Simbad", de *Scherezade*, op. 35, primer movimiento (sólo el tema).

16. Saint-Saëns, Camille. "El acuario", de *El carnaval de los animales* (aproximadamente 2 minutos).

17. Saint-Saëns, Camille. "El cisne", de *El carnaval de los animales* (aproximadamente 3 minutos).

18. "Sakura", una canción japonesa tradicional (ejecutada en koto, aproximadamente 1 minuto).

19. Smetana, Bedrich. "El Moldava" (aproximadamente 11 minutos y medio).

20. Tárrega, Francisco Eixea. "Recuerdos de la Alhambra", de *Royal Family of Spanish Guitar*.

21. Wagner, Richard. "El coro de los peregrinos", de *Tannhäuser* (sección de los trombones).

Música calmante no tradicional

1. *Environments*: Disco 1
Lado 1: La última ribera psicológica.
Lado 2: Aviario óptimo.

2. *Environments*: Disco 3
Lado 1: *Be-in* (voces en un parque).
Lado 2: Crepúsculo en New Hope, Pennsylvania (zumbido de incontables insectos).

3. *Environments*: Disco 4
Lado 1: El trueno final.
Lado 2: Lluvia suave en un bosque de pinos.

4. *Environments*: Disco 7
Lado 1: Entonación (la sílaba Om, para meditación).
Lado 2: Maizal en verano (cantos de grillos y otros insectos).

5. *Environments*: Disco 8
Lado 1: Velero.
Lado 2: Arroyo campesino.

6. *Environments*: Disco 9
Lado 1: Océano Pacífico.
Lado 2: Laguna caribeña.

7. *Steam: Past and Present* ("Vapor: pasado y presente"). Registros estereofónicos de ferrocarriles ingleses; trece máquinas de vapor.

8. *Tibetan Bells* ("Campanas tibetanas"). Henry Wolff y Nancy Hennings.

Música para pasar de un lugar a otro

A. Para salir de la clase o volver a ella
(por ejemplo, desde el auditorio).

1. Berlin, Irving. "La banda de Alejandro".

2. Chopin, Federico. "Polonesa en La bemol mayor".

3. Elgar, Sir Edward. "Pompa y circunstancia, marcha n° 1, en Re mayor".

4. Gould, Morton. "Saludo americano".

5. Herbert, Victor. "Marcha de los juguetes", de *Babes in Toyland*.

6. Rodgers, Richard y Hammerstein, Oscar. "Oklahoma, Finale", de *Oklahoma*.

7. Sousa, John Phillip. Cualquiera de sus marchas.

8. Verdi, Giuseppe. "Gran marcha", de *Aída*.

B. Para movimientos dentro del aula
(por ejemplo, volver a los escritorios después de haber leído en círculo).

1. Bolling, Claude. "Galopa", de la *Suite para Cello*, ejecutada por Yo Yo Ma.

2. Saint-Saëns, Camille. "El elefante", de *El carnaval de los animales*.

3. Satie, Erik. "La caza", de *Sports et Divertissements* (música para piano, rápida y breve).

4. Chaikovsky, Piotr Ilich. "Danza de las flautas", de la *Suite Cascanueces*.

5. Thomson, Virgil. "The Walking Song", de la *Louisiana Story Orchestral Suite* (aproximadamente 2 minutos).

Música para los momentos de transición

Estas selecciones se utilizan para indicar el pasaje de una actividad a otra, por ejemplo de matemáticas a lectura, o de ciencia a la preparación del receso.

1. Copland, Aaron. "Fanfarria para el hombre común" (aproximadamente 3 minutos).

2. Strauss, Richard. *Also Sprach Zarathustra*. Álbum del mismo nombre. También la segunda obertura y el final del álbum y la película *2001: La odisea del espacio*.

3. Williams, John. "Suite de la Guerra de las Galaxias" (tema de la película *La guerra de las galaxias*, 1978).

4. Música para trompeta: cualquier concierto, barroco o clásico, interpretado por Wynton Marsalis. Movimientos largo, adagio o andante, exclusivamente. Por ejemplo:

Pachelbel, Johann (1653-1706). "Canon para tres trompetas y cuerdas en Si bemol mayor", sólo el largo.

Haydn, Michael (1737-1806). "Concierto para trompeta y orquesta en Re mayor", sólo el adagio.

von Biber, Heinrich (1644-1704). "Sonata para ocho trompetas y orquesta en La mayor".

Todas estas interpretaciones de Wynton Marsalis están incluidas en el álbum *Baroque Music for Trumpets* con la English Chamber Orchestra.

5. Telemann, Georg Philipp (1681-1767). "Obertura en Re mayor para oboe y trompeta", del Quinto Movimiento, Adagio. Maurice André, trompeta, con Frans Bruggen, director.

6. Torelli, Giuseppe (1658-1709). "Concierto en Re mayor para trompeta, cuerdas y bajo continuo"; de los Movimientos 1, 2 y 3, sólo el adagio. (La misma fuente del ítem anterior.)

7. Música para flauta clásica, barroca y contemporánea. Por ejemplo:
   — Denver, John. "Annie's Song" del álbum *Annie's Song and Other Galway Favorites*.
   — Vivaldi, Antonio (1678-1741). *Obras para flauta y orquesta, vol. III*. Sólo los movimientos "Largo":
      "Concierto en Do mayor para dos flautas".
      "Concierto para flauta en La menor".
      "Pequeño concierto en Do mayor".
      "Pequeño concierto en Do mayor".
      Registros de Jean-Pierre Rampal y Joseph Rampal (flautistas).

Las selecciones siguientes (8 a 11) pertenecen al disco compacto *Hush*, producido por Bobby McFerrin y Yo Yo Ma. Estas composiciones barrocas son interpretadas por McFerrin con la boca, de un modo inusual, acompañado por Yo Yo Ma.

8. Bach, J. S. "Aire".

9. Bach, J. S. (arreglo de Charles Gounod). "Ave María"

10. Bach, J. S. "Musette", del *Cuaderno para Anna Magdalena Bach*.

11. Vivaldi, Antonio. "Andante" del *Concierto en Re menor para dos mandolinas*.

Cuando los alumnos pasan al receso, al almuerzo, o en otros momentos de transición, resultan apropiadas las composiciones que tengan un tema repetitivo. Por ejemplo, "Take the A Train", para *Music Alive* grabado por Duke Ellington y B. Strayhorn (o por otros intérpretes) presenta un tema principal que se repite por lo menos seis veces. Se puede enseñar a los alumnos a identificar ese tema cada vez que aparece. El maestro dirá, por ejemplo: "El grupo 1 puede formar fila cuando escuchen el tema por tercera vez. El grupo 2 puede formar fila cuando escuchen el tema por quinta vez...".

Música de rock

Según lo han demostrado algunos estudios, el empleo de música de rock puede ser terapéutico para algunos niños con TDA/TDAH. Una investigación realizada en la Oregon Health Sciences University[1] examinó los efectos de la música de rock en ocho niños pequeños con TDAH. Este estudio exploratorio se basó en tres conceptos: "1) El carácter rítmico y la intensa pulsación repetitiva de la música de rock estimula de manera creciente el cerebro. 2) La pulsación rítmica acentuada de la música de rock supera las distracciones ambientales y genera respuestas orientadoras en los niños con TDA. 3) La música de rock con su pulsación repetitiva tiende a producir una reducción de la tensión de los músculos esqueléticos, de lo cual resulta una menor actividad motriz." Los resultados revelaron que, en estos ocho sujetos, la música de rock había tenido un efecto significativo sobre el nivel de actividad.

En los últimos años he interrogado a muchos de mis alumnos sobre cómo les gusta estudiar en su casa, y qué los ayuda a hacerlo. Algunos de los niños con TDAH me respondieron, en sus entrevistas sobre el estilo de aprendizaje, que necesitaban trabajar escuchando música de rock. Uno de ellos me dijo: "¡Necesito el BUM!".

Además de las selecciones recomendadas que hemos enumerado en esta sección, tomándolas del libro de la señora Young, los padres o maestros pueden experimentar con muchas otras composiciones, e incluso con música de rock (es preferible que se trate de piezas instrumentales, sin la distracción de las palabras). Durante el trabajo estático y en el hogar, se puede permitir al alumno que escuche música grabada con audífonos. Si el nivel de productividad del niño aumenta (particularmente en los trabajos escritos), ésta puede ser una alternativa autorizada, tanto en el aula como en el hogar. La clave está en examinar la concentración del alumno, y asegurarse de que se aplica a la tarea, y no a escuchar la música. Como señala la señora Young, algunos niños responden bien a la estimulación de la música mientras estudian. No obstante, la música, en particular si tiene un ritmo acentuado, puede constituir una interferencia, y no una ayuda, para algunos niños proclives a distracciones auditivas. Por lo tanto, padres y maestros deben prestar atención y evaluar la eficacia de este recurso con cada alumno.

[1] Cripe, Frances R.: "Rock Music as Therapy for Children with Attention Deficit Disorder: An Exploratory Study", *Journal of Music Therapy*, XXIII (1), 1986, 30-37.

18

La comunicación con los padres y el respaldo mutuo

*T*odos sabemos lo importante que es el respaldo de los padres para el éxito de los niños, sobre todo de los que tienen necesidades especiales. Los alumnos con problemas de aprendizaje o atención no se curan espontáneamente al crecer. Por lo general necesitan ayuda, observación, estructuración y apoyo durante algunos años. Los padres que tratan de ayudar a sus niños en el hogar y quieren colaborar con los esfuerzos del maestro, necesitan lo siguiente:

- Una comunicación clara de las expectativas del maestro.

- Registro diario de las tareas encargadas.

- Accesibilidad del maestro.

- Sensibilidad y responsabilidad del docente.

Resulta muy útil que el padre o la madre puedan abrir el cuaderno del niño y ver las tareas siguiendo siempre un mismo esquema; también lo es que reciban información regular sobre el desempeño del alumno. Algunos maestros envían a los padres circulares semanales en las cuales les comunican lo que se está estudiando esa semana, y cuándo deberán estar terminados los proyectos más amplios. Otros docentes envían notas, para que uno de los padres las firme, cada vez que el niño no ha realizado una tarea.

Al final de esta sección presentamos un formulario que numerosos maestros y padres han considerado útil.

Un niño con TDA/TDAH o discapacidad de aprendizaje a menudo enfrenta problemas de conducta, emocionales y sociales que se ponen de manifiesto en distintas situaciones, y no sólo en el aula. Muchos de estos niños tienen dificultades en los deportes, la iglesia y en circunstancias sociales de todo tipo.

A menudo las familias necesitan que se las ayude a aprender a tratar con un niño "difícil" o que "las pone a prueba". Es bueno que los padres sepan que no están solos, y que muchos otros luchan con las mismas preocupaciones, temores y frustraciones que ellos. En este sentido, los grupos de apoyo formados por padres son sumamente útiles. Establecer una red con otras personas que comparten experiencias análogas, y organizar conferencias y recursos, es muy eficaz. Los padres necesitan adquirir conocimientos sobre los problemas del TDA/TDAH, y acerca de cómo pueden ayudar en el hogar; deben proteger a sus hijos y comunicar a los miembros de la familia, a los amigos, los maestros y los preparadores las necesidades especiales de estos niños.

Muchos padres se benefician de clases del quehacer de los padres en las que se enseñan estrategias y técnicas específicas para el manejo efectivo de la conducta de sus hijos. Un niño "difícil" en el hogar provoca tensiones capaces de generar conflictos matrimoniales y destruir familias. A menudo estas familias pueden beneficiarse de consultoría familiar u otras terapias impartidas por especialistas que conozcan los temas del TDA/ TDAH.

Organizaciones y recursos para los padres en los Estados Unidos

Las siguientes organizaciones son sumamente recomendables para los padres norteamericanos de niños con TDA/TDAH:

Children with Attention Deficit Disorder (CHADD) es un grupo nacional educativo y de apoyo, destinado a ayudar a los padres con niños que tienen un pobre desempeño escolar, presentan conductas impulsivas, son proclives a distraerse, tienen un lapso de concentración pequeño, y responden negativamente a la disciplina en el hogar y la escuela. CHADD tiene secciónes locales en todo el país.

Learning Disabilities Association (LDA) también aborda las necesidades de los niños con TDAH y tiene muchas secciónes locales y estatales.

(En nuestra sección de "Bibliografía y recursos recomendados" se pueden encontrar las direcciones y teléfonos de las oficinas nacionales de estas dos organizaciones.)

Cómo puede ayudar a los padres el equipo de la escuela

En algunas de las familias de nuestros alumnos, los padres están tan empantanados en sus propios problemas personales que tienen poco tiempo o capacidad para concentrarse en las necesidades de estos niños. No obstante, la mayoría de los padres los quieren y desean lo mejor para ellos. Les gustaría brindarles la ayuda que necesitan, aunque los problemas de transporte, económicos, la crianza de otros hijos y los horarios de trabajo les impidan realizar un seguimiento completo.

Informar a los padres sobre los servicios y las clases a los que podrían tener acceso ha demostrado ser una medida útil. Nuestro personal de apoyo cree firmemente en la conveniencia de informar y educar a los padres. Nosotros tratamos de encontrar apoyo para las familias y proporcionarlo de muchas maneras:

1. Nuestro equipo entrega gratuitamente libros y artículos a los padres. Nos complace compartir con ellos nuestros libros, casetes y otros recursos que pueden ser educativos y ayudarlos.

2. Nosotros recibimos una donación generosa del Club Rotario local, destinada a mantener una biblioteca con materiales y medios auxiliares para los padres y el personal de la escuela, que incluye libros y videocintas sobre temas relacionados con el TDA/TDAH, las discapacidades de aprendizaje y el manejo de la conducta.

3. Nuestra enfermera escolar ha creado en la comunidad un grupo de apoyo para padres con niños que padecen TDA/TDAH.

4. Nuestro equipo informa a los padres sobre los talleres y las clases de quehacer de padres que pueden ser de interés para ellos. Esta información la brindan personalmente los miembros de nuestro equipo, o bien la comunicamos a través de la circular escolar. Cada nueva circular incluye un artículo de nuestro equipo de consulta sobre estos temas.

El trato con un niño difícil de manejar en el hogar y la escuela genera estrés, agota y frustra a los padres y a los maestros por igual. Es útil que los padres pasen algún tiempo en el aula para apreciar las dificultades de las tareas del docente, que debe enseñar, manejar y cuidar a treinta o más niños con múltiples necesidades especiales. Por su lado, si el maestro asiste a reuniones de los grupos de apoyo para padres, los escucha cuidadosamente y atesora información sobre los problemas del TDAH que influyen en el hogar y en el ámbito social, aprenderá asimismo a respetar más a los padres y logrará una mayor comprensión del problema. También en este caso acrecentamos las oportunidades de éxito para nuestros niños cuando recurrimos a la coordinación de esfuerzos y al apoyo recíproco.

INFORME SOBRE EL PROGRESO SEMANAL

NOMBRE DEL ALUMNO _____ AULA N° _____ COMIENZO DE LA SEMANA _____

HÁBITOS DE TRABAJO

____ TRABAJÓ CON EMPEÑO TODA LA SEMANA

____ SÓLO HA TRABAJADO EN PARTE DEL TIEMPO

____ HA TRABAJADO MUY POCO

____ NO HA COMPLETADO LAS TAREAS

____ ES NECESARIO UNA ENTREVISTA CON LOS

PADRES

CONDUCTA CIUDADANA

____ BUENA CONDUCTA TODA LA SEMANA

____ TRABAJÓ CON EMPEÑO CASI TODO EL TIEMPO

____ BUENA CONDUCTA CASI TODO EL TIEMPO

____ CONDUCTA PERTURBADORA/NO COOPERATIVA

____ ES NECESARIO UNA ENTREVISTA CON LOS

PADRES

ASISTENCIA: BUENA/FRECUENTES AUSENCIAS/FRECUENTE QUE LLEGUE TARDE

COMENTARIOS DEL MAESTRO

COMENTARIOS DEL PADRE

FIRMA DEL MAESTRO _____ FECHA _____

FIRMA DEL PADRE _____ FECHA _____

La historia de una madre: lo que todo maestro necesita escuchar

*U*na madre muy especial, la señora Linda Haughey, nos ha relatado sus sentimientos y su mensaje para los maestros. Dos de sus hermosos hijos han sido alumnos míos durante algunos años, y tengo el mayor de los respetos por esta familia muy afectuosa y protectora. He aprendido mucho de la señora Haughey, y valoro enormemente su comprensión, su sabiduría y su apoyo. Agradezco a la familia Haughey que haya compartido su relato con nosotros.

La historia de una madre,[1] *por Linda Haughey*

Me imagino que todos tenemos sueños de infancia. Uno de mis muchos sueños era crecer y casarme con un príncipe apuesto, que gustara de mí y quisiera tener una docena de niñitos. Una parte de ese sueño se hizo realidad. Llegó el príncipe apuesto (con título oficial), y aunque no con doce niñitos, hemos sido bendecidos con cinco maravillosos hijos varones, cuyas edades son ahora 18, 17 y 11 años, más dos mellizos de 13; después tuvimos un premio adicional envuelto en cinta rosa: nuestra preciosa mujercita, que tiene ahora 5 años.

Con toda franqueza, puedo decir hoy que, de un modo laborioso pero feliz, hemos logrado armonizar los diversas edades y necesidades de nuestra familia. Pero no siempre fue así. Como en la mayoría de las familias que tienen uno o más niños con TDA, cada día puede significar una alegre sorpresa o una decepción penosa... y a veces las dos cosas. Pero algo es seguro: ningún día es predecible, y hemos aprendido a seguir la corriente. No tenemos otra alternativa. A nuestro hijo de 17 años y a los mellizos de 13 años se les diagnosticó TDA. Fue la parte penosa de nuestra jornada la que generó esperanza y confianza en nuestra familia.

---

[1] Reproducida con autorización de Linda Haughey.

Muchas personas especiales han dado algo de sí mismas para ayudar a cambiar la dirección de la vida de nuestros niños y, por cierto, de la vida de todos los miembros de nuestra familia. Cuando una persona tiene problemas, todos los miembros de su familia se ven afectados. De modo análogo, cuando alguien tiene autoestima y éxito, esto también se refleja en los otros.

Recuerdo el momento exacto en el cual una llave abrió la primera de muchas puertas. Cada puerta representaba cierta gama de emociones y experiencias: por empezar agotamiento, confusión e innumerables preguntas. Allí comenzaré nuestra historia.

Como familia, hemos decidido divulgar este relato con la esperanza de ayudar a otras familias parecidas a la nuestra. Sabemos cuán difícil puede ser la vida cotidiana. Sobre todo, queremos simplemente llevar esperanza y aliento a esas familias, y a las personas que se involucran en sus vidas. Los maestros *pueden* dar el tono y cambiar las cosas en la vida de un niño –y lo hacen efectivamente–.

Yo acababa de abrir la puerta de nuestra casa, y el teléfono estaba sonando. Rendida y frustrada por no haber podido detenerme brevemente en la tienda con mis hijos pequeños, lo último que quería era hablar por teléfono. Esa llamada, sin embargo, sería el inicio de un nuevo capítulo en la vida de nuestra familia. Se trataba del neuropsicólogo que había revisado las evaluaciones evolutivas y psicológicas de Christopher, nuestro niño de 5 años.

Le expliqué que mientras estaba haciendo compras, mi hijo se había arrojado al suelo y había comenzado a llorar. "¡Mamá, mamá, sácame de aquí! Tengo que ir a casa, mamá…". Yo misma sentí su dolor. ¡Realmente sufría! No era un dolor como el que se siente al quemarse con agua hirviendo, sino un tormento interno, inexplicable. Yo conocía muy bien este tipo de situaciones. Podían producirse en cualquier lugar, en ciertas circunstancias. Aunque yo no advertía completamente por qué, el pequeño parecía estar dando una respuesta excesiva a los estímulos de la tienda donde estábamos. Yo sabía que retarlo no era la solución.

El recuerdo de esa mañana de hace ocho años está grabado en mi mente de manera indeleble. Esa llamada telefónica fue la primera señal de que alguien comprendía lo que yo había estado experimentando con Chris. Y no sólo lo comprendía, sino que también confirmaba lo que había sido mi propio pensar durante años: la disciplina no era la solución. Lo que le sucedía a Chris estaba más allá de su propio control, y en gran medida formaba parte de su delicada constitución neurológica.

Me alivió saber que esos estallidos no se debían a que mi esposo y yo careciéramos de capacidad para ser padre y madre y, en el fondo muy contenta, concerté una entrevista a fin de examinar en detalle la evaluación: "Por fin –pensé– veo la luz al final del túnel". Poco sabía entonces cuántos túneles oscuros debería atravesar nuestra familia antes de que la luz brillara sobre nosotros.

La entrevista que siguió fue la primera de muchas evaluaciones y consultas. Como teníamos la necesidad constante de adquirir nuevas habilidades para el trato con el niño, y una mejor comprensión de los desafíos que enfrentábamos, buscamos la ayuda de especialistas que nos pudieran armar el rompecabezas (ésa era nuestra esperanza).

En esa época, nuestro pediatra me había dicho que en Chris no había nada que no pudiera remediarse con algunas palmadas. Muchos amigos nuestros y miembros de la familia estaban de acuerdo con él. Lo más frecuente era que yo me sintiera juzgada como madre inadecuada, carente de capacidad y de control sobre mi hijo.

Trabajamos con Chris con un empeño excepcional, para ayudarlo a manejar su furia y sus frustraciones. La memoria del niño parecía hacerle trampas, y algunas veces sus interpretaciones de algo que nosotros habíamos dicho parecían caer en una confusión total cuando trataba de seguir instrucciones o repetir nuestras palabras. Pronto comprendí que las personas que nos estaban aconsejando y criticando no tenían la menor idea de lo difícil que era nuestra tarea. Tampoco entendían que estábamos criando a un niño que necesitaba muchas más comprensión y capacidad que las que podían derivarse del libro del doctor Spock, por otra parte tan útil.

Los exámenes y las observaciones revelaron que Chris era una criatura inteligente que padecía un trastorno por déficit de atención, con hiperactividad. Había también un historial de discapacidades de aprendizaje, dificultades para el procesamiento auditivo y visual, y problemas significativos con el lenguaje expresivo.

Desde luego, todo esto significaba que Chris necesitaría muchas intervenciones especializadas a lo largo de su joven vida: pediatras, psicólogos, un neurólogo, un terapeuta del habla y otro ocupacional, tutores, educación especial y ayuda adicional en las clases comunes. Entre el hogar y todas esas personas especiales vinculadas a nuestro precioso hijo, las puertas de la comunicación tenían que seguir abiertas.

Este niño, con mucha energía y muy exigente, era mucho más proclive que nuestros otros hijos a las grandes oscilaciones del estado de ánimo, a las distracciones y a los estallidos coléricos. Por otro lado, tenía un gran sentido del humor, era considerado, reflexivo, y ponía de manifiesto una curiosidad incesante por el mundo que lo rodeaba.

Estoy llena de admiración por este ser que nació luchando desesperadamente y dispuesto a enfrentarse con el mundo que lo rodeaba. Desde su primer día de vida fue obvio que su temperamento exigiría muchísima paciencia y amor. Si sus escarpines no calzaban perfectamente, se los quitaba y las rabietas empezaban de nuevo. Había ropa de una cierta textura que él se negaba a aceptar, porque no la toleraba sobre el cuerpo. Más tarde descubrí que esto tenía que ver con la integración sensorial y el efecto sobre su sistema nervioso inmaduro. A él le provocaba un dolor literal.

Muchos de los hitos de su desarrollo, como permanecer sentado y caminar, estuvieron dentro de las expectativas normales. Aprendió a hablar con una demora significativa, después de haber creado una "lengua de gemelos" con su hermano Phillip. Mientras era deambulador, Chris experimentó "terrores nocturnos": pesadillas extremas, terroríficas, de las que resultaba casi imposible despertarlo. También esto tenía que ver con su sistema nervioso inmaduro. En ese mismo período descubrimos que Chris y Phillip padecían de apnea obstructiva durante el sueño.

Recurrimos a la cirugía para extirpar las amígdalas y vegetaciones adenoides, a fin de corregir la apnea; en esa oportunidad, Chris tuvo también que soportar tubos insertados en los oídos para drenar líquido y ayudarlo a oír mejor. En el curso del mes siguiente a estas intervenciones, Chris comenzó a pronunciar oraciones completas y a dormir durante toda la noche, por primera vez desde su nacimiento, dos años y medio antes. Había también otros problemas de salud, como un asma crónica, tos, alergias y trastornos digestivos. Es importante decirlo, porque muchas familias con niños que padecen TDA a menudo deben encarar no sólo los síntomas clásicos de ese trastorno, y los problemas de conducta asociados con él, sino también dificultades crónicas.

Todos estos problemas pueden generar una enorme presión y una gran carga sobre el niño, sobre el matrimonio de los padres y sobre toda la familia. Los costos suelen ser enormes. La mayoría de las compañías de seguros no cubren los exámenes ni el tratamiento específicamente destinados a ayudar al niño con TDA. Lo paradójico es que para superar este trastorno resultan esenciales la detección y la intervención tempranas.

La realidad es que la mayoría de las familias no tienen la posibilidad de realizar estos gastos. Enfrentan entonces la alternativa de endeudarse aún más y crearse nuevos problemas, o sufrir culpa y dolor por no poder brindar la ayuda necesaria.

Nosotros les concedimos a Chris y a su hermano Phillip un año más de desarrollo, antes de ubicarlos en el jardín de infantes. Ésa resultó la mejor decisión. Cuando llegó el momento, estaban ansiosos por comenzar. La transición pareció desarrollarse muy bien. Inesperadamente, un mes después de que ingresaran en el jardín, Chris comenzó a tener rabietas terribles, por la mañana, antes de ir a la escuela. Yo no podía explicarme su conducta. En cuanto a él, no hacía más que llorar y decir que no podía ir a la escuela.

Una mañana, antes de salir, llamé por teléfono a la consejera del jardín. Cuando llegamos, ella y la maestra de Chris se unieron a nosotros en el auto, y persuadieron suavemente a mi hijo colérico y lloroso de que las acompañara al consultorio. Finalmente detectamos el problema. A Chris se le pedía que se sentara en la clase sobre una alfombra, rodeado por los otros niños. ¡Estaban invadiendo su espacio personal! Después descubrimos que éste es un problema muy común en los niños con TDA. Incluso algo tan simple como estar en fila y esperar puede resultar excesivo para ellos. Una vez más, esto se debe a la fragilidad de su sistema nervioso central.

Lo que a la mayoría de nosotros nos parece natural y corriente puede causar un gran malestar, e incluso sufrimiento, en niños como Chris. Por curioso que parezca, muchos de estos niños, en circunstancias similares, tienen una respuesta inversa, y reaccionan ignorando lo que los rodea. También es posible que tengan un umbral para el dolor inusualmente alto.

En vista de todo lo que tuvo que enfrentar, se puede decir que el desempeño de Chris en la escuela había sido notablemente bueno. Ya sabíamos que en cada nuevo año escolar le costaría volver a la escuela y encarar los cambios y las expectativas del aula. La mayoría de los años no fueron fáciles. Una maestra, en particular, durante todo el año pretendió obstinadamente que él aprendiera a la manera de ella. El estilo rígido de esta docente se convirtió en una pesadilla para Chris… y para nosotros.

Hemos descubierto que es esencial tener alguna flexibilidad. La predictibilidad y la claridad son importantes en cualquier aula, e insolayables cuando se trata de niños con TDA/TDAH. Aun en el mejor de los casos, a ellos les resulta muy difícil realizar los cambios necesarios para abordar nuevos proyectos. Los momentos más complicados del niño en la escuela pueden deberse, en efecto, a que el docente tiene conductas inesperadas o poco claras. Un maestro suplente suele representar caos y problemas de conducta para los niños con TDA. Si ellos esperan una prueba de matemáticas, y en el último minuto, para su sorpresa, hay un dictado, estos niños reaccionan con una angustia y un estrés que podrían haberse evitado.

Cuando se respetan las reglas y los horarios en el aula, el maestro es predecible y el niño se siente más tranquilo. Sabe qué esperar y qué se espera de él. También puede determinar una diferencia enorme la flexibilidad en cuanto a las tareas para el hogar y los proyectos existentes. La flexibilidad alivia una carga que es de por sí pesada.

Por sobre todo, hemos tenido el privilegio de ver a Chris convertirse en un niño feliz, confiado y responsable. Está aprendiendo a compensar y superar los desafíos de su vida. Le gustan la ciencia, la historia, la cocina y la jardinería. Ahora, a los 13 años, tiene un contagioso amor a la vida. Hace sus deberes para la escuela y las tareas domésticas sin necesidad de que nadie se lo pida. Es sensible a las necesidades de los otros. Difícilmente pasa un día sin que él haga algo por alguien. Nos está retribuyendo por todas las muestras de afecto que hemos tenido con él. "Muy buen trabajo, mamá", "Papá ¡eres el mejor!"

¿Un niño milagro? No. ¿Un niño amado? Sí. Cuidado por algunas personas ejemplares y muy especiales que se consagraron a mejorarle la vida. Hace muchos años, un cambio de pediatra también ayudó a abrir el camino a más descubrimientos para superar el desafío. El nuevo médico, cuando no entendía bien lo que estaba sucediendo, mantenía su mente abierta, confiaba en nuestra intuición y demostraba respeto por nuestras opiniones. También conversaba con Chris y lo respetaba como persona. Supo ayudarnos cuando lo necesitábamos, y derivarnos a otros profesionales cuando fue necesario. Su orgullo nunca interfirió en el cuidado de la salud y el bienestar de nuestros hijos. Ahora continúa alentando a nuestra familia, y siempre podemos contar con él.

Los terapeutas del habla y ocupacionales y los pediatras especializados en el desarrollo, que sin duda alguna pusieron su corazón en el trabajo con Chris, también determinaron una diferencia significativa en la vida de nuestro hijo. Lo ayudaron a tomar más conciencia de su cuerpo y de sus necesidades, identificando sus puntos débiles y aprovechando sus talentos.

Los abuelos, desconcertados por mucho de lo que sucedió en los primeros años, siempre han amado y aceptado a Chris, con sus diferencias y cualidades. Junto con los hermanos del niño, crearon un puerto seguro de aceptación y apoyo.

Todo esto ha sido absolutamente invaluable. Pero hay otra faceta de este tratamiento multimodal que es el meollo del éxito de Chris en la escuela: el personal escolar consagrado a su trabajo y a ayudar a los niños. Como madre, siempre me he reconocido responsable de gran parte de la educación de mi hijo. Tengo que coordinar y observar los múltiples elementos que deben operar armoniosamente a fin de que Chris obtenga los servicios que necesita.

No estoy siempre segura cuando se trata de evaluar los programas, o incluso de elegir lo mejor. Debo recordarme que no soy la única que participa en este esfuerzo. Es preciso un trabajo de equipo. Si yo he hecho mi parte, y encuentro especialistas confiables, podemos trabajar juntos para determinar qué es lo mejor para Chris. Ellos conocen los programas, yo conozco a mi hijo.

Gracias a un conjunto muy afortunado de circunstancias, eso es lo que exactamente logramos: un equipo excepcional formado por especialistas, maestros, la enfermera y el director.

El personal de nuestra escuela primaria trabajó conjuntamente para crear una atmósfera de cooperación, pensada en función de los mejores intereses de los niños. El énfasis está en la autoestima, los estilos de aprendizaje y el respeto de las diferencias individuales. Ellos tienen un programa excelente para enseñar las habilidades de estudio y las técnicas de organización; ese programa ha sido sumamente útil.

Nunca podré subrayar demasiado la importancia vital de todos estos factores en el trabajo con el niño que padece un TDA. Para reunirlos a todos, los maestros y el resto del personal deben estar familiarizados con el trastorno por déficit de atención, y dispuestos a explorar diferentes técnicas. El reconocimiento del TDA como desafío, y el empleo de tácticas para ayudar al niño, harán muy probablemente la diferencia entre el éxito y el fracaso. Ésta es una gran responsabilidad y, por supuesto, un problema más que se suma en el aula. Sin embargo, si uno compara los beneficios de un niño entero con la tragedia de un niño quebrado, ¿cómo podría ignorar la evidente realidad de este drama?

El trabajo con el niño que padece TDA lleva tiempo y agota. Cuando uno piensa que tiene las cosas bajo control, surgen nuevas sorpresas y desafíos. Por ejemplo, un niño realiza diariamente sus tareas para el hogar a lo largo de una semana y media, pero de pronto se quiebra, y tiene dificultades para todo, incluso para llevar una nota de casa o una autorización firmada. Esto plantea otro tema interesante. Muchas de las comunicaciones que se envían a los padres nunca llegan al hogar. Es incalculable la cantidad de materiales importantes que yo no he recibido porque nuestros niños se olvidaron, o por falta de organización. Créanme cuando digo que probamos todo lo que se nos ocurrió para lograr que esos papeles llegaran desde la escuela al hogar y desde el hogar a la escuela.

El problema se agrava a medida que el niño crece, pero debo recordar que no es algo intencional, sino que forma parte del desafío que estos niños enfrentan. Por ello trabajo con más empeño para enseñar habilidades de organización y hablar con ellos sobre todos los temas de la vida, tanto como sea posible. Y, lo que es más importante, también debo escuchar. En realidad, escuchar suele ser más importante que hablar.

También resulta importante observar que en estos niños y entre los que los cuidan son comunes la depresión y el aislamiento. Como un niño con TDA puede ser exigente, y necesitar atención y orientación constantes, tal vez resulte desagradable tenerlo dando vueltas alrededor de uno. He descubierto que muchas personas que no tienen un niño como el mío carecen de la comprensión o la tolerancia necesarias para compartir cierto tiempo con estas criaturas. Hacer amigos nuevos puede ser muy fácil; conservar amistades armoniosas es otra cuestión. Tal vez un niño con TDA inicie lo que parece ser una relación promisoria, que se interrumpe abruptamente después de la primera visita a la casa del amigo.

Éste puede ser un factor principal en la depresión y el aislamiento. Cuando pasar tiempo con otras familias les crea más problemas al niño y a la madre, esto limita el apoyo y la socialización. Algunos de mis amigos íntimos son padres que, como yo misma, tienen niños con TDA. Yo sé que puedo llamarlos por teléfono y serán comprensivos en los momentos de crisis o felicidad. Poder compartir con alguien que ha pasado por lo mismo que yo es muy bueno. No tuve ese respaldo cuando mis hijos eran más pequeños. No había mucha información acerca del TDA. Mis dos niñitos hiperactivos a los que tenía que guiar representaban un drenaje adicional de la poca energía que me quedaba. Actualmente insisto en descansar más, hacer más ejercicio y tener más tiempo libre para ser mejor madre. Creo que es muy importante que nos cuidemos a nosotras mismas de un modo sano, a fin de poder adoptar una actitud sana, y no desalentarnos ante las constantes exigencias de estos niños.

Después de todo, soportar las tensiones de la vida cotidiana y las exigencias agregadas del niño con TDA y de los otros miembros de la familia puede llegar a ser una verdadera prueba de supervivencia. A veces lo que sucede en el hogar crea más tensión que los proyectos escolares. Por ello, suele ocurrir que el niño lo descarga todo en el hogar. Por lo general es la madre quien se convierte en el blanco de esas emociones y frustraciones reprimidas.

Conozco familias que, debido a los problemas escolares o de adaptación del niño, han sido referidas a un consejero escolar o a un psicólogo. Los problemas que el niño experimenta pueden ser resultado directo de un TDA, o bien empeorar el TDA existente. En la derivación se advierte que los padres tienen problemas matrimoniales, y alguien supone entonces que los problemas de la criatura son resultado directo de los problemas de la familia. El matrimonio recibe tratamiento.

Mientras tanto, es posible que el alumno haya sido mal diagnosticado y que no se le brinde la ayuda que necesita, porque hay alguien que no percibe el cuadro real de lo que sucede. Para la concepción tradicional de la psiquiatría infantil, la mayoría de los problemas de los niños derivan de los problemas de la familia o de los padres. Si vivimos con un niño cuyas necesidades agotan nuestra energía, nuestros recursos, nuestro tiempo y nuestro dinero, desde luego que tendremos problemas matrimoniales. Todo matrimonio, aunque sea un buen matrimonio, tiene problemas. Una vez más, resulta invaluable obtener la ayuda correcta de los profesionales, y en especial la comprensión, flexibilidad y determinación de los maestros.

Nosotros tenemos una experiencia directa de la diferencia que determina en la vida del niño el ser identificado y ayudado en los primeros años, y no mucho más tarde. Los síntomas del trastorno están por lo general presentes desde el nacimiento: por ejemplo, el pequeño llora continuamente y se sobreexcita con mucha rapidez. Cuando crece, tiene rápidas reacciones coléricas y se vuelve más agresivo. Algunos niños, como Chris, tienen un TDA más que manifiesto. A otros, como el hermano gemelo de Chris, Phillip, y el hermano mayor, Scott, nadie les atribuiría un TDA típico. Es decir, hasta que el problema empiece a revelarse por sí mismo.

Los expertos dicen que sólo la mitad de quienes padecen este trastorno han sido diagnosticados adecuadamente, y son incluso menos los que recibieron la terapia integral requerida. Muchos de estos niños más pequeños en los que el trastorno pasa inadvertido son considerados lentos, holgazanes e indisciplinados. Otros, como nuestro hijo Scott, reciben el rótulo de "chicos malos", o de hijos de padres indiferentes, descuidados. Progenitores insospechables se culpan a sí mismos, o atribuyen el problema a enfermedades, una muerte o un divorcio en la familia, o a lo que tal vez perciban como una falta de capacidad para el quehacer de padres: ésas serían las causas de la conducta y el pobre desempeño del niño.

Cuando Phillip tenía 8 meses se enfermó gravemente y se retardó el crecimiento de su cuerpecito. Ahora tiene un año y medio de retraso en desarrollo óseo, y sospechamos que los hábitos establecidos en aquel período son la razón de su lentitud en la escuela. Una maestra comentó que sentía el deseo de "hacerlo sentar sobre un cartucho de dinamita encendido". La observación era un mensaje claro de que probablemente estaba sucediendo algo que había que abordar. Esto ocurrió durante el invierno en el que Phillip volvió a enfermar se seriamente. Perdió muchos días de clase, y le costaba ponerse al día y no perder el tren. Con algunas reservas, hacia el final del año escolar pedimos que se le tomara una prueba. Insatisfechos con los resultados, solicitamos una nueva evaluación en el otoño, cuando él se estaba sintiendo mejor y tenía la cabeza fresca. El segundo cociente intelectual obtenido excedió al anterior en más de treinta puntos, identificando claramente a Phillip como un niño dotado.

Se descubrieron algunas discapacidades de aprendizaje, así como una clara posibilidad de que también Phillip padeciera un TDA, lo cual nos desconcertó. Se había escrito mucho sobre el TDA con hiperactividad. Pero, ¿y el niño que parece brillante, cooperativo y tranquilo... incluso tal vez un poco "en la luna" o "lento"? Otras evaluaciones realizadas fuera del ámbito de la escuela confirmaron nuestras sospechas. Phillip tenía un TDA sin hiperactividad. De no habérsele concedido el beneficio de la duda, y de otra evaluación y la cooperación del equipo de nuestra escuela, habría sido mal diagnosticado, mal comprendido y subestimado.

Sabemos que él tiene un ritmo totalmente distinto del de Chris. Necesita más tiempo para terminar los proyectos, o incluso para ponerse en marcha. Es muy inteligente y va al fondo de las cosas. Por lo común se piensa que una persona lenta no es inteligente. ¡Error! Una persona lenta es sencillamente lenta. Muchos creen que quien recibe un diagnóstico de discapacidad de aprendizaje no es inteligente. ¡Otro error! Lo más probable es que ese niño sea extremadamente brillante. Sólo que necesita aprender a su manera. Yo he tenido que trabajar con mucho empeño para poder ir acompañando a nuestros hijos. Por lo general, diría que me llevan bastante ventaja.

No sería justo examinar el éxito que hemos logrado sin narrar el resto de la historia. Hay que conocer a todas las personas solícitas con las que pudimos contar, y a las que podrían habernos ayudado mucho y optaron por no hacerlo.

Tuvimos la suerte de que, con Chris y Phillip, obtuvimos diagnósticos precisos e intervenciones correctas. Aunque nos costó mucho trabajo y lucha encontrar la combinación adecuada para la ayuda, el esfuezo valió la pena. La autoestima de estos niños está intacta. Ellos saludan cada nuevo día con optimismo y confianza. Han experimentado distintos grados de éxito, y por propia voluntad pueden avanzar hacia nuevos desafíos.

Scott, nuestro hijo de 17 años, no fue tan afortunado. Mirando hacia atrás, advierto que presentaba muchos de los signos: por ejemplo, extrema irritabilidad y sobreexcitación. Pero como fue el primer hijo, yo no sabía que no todos los bebés eran así. Era un niño extremadamente inteligente. Alcanzó temprano todas las etapas de desarrollo. Era confiado y se manejaba de un modo inusualmente maduro. Era uno de esos niños que todos conocemos: "Tiene tres años, este año cumplirá treinta".

A causa de ello, lo llevamos al jardín a los 5 años, sin preguntarnos por su capacidad y su madurez. Un año más de crecimiento habría representado para

Scott mucha diferencia, pero nosotros no teníamos modo de saberlo. En esa época no estaba difundida la práctica de "retener a los niños un año más". En el jardín pareció progresar sin tropiezos. Fue en primer grado donde comenzó a ocurrir algo. Las llamadas telefónicas (me refiero a las comunicaciones entre la escuela y el hogar) comenzaron en esa época. Siempre se trataba de lo mismo: "Su hijo es muy inteligente, pero no puedo conseguir que haga las tareas." "Puede sacar la mejor nota en una prueba, pero no quiere terminar su trabajo."

Por fin, en cuarto grado tuvo una maestra que se interesó especialmente por él y lo ayudó a cambiar su actitud hacia escuela y las tareas. Ella alentaba a Scott, le dedicaba tiempo y le planteaba desafíos. Si bien esto representó una diferencia enorme en el modo en que el niño veía las cosas, aún le resultaba imposible terminar las tareas a tiempo y permanecer aplicado a ellas. Estaba cursando en una escuela privada, y nosotros sabíamos que requería más atención individual. Lo que Scott necesitaba (aunque no supiéramos exactamente qué era), sin duda no lo recibía allí. Decidimos pasarlo a una escuela pública.

En quinto grado comenzaron a ponerse de manifiesto los problemas de conducta. Hubo más llamadas. Y no se trataba sólo de una conducta inadecuada. Antes, por lo menos las notas habían sido excelentes, pero en ese momento estaban descendiendo cada vez más. El asesoramiento de consultoría no pareció ayudarlo mucho. Nosotros seguíamos desconcertados por su falta de motivación y baja autoestima. Pensamos que se debían a un acontecimiento traumático de los primeros años de su existencia. Cuando excluimos esa causa, culpamos a la vida familiar y a nuestra falta de capacidad para criarlo. Yo estaba haciendo todo lo que podía. Nunca se me ocurrió que la raíz de nuestro problema podía ser un TDA. Las notas altas nos habían hecho equivocar. La madurez que habíamos advertido en Scott cuando era muy pequeño era en realidad engañosa. Como lo comprendimos mucho después, a los 5 años era maduro pero no presto para la escuela.

Cuando llegó al séptimo grado, Scott ya había pasado por tres escuelas distintas (contando el jardín de infantes). Ese séptimo grado lo cursó en la escuela secundaria local. Sin duda, fue uno de los años más penosos y tristes de la vida de Scott. Su autoestima cayó hasta las profundidades de la desesperación. Tuvo que enfrentar muchas situaciones nuevas que nunca había experimentado antes, incluso el racismo, violentas amenazas personales, peleas y armas en la escuela. Las aulas estaban sobrecargadas. En las conversaciones con los docentes se advertía que soportaban un estrés enorme. En el programa para niños dotados y talentosos, Scott tuvo una maestra que me llamaba a menudo para hacerme saber lo "holgazán" y "perturbador" que era mi hijo en su clase. Ella no tenía ni tiempo ni paciencia para soportarlo. ¿Cuándo iba a hacer yo algo al respecto? Más tarde supe que esta mujer había escrito en su registro: "El chico es un cero total".

Pero ésas no fueron las únicas llamadas; me entrevisté muchas veces con los maestros de Scott. Un día, la vicedirectora me dijo que sabía cuál era el problema de nuestro hijo. En primer lugar, nosotros no lo disciplinábamos lo suficiente. En segundo término, en su opinión se trataba del "caso típico de niño con discapacidad de aprendizaje" que no había sido detectada. Pedí e insistí en que se le administrara un test en la escuela. Una y otra vez la respuesta fue negativa, sobre la base de que Scott era "demasiado inteligente". En otras palabras, no satisfacía el criterio de "haberse retrasado dos años". Por otro lado, era indudable que no se estaba desempeñando en el nivel de su verdadera capacidad. Lo único que yo podía hacer era preguntarme una y otra vez cuántos de nuestros niños quedan en el camino porque consideramos que deben fracasar completamente antes de que sea prioritario proporcionarles las herramientas que necesitan para tener éxito.

Para obtener una evaluación completa de Scott, concerté una cita con otra fuente externa a la escuela. Se encontró que nuestro hijo estaba en un estado depresivo total. Además se le diagnosticó un trastorno por déficit de atención. Se inició la medicación. Al cabo de un lapso breve, su actitud comenzó a cambiar y aumentó su capacidad para concentrarse. Se disiparon los pensamientos suicidas que alguna vez había albergado. Pero subsistía la baja autoestima.

La autoestima es la columna vertebral de la capacidad de nuestros niños para tener éxito. Sin autoestima, lo único que queda es humillación, cólera y una frustración profunda que desemboca en la desesperación. En este punto es donde veo que los niños como Scott se dan por vencidos. Estoy convencida de que son jóvenes como Scott la mayoría de los que generan el alto porcentaje de deserción escolar en los Estados Unidos.

Al tratar de adaptarse y encontrar algún lugar de pertenencia, eligen amigos inadecuados y caen en pautas de conducta destructiva. Esto, combinado con una escuela y administradores y maestros que carecen de conocimiento y capacidad para tratar con estos niños, se convierte en un problema que devasta y abruma.

Eso es exactamente lo que nos sucedió en los grados octavo y noveno. Scott cursó el octavo en una escuela privada, y el noveno en una escuela secundaria de cuatro años. En ambos establecimientos los administradores lo humillaban e insultaban cuando había un problema de disciplina, en lugar de averiguar primero qué era lo que había sucedido. Incluso le pedimos al psicólogo que había estado trabajando con nosotros que mediara entre la escuela y el hogar. Estos niños quedan atrapados en un círculo vicioso: "Yo no soy bueno, fracasaré de todos modos, es preferible que ni siquiera intente, así tendré una excusa para el fracaso".

Cuando estaba en décimo grado, comencé a escuchar una frase: "No quiero ir a la escuela". Mi corazón se hundió aún más. No podía culparlo por ese sentimiento. Durante todo el tiempo yo había estado buscando respuestas. Durante años leí libros, asistí a conferencias y reuniones y le conté episodios a mi buena amiga que tenía un hijo con el mismo tipo de trauma en otro distrito escolar. Las dos sabíamos que el mayor obstáculo no eran nuestros niños, sino encontrar escuelas competentes, preparadas para enfrentar el desafío que representa este tipo de alumnos, y para dedicarles el trabajo necesario.

Durante el primer semestre del décimo grado, Scott llevó a casa cinco ceros y un nueve. El nueve se lo puso un profesor de inglés que respetaba las aptitudes y las excentricidades de nuestro hijo. Sabía entusiasmarlo, le dedicaba tiempo. Le planteó desafíos. Scott todavía habla de él con la mayor consideración. Las llamadas telefónicas, las entrevistas, las solicitudes de ayuda, e incluso los castigos aplicados a Scott eran totalmente inútiles.

Inmediatamente antes del segundo semestre tuve noticias de una escuela destinada a niños especialmente interesados en el teatro y otras artes. La visité e inscribí a Scott. Todo resultó tan bueno que parecía imposible. Scott ama la música y las artes visuales, y siempre ha estado dotado para ellas. No teníamos nada que perder, y todo por ganar si esto daba resultado.

Nunca olvidaré ese primer semestre en la nueva escuela. La primera en llamar por teléfono fue la maestra de dibujo y pintura. Me dijo: "Quiero agradecerle que haya traído a Scott a nuestra escuela. Es un rayo de sol en mi clase". Como no parecía un comentario sarcástico, pensé que se había equivocado de número. Sin embargo, *yo sabía* que él era un rayo de sol. Era alegría en mi vida. ¡Pero una maestra también lo estaba viendo de ese modo! Yo anhelaba escuchar esas palabras. Le di las gracias con todo mi corazón, y después me eché a llorar. Sólo a los 15 años, y después de tantos maestros, supe que había encontrado un lugar especial para Scott. Se lo conté a mis mejores amigas, y también ellas lloraron. Sabían tanto como yo cuánto había de aceptación y esperanza en esas sencillas palabras.

Al cabo de una semana concurrí a la primera entrevista con la directora. Le describí brevemente la historia escolar de mi hijo. Ella me tomó de las manos, y dijo: "Déjeme ayudarla. Así puede ser diferente". A las nueve de la mañana del día siguiente encontró en su escritorio el historial escolar de Scott, y recibió mi llamada telefónica. En una conversación con él, le dijo que sabía lo que era padecer un TDA, porque también lo sufrían algunas personas muy próximas a ella. Agregó que lo más difícil para él, en ese momento de su vida, era encontrar su propio nicho, y que precisamente en esa tarea la escuela iba a ayudarlo. A partir de las cuatro de la tarde de ese mismo día, Scott tuvo entrevistas individuales con sus distintos maestros, en las que se formularon estrategias para su éxito. Al final del semestre trajo a casa un promedio de nueve.

En los temas concernientes a la disciplina, Scott es tratado con el mayor respeto. Si hay un problema, yo recibo una llamada telefónica y sugerencias acerca de la cuestión. Nuestra notable directora nos mantiene informados de su progreso, y siempre encuentra la oportunidad para una observación positiva. El horario de Scott ha sido adaptado para que trabaje en las clases que necesita contando con un tutor. La maravillosa maestra de recursos, y su personal, se han convertido en una "base" en la que Scott puede tomarse un respiro de las presiones de la escuela, y aplicar algunas de sus habilidades y talentos para ayudar a otros.

En conjunción con la extraordinaria intervención de la escuela, encontramos a alguien muy especial para ayudar a Scott con la medicación y en un nuevo enfoque de la vida. Puesto que la asistencia a los niños con TDAH se realiza en muchas formas, era esencial armonizarlas todas. La decisión de emplear medicación nos creó un dilema angustioso. Después de hacer atender a nuestro hijo por tres diferentes psiquiatras a lo largo de algunos años, el cuarto resultó ser la persona exacta que Scott necesitaba. Él ayudó a crear una atmósfera de confianza y aceptación que le permitió a nuestro hijo ser él mismo y comenzar a disfrutarlo.

Actualmente Scott ya no necesita medicación. Ha optado por realizar cambios sanos en su estilo de vida. Está aprendiendo a dirigir su increíble energía hacia una conducta y pensamientos positivos. Aunque le cuesta mucho prestar atención en el aula, en unos pocos minutos puede crear una obra artística que parece profesional. Del mismo modo puede recitar la letra significativa de una canción o las emotivas palabras de un poema. Pero aún le cuesta terminar las tareas.

Le estoy eternamente agradecida a su primera maestra de dibujo y pintura, que también se convirtió en amiga y mentora. Aunque ya no es su alumno, sigue en contacto con ella. A ambos les gustan los animales y el arte. El auténtico interés y amor de esta docente por sus alumnos es inspirador. Para nosotros, ella representó un faro de esperanza en el mar oscuro de una desesperación casi total.

Me encanta observar los cambios que se producen en este maravilloso joven. Están comenzando a sucederse, gracias a las personas como las que he mencionado que ayudaron a que esto ocurra.

No pretendo dar la impresión de que en cuanto el niño obtiene un diagnóstico y una intervención apropiados todo marcha sobre ruedas. Pero resulta en alguna medida reconfortante saber cuál es el problema, y que se está recibiendo ayuda para solucionarlo.

Ahora bien, éste es un proceso constante y tedioso, que requiere una atención incesante. Estos niños no dejan atrás el TDA al crecer. Se tiene la esperanza de que con los años, y con cada nivel escolar que alcancen, aprenderán nuevas aptitudes que les permitan compensar sus debilidades y desplegar todo su potencial como adultos capaces y competentes. Entonces estarán preparados para compartir sus talentos singulares con el mundo.

No se trata sólo de obtener la ayuda; también importa el modo en que esa ayuda se brinda, y en que nosotros hablamos a nuestros niños. El siguiente es un ejemplo excelente. Hace poco tiempo, Phillip trajo a casa un trabajo escrito sin duda ilegible. Su sabio y devoto maestro escribió una nota en el margen superior: "Phillip, por favor, escribe esto con más prolijidad para que yo pueda leerlo con mis pobres ojos cansados".

Un maestro que ama su tarea y quiere hacer progresar a nuestros hijos no puede reemplazarse por nada. Confía y cree en nuestra capacidad para cambiar el futuro del niño. Se atreve a generar una diferencia. Celebra el don magnífico de la singularidad de cada alumno. Alguna vez vi una placa de homenaje que resumía todo esto con las siguientes palabras:

"Los maestros influyen sobre la eternidad.

Es imposible saber dónde termina su influencia."

La medicación y el manejo en la escuela

Según hemos visto en las secciones anteriores, la medicación es sólo una de las intervenciones posibles para aumentar la capacidad del niño y llevarlo al éxito en la escuela. No obstante, la medicación puede determinar una diferencia significativa en la vida de los individuos con TDA/ TDAH. A lo largo de años de trabajo con niños que padecían TDAH, he visto a muchos mejorar espectacularmente a partir del momento en que el médico les prescribió y reguló la medicación y las dosis.

Para los padres no es fácil tomar la decisión de comenzar a medicar a los niños. Lo típico es que se angustien, y a menudo evitan aplicar este recurso durante años. Ningún padre quiere que su hijo "tome una droga". Con frecuencia temen y se sienten culpables. El maestro no debe ponerse en juez, sino tratar de hacer conocer a los padres su filosofía personal sobre las ventajas y desventajas de la medicación.

Que el niño reciba o no tratamiento médico es algo que debe decidirse entre los padres y el especialista. No intentaríamos disuadir a un diabético de que tomara insulina; tampoco se debe sugerir a los padres que es inadecuado tratar el TDA/TDAH con medicación, llevándolos a sentirse culpables. El papel de la escuela es apoyar a todo niño medicado. El personal escolar debe conocer todos los factores relacionados con la medicación de los niños y ser sensible a ellos, cooperando cuando sea conveniente. En particular, los maestros deben participar mediante la observación atenta del alumno y la comunicación con los padres y el médico, además de asegurarse de que el niño esté recibiendo la medicación prescrita en los momentos adecuados.

Yo misma no tengo formación médica. Los padres tienen que ser informados en profundidad por el médico del niño. Al final del libro, en las páginas destinadas a "Bibliografía y medios auxiliares recomendados", se puede encontrar una variedad de libros excelentes escritos por profesionales calificados que abordan la intervención médica para el TDA/ TDAH.

Muchas escuelas realizan una tarea excelente al facilitar la consulta a instituciones o profesionales externos; nuestro "enfoque de equipo", en estrecha colaboración con padres y médicos, maneja y controla cuidadosamente la medicación prescrita. Nuestra escuela ha logrado esta excelencia gracias al entrenamiento y la dirección proporcionados por Sandra Wright, una destacada enfermera escolar. Sandra tiene una sólida formación en educación, y participa activamente en las organizaciones comunitarias que defienden a individuos con TDA/TDAH (esto incluye la creación de un grupo comunitario de apoyo), ya que posee un conocimiento íntimo de los problemas que enfrentan los padres, tanto en el hogar como en la escuela.

Nuestra enfermera actúa como vínculo entre padres y maestros para ayudar en la administración de los medicamentos en la escuela. La coordinación y la comunicación entre todas las partes involucradas es esencial para alcanzar resultados óptimos. Por medio de la frecuente observación en el aula y del intercambio con los maestros, la enfermera puede mantener informados al médico y a los padres acerca del progreso o la falta de progreso del niño.

Las preguntas y respuestas que siguen fueron redactadas por Sandra Wright para explorar el papel de la escuela y las estrategias de manejo con niños que reciben medicación para tratar el TDA.

¿Cuáles son los medicamentos más comunes para tratar el TDA/TDAH?

En el tratamiento del TDA/TDAH se emplean típicamente dos categorías principales de medicamentos.

Medicamentos estimulantes. Éstos son los prescritos con mayor frecuencia, y han sido empleados y estudiados durante muchos años. Se sospecha que estas drogas tienen un efecto sobre los neurotransmisores y permiten al niño una mejor concentración, así como regular su nivel de actividad y sus conductas impulsivas. Entre estos medicamentos se cuentan el metilfenidato (Ritalina, Rubifen), la dextroanfetamina (Dexedrine en los Estados Unidos) y la pemolina (Cobadenyl, Tamilan).

Cuando a un niño se le ha recetado Ritalina o Dexedrine, a menudo es necesario administrarle una dosis adicional en la escuela, puesto que el efecto de la droga se disipa al cabo de unas horas. No obstante, a veces se prescribe el medicamento en una forma de acción prolongada y liberación sostenida.

Antidepresivos tricíclicos. También se piensa que estas drogas actúan sobre los neurotransmisores cerebrales. A menudo se prescriben a niños que no pueden tomar estimulantes, o que presentan signos de depresión clínica, además de TDA. Esta categoría incluye la imipramina (Tofranil, Elepsin), la desimipramina (Nebril) y la amitriptilina (Elsitrol, Tryptanol, Uxen Retard). Hasta que este grupo de medicamentos alcance un nivel terapéutico pueden transcurrir de dos a tres semanas.

Hay otras medicaciones menos empleadas para el tratamiento del TDA/TDAH. El cataprés (Catapresan) es una de estas drogas; su acción es totalmente distinta de los estimulantes o los antidepresivos tricíclicos. A menudo se prescribe a adultos hipotensos. Sin embargo, su efecto sobre la conducta en un TDAH es en realidad desconocido. El cataprés se presenta en un parche transdérmico y también en tabletas, y puede ser útil para el niño hiperactivo y agresivo o con el síndrome de Tourette (trastorno neurológico caracterizado por movimientos musculares involuntarios o tics). Según algunos investigadores, en el síndrome de Tourette se presenta el mismo desequilibrio neuroquímico que en el TDAH. El cataprés puede provocar somnolencia, pero este efecto se reduce al cabo de dos a cuatro semanas de tratamiento. También en este caso es importante que el maestro observe la conducta y el nivel de actividad del niño.

Cuando el alumno inicia una terapia con medicación, hay un período de prueba durante el cual el médico trata de determinar la droga y la dosis adecuadas. Algunos niños tienen la suerte de lograr una mejoría inmediata. Con otros lleva más tiempo encontrar el medicamento y la dosis. Algunos niños no mejoran con drogas, y otros no pueden tolerar ninguna medicación. Entre el 20 y el 30 por ciento no responden a la terapia con medicamentos.

¿Cuáles son los puntos más importantes que el maestro debe conocer acerca del manejo de la medicación para el TDA/TDAH?

El maestro forma parte del equipo terapéutico en razón de la oportunidad única que tiene de observar la conducta del niño y su capacidad para prestar atención mientras está o no está medicado. Estas observaciones (registradas en escalas de conducta, muestras de trabajo, respuestas al control de la conducta) ayudan al médico a regular la dosis y a determinar si la medicación es eficaz. El maestro debe tener libertad total para hacer contacto con los padres, el médico y la enfermera escolar, proporcionándoles información y observaciones, y planteándoles cualquier preocupación que pueda tener. De hecho, la mayoría de los médicos entregan escalas de observación de la conducta para que el maestro las llene con diversos intervalos.

También es importante que el docente sepa que la medicación, las dosis y los intervalos entre tomas se suelen cambiar o ajustar hasta que se encuentra "la receta" o combinación correcta para el niño. Como cada niño metaboliza el medicamento con un ritmo propio, en muchos aparecen efectos colaterales, o la medicación se vuelve inocua. Es común que estos ajustes resulten necesarios.

¿Qué efectos colaterales tienen estos medicamentos?

Con la medicación para el TDA/TDAH es posible que aparezcan algunos efectos colaterales. Por ejemplo, cuando se inicia el tratamiento con Ritalina son comunes los dolores de estómago o de cabeza, la irritabilidad y la sensibilidad a la crítica. La pérdida del apetito y el insomnio son también efectos colaterales que preocupan a los padres. Si estos síntomas subsisten, a menudo se cambia la medicación, pero muchas veces los problemas van disminuyendo con el tiempo.

Cuando los efectos de la medicación se disipan, suele aparecer irritabilidad u oscilación del estado de ánimo (el denominado "rebote"); por lo común, el médico puede resolver este problema ajustando la dosis y la periodicidad de las tomas. Con la medicación estimulante, un número muy pequeño de niños desarrollan tics (movimientos musculares involuntarios) en forma de muecas faciales, olisqueo, tos, resoplidos, ruidos hechos con la boca. En la mayoría de los casos estos tics desaparecen al interrumpirse la medicación. Es muy útil que el maestro se comunique con los padres, la enfermera escolar o el médico cuando observa este tipo de síntomas.

En algunos niños, los antidepresivos tricíclicos causan somnolencia en clase, sequedad de la boca o constipación. Cuando se observan estos efectos, también es importante informar a los padres y al médico, quien entonces podrá disminuir la dosis o prescribir una toma principal antes de acostarse.

¿Quién tiene la responsabilidad de medicar a los alumnos en la escuela? ¿Cómo se realiza el control? ¿Qué sucede si nos olvidamos?

A los niños que padecen TDA/TDAH a menudo se les prescriben tomas de la medicación durante el horario escolar. Es importante que estas tomas se realicen en los momentos correctos. En general, los remedios se administran durante el almuerzo o inmediatamente después. La Ritalina, por ejemplo, tiene el máximo efecto aproximadamente dos horas después de la ingesta, y su acción se disipa en unas cuatro horas, al cabo de las cuales muchos niños presentan conductas agresivas, emotivas o impulsivas.

Si no se les administra el medicamento, o se les administra tarde, estos niños comienzan a gritar, luchar o crear otros problemas en el patio de juego o en la cafetería. Al volver al aula no están preparados para concentrarse en la lección, y perturban. A partir del momento en que el maestro se da cuenta de que el niño no ha tomado su medicamento, y remedia la omisión, hay que esperar otros treinta minutos para que la droga comience a hacer efecto, con lo cual se dilapida por lo menos una hora de tiempo productivo.

La mayoría de los niños de la escuela primaria no se acuerdan espontáneamente de pedir la medicación en el momento oportuno, y esto por la naturaleza misma del TDAH. Administrar las dosis correspondientes es una responsabilidad del maestro, la enfermera escolar, el consejero u otro personal de la escuela.

Con el niño mayor, pueden ser necesarios un *beeper*, recordatorios verbales "codificados" del maestro o una llamada por el intercomunicador. En el lugar donde se administra el medicamento un cartel felicita al niño por haberse acordado. También son útiles las tarjetas codificadas de color que el maestro le entrega al niño como recordatorio. Todo debe hacerse discretamente, de modo confidencial, sin discutir la medicación ante los otros alumnos. Asociar cada momento de toma del medicamento con una determinada actividad diaria es también una buena técnica, porque ayuda a establecer un horario sistemático. En caso de ausencia de la enfermera, el personal de la escuela debe tener una lista de los alumnos que toman a diario medicamentos de cualquier tipo, y llamarlos cuando no concurren espontáneamente para recibir sus dosis.

Con la medicación para el TDA/TDAH, ¿pierde el niño su libre albedrío y su sentido de control?

Es importante que el maestro sepa que la medicación no controla al niño. Ayuda a eliminar distracciones, permite que el alumno se concentre en la tarea, reduce la impulsividad, facilita las elecciones más atinadas. La terapia con medicación es más eficaz cuando se la combina con estrategias educativas específicas, con técnicas de modificación de la conducta, con entrenamiento e información para los padres, consultoría y manejo del ambiente.

ENTREVISTA CON MIKE
(32 años, alumno graduado en Colorado)

A Mike se le diagnosticó TDA, por el que fue tratado después de los 20 años.

¿Qué recuerda de la escuela?

"En la escuela primaria y la escuela secundaria, muy pocas veces hice mis tareas. Aprobaba por mis notas en las pruebas. En los tests de aptitud escolar estaba siempre por encima del percentil 90. Tuve la suerte de ser un lector ávido. Podía conseguir los programas y leer sin asistir a clase. Pero la escuela fue para mí una época muy dura. Me sentía muy frustrado, y la mayoría de los maestros me consideraban un 'niño problema'. Yo no era tímido para desafiarlos."

¿Con qué maestros se desempeñaba mejor?

"Con los que decían cosas interesantes, exponían bien, tenían sentido del humor. Me desempeñaba bien con maestros que apreciaban el pensamiento original y desafiante, que daban margen a la originalidad y no eran rígidos."

¿Qué les aconseja a los maestros?

"Los chicos con TDA necesitan estructura. Cuando hay un chico que tiene problemas, comiencen a brindarle un poco de estructura y vean si es útil. En el trabajo yo aún necesito que mis patrones me proporcionen algo más de estructura que a mis compañeros."

¿Qué significó para usted comenzar a tomar Ritalina a los 27 años?

"Desapareció mi depresión crónica. Estaba en un pozo y tenía muchísimos problemas. Problemas económicos: no podía conservar un empleo. Problemas de relación: se rompió mi compromiso, y eso fue devastador para mí. La medicación me ayudó a organizar mi perspectiva y a hacer planes a largo plazo. Fue toda una revelación que pudiera empezar algo y terminarlo al cabo de un tiempo razonable… incluso algo tan sencillo como limpiar mi departamento. Ojalá hubieran empezado a medicarme a los 18 años, o incluso a los 8."

El jardín de infantes

*E*n esta sección examinamos el mejor modo de captar y enseñar al niño inmaduro, impulsivo o perturbador en el nivel de jardín de infantes. En todas partes, los maestros parecen encontrar un número creciente de niños que son más difíciles de manejar y tienen múltiples necesidades especiales.

Muchos niños son sencillamente inmaduros, y necesitan algo más de tiempo para desarrollar las habilidades sociales y emocionales requeridas por la estructura del jardín. En todas partes encontramos una afluencia de criaturas que fueron "bebés expuestos a drogas" o infantes frágiles en términos médicos. Estos niños ingresan en la escuela con sistemas neurosensoriales y mecanismos de adaptación inmaduros. Muchos otros niños pequeños, como consecuencia de familias disfuncionales y de males sociales, carecen trágicamente de seguridad y estructura, físicas y emocionales, en sus propias casas. Las maestras de jardín están en la primera línea para hacer frente al desafío de proporcionar a cada niño la estructura, la crianza y la educación (escolar, social y de conducta) necesarias como cimiento para toda una vida de aprendizaje.

La información que presentamos en esta sección proviene de expertos: dieciséis maestras de jardín, de diversas escuelas y ambientes del condado de San Diego. Estas maravillosas maestras exponen de buena gana sus estilos de enseñanza, sus estrategias específicas para dar señales, para las transiciones, y las técnicas de manejo de la conducta, así como su filosofía y opiniones sobre lo que da resultado con estos niños. Nueve de estas docentes enseñan en clases de jardín comunes; cinco imparten educación especial o para la primera infancia; dos dan clases en jardines bilingües. Algunas son también mentoras en el Distrito Escolar Unificado de San Diego.

Deseo expresar mi agradecimiento y aprecio por los aportes de Betsy Arnold, Noreen Bruno, Allison Carpenter, Cindy Cook, Julia Croom, Levana Estline, Christina Evans, Ellen Fabrikant, Brenda Ferich, Nancy Fetzer, Cathy O'Leary, Nancy Paznokas, Jill Prier, Adrienne Tedrow, Leilani Vigil y Peggy Walsh.

Todas estas maestras que entrevisté, y sus clases, comparten algunas semejanzas:

- La maestra crea en el aula un ambiente de afecto y amparo, es generosa en abrazos, sonrisas, elogios y afecto.

- Hay estrecho contacto con los padres, que participan activamente.

- Expectativas específicas, firmes y claras.

- Mucha música, movimiento y actividades prácticas.

- Estructura, congruencia, seguimiento.

- Múltiples opciones para los niños.

- Disciplina y manejo de la conducta individualizados.

- Currículo y actividades divertidos, estimulantes.

- Un ambiente en el aula que toma en cuenta los diferentes estilos de aprendizaje.

- Buena planificación y preparación previa.

- Conciencia de que lo más importante es que los niños tengan autoestima y se sientan bien consigo mismos.

- Respeto por la individualidad de cada niño.

En el jardín hay que enseñarlo todo, desde las expectativas de conducta hasta las habilidades sociales, una por una. Hay que explicar y modelar cada conducta deseada, y practicar hasta que todos los niños sepan exactamente lo que se espera de ellos.

Comienzo del año escolar

Desde el momento en que los niños atraviesan la puerta de la escuela el primer día de clase se les debe enseñar en detalle cómo queremos que se comporten a lo largo del día. Por sí sola, o con la participación de los niños, la maestra establece reglas. Los siguientes son ejemplos de dos aulas:

Clase 1
- Seguir las instrucciones.
- Mantener manos y pies bajo control.
- No hablar en voz alta.

Clase 2
- Mantener bajo control pies y manos.
- Levantar la mano para hablar.
- Los juguetes, los caramelos y la goma de mascar se dejan en casa.

Aproximadamente en las primeras dos semanas del año escolar, una maestra trata a sus alumnos como grupo, mientras establece las normas y enseña las expectativas y reglas.

Esta maestra modela y enseña una y otra vez las conductas siguientes:

- Cómo y dónde formar fila.

- Cómo permanecer en fila.

- Cómo caminar en fila.

- Cómo pasar a formar grupo.

- Cómo y dónde pasar a los lugares o centros de aprendizaje.

- Cómo solicitar la atención del maestro.

- Hablar sin gritar.

- Cómo sentarse en la alfombra.

- Cómo sentarse a la mesa.

- Cuándo y cómo levantar la mano.

- Qué hacer en situaciones nuevas.

Los alumnos deben practicar hasta que comprendan nuestras expectativas. En tal sentido, tiene importancia que seamos detallistas y congruentes. Por ejemplo:

"Muéstrame qué hay que hacer cuando quieres decir algo."

"Muéstrame cómo retiramos las bandejas para el almuerzo y formamos fila."

Una maestra emplea el relato "El día en que el monstruo vino a la escuela"[1] y un muñeco que representa al monstruo, para enseñar las reglas. La clase examina las conductas inadecuadas del monstruo, y los problemas que causan en el aula. Después de mucho comentario de los niños, la maestra pregunta: "Pero, ¿qué se supone que Monstruo tendría que hacer el señor?". Los niños confeccionan tres o cuatro reglas para la clase. A partir de ellas se dibuja un cartel, y también se escribe un gran libro de reglas.

Una de las maestras enseña a sus alumnos la expectativa siguiente: "Cuando yo hablo, ustedes escuchan". Después de reiterarla una y otra vez, dice: "Cuando yo hablo…"; para que los alumnos respondan al unísono: "Nosotros escuchamos". Vuelve a hacer esto cada vez que alguien interrumpe. Esta técnica es útil porque lo típico es que sean los mismos niños quienes repetidamente hablan cuando no corresponde e interrumpen. Esta maestra no considera conveniente identificarlos por sus nombres, llamar la atención sobre su conducta negativa. De tal modo no los señala como provocadores de problemas, y los ayuda a aprender escuchando y repitiendo verbalmente la regla.

---

[1] "The Day the Monster Came to School", de *Back to School*, Macmillan Seasonal Activity Pack, págs. 8 y 9.

El nivel de ruido

Algunas maestras toleran más ruido que otras. Según ellas, muchos niños son extremadamente sensibles al ruido y el bullicio. Las actividades del aula son divertidas y estimulantes, pero el clima tiene que ser calmado, con un nivel de ruido moderado, de ningún modo excesivo, y nunca caótico.

La expectativa de una maestra es que, durante el tiempo libre, los estudiantes hablen con voz "de adentro", y practiquen a menudo para entender lo que significa. Para los momentos de trabajo, enseña a susurrar. Ha convertido en un juego la enseñanza y la práctica del susurro. "Los niños lo disfrutan, porque les encantan los secretos, y para ellos es como un juego." Por ejemplo, el planteo puede ser el siguiente:

"¿Qué creen ustedes que es susurrar? Si se ponen la mano sobre la garganta, y hablan, la sienten vibrar." Los alumnos practican. "Pero cuando susurran, no vibra." Nueva práctica con los alumnos.

Estructuración del día escolar

Los niños necesitan un aula predecible: tienen que saber a qué grupo pertenecen, dónde trabaja, qué hace, etcétera. Necesitan la congruencia de la rutina y el horario.

Una de las maestras mentoras de educación especial nos describió su modo de crear estructura. Ella subraya la importancia de establecer una secuencia predecible de actividades desde el primer día de clase. Ha organizado las actividades en intervalos de quince minutos, alternando los períodos de movimiento con los de trabajo estático. La secuencia comienza "en la alfombra", donde se repasan las reglas y la maestra explica las actividades que se realizarán en las distintas estaciones. Usa una rutina sistemática de lenguaje, con cuatro estaciones de actividad, relacionadas con la literatura y el tema de la lección que se enseña. Los alumnos rotan por cuatro mesas:

- **Mesa 1**—actividad artística (por ejemplo, pintura).

- **Mesa 2**—diario. La maestra escribe, o pide que los niños escriban una frase del tipo "Estamos agradecidos por...". En esta mesa los niños encuentran su diario, el texto que deben copiar y una variedad de materiales para desarrollarlo (esténciles, lápices de colores, revistas, figuras).

- **Mesa 3**—actividad de escritura (por ejemplo, trazar en diferentes colores la letra con la que se ha practicado ese día o esa semana).

- **Mesa 4**—actividad de recortes, relacionada con el tema del día o de la semana.

Después del tiempo de actividad libre los niños vuelven a la alfombra para recibir una explicación sobre las actividades de matemáticas correspondientes a ese día. Dichas actividades siguen un patrón sistemático:

Lunes—actividades de clasificación.

Martes—patrones.

Miércoles—mediciones, gráficas.

Jueves—figuras.

Viernes—números.

Para las actividades relacionadas con cada concepto que se enseña sirven las mismas cuatro mesas. Veamos, por ejemplo, los viernes:

- **Mesa 1**—objetos manipulables y rompecabezas.
- **Mesa 2**—diarios y libros de números.
- **Mesa 3**—escribir cifras (en letras y números).
- **Mesa 4**—recortar y pegar números.

Muchas maestras (de educación regular y especial) tienen una rutina de centros, lugares o estaciones, con rotación.

Los horarios y la coherencia

Los niños quieren saber exactamente lo que sucederá a continuación. Necesitan la seguridad de conocer su horario. Una maestra nos explicó que emplea dos gráficas hechas por ella misma: una para los días comunes, y la otra para los de horario reducido. Esas gráficas reproducen la esfera del reloj, con imágenes de las actividades diarias.

Ejemplo:

9:00	— Imagen de niños atravesando una puerta, seguida por dibujos de diarios y libros (la primera actividad de la mañana).
10:00	— Imagen de columpios y barras fijas.
10:30	— Lectura y matemáticas, imágenes de libros y números.
12:00	— Almuerzo; imágenes de leche, banana, un sándwich.
12:30	— Ciencia y estudios sociales; imagen de plantas, animales y personas.
1:30	— Salida; imágenes de niños atravesando en sentido contrario la misma puerta del principio.

Por lo general, los niños de jardín no se mantienen en grupos grandes durante períodos prolongados. Muchas actividades se desarrollan en grupos pequeños y en intervalos breves, para mantener el interés y la atención de los pequeños.

Técnicas de manejo de la conducta en el jardín

El "tiempo aparte"

Muchas maestras emplean algún sistema para apartar brevemente a los niños perturbadores de la actividad del grupo. Algunas no tienen ningún lugar especial en el aula para mandar al niño; le indican cualquier mesa, silla o zona apartada del grupo. Las maestras subrayaron el poder del grupo y el deseo de todo niño de participar en él.

Casi todas las maestras coincidieron en la importancia de que el "tiempo aparte" sea breve, y de que el niño reciba una bienvenida al volver al grupo cuando ya puede hacerlo.

- El sistema de una maestra consiste en comenzar por tres advertencias; si el niño reincide, lo envía a la "silla para pensar". En esa silla el niño debe pensar en lo que se espera que él haga.

- Una maestra dijo que, al enviar a un niño a un "tiempo aparte", trata de no interrumpir la clase. Sencillamente le señala la silla, o se acerca a él, le toca el hombro y lo acompaña hasta el área correspondiente sin discusión.

- La maestra tiene que comunicar claramente sus expectativas, y las consecuencias de una conducta inconveniente: "Me gustaría que vuelvas a tu lugar. Pero para eso tienes que controlar tus manos y tus pies. Si no puedes, te enviaré allí otra vez (apartado del grupo)".

Darle al niño su espacio

Los niños que pierden el control no pueden concentrarse o permanecer en el grupo, necesitan espacio. Algunas maestras dijeron que no empleaban el "tiempo aparte", sino un "tiempo dentro". Los niños con problemas necesitan tiempo y espacio para recobrar el autocontrol. Una maestra emplea el rincón de la biblioteca como un lugar para estas pausas, y el área de teatro como otro, al que denomina "zona de tranquilización". Observó que, aunque estas áreas son deseables para la actividad libre, no tienen el valor de refuerzo cuando los alumnos están allí por propia iniciativa.

Algunas maestras señalaron que tendemos a encerrar a estos niños, no a darles "salidas". Para el niño es mejor que le permitamos elegir y le brindemos algún espacio.

"¿Necesitas un poco de tiempo? ¿Necesitas pasar a otra área? ¿Necesitas tiempo para recobrarte?" Susúrrele al niño: "Ve a los almohadones, lee un libro". Déle la oportunidad de salir del grupo y volver cuando esté en condiciones. Los niños con necesidades especiales presentan reacciones adversas al sentir que "tienen a alguien encima". Pregunte: "¿Trabajarías mejor en ese lugar?". Deje que el propio niño elija su espacio. Cuando ya esté pronto para volver, responda positivamente: "¡Qué suerte que puedes volver a unirte a nosotros! Bienvenido".

Establecer las consecuencias y controlar que rijan

"Te ha costado mucho mantener tus manos bajo control, para no estar empujando. Hoy vas a pasar conmigo el próximo receso. Mañana podrás ir a jugar si controlas tus manos y no molestas a los otros chicos." Háblele al niño mirándolo a los ojos y tocándolo suavemente. Básese en la confianza y las expectativas.

Desviar el problema con tácticas de diversión

Todas las maestras coincidieron en que una técnica clave de manejo consiste en reorientar al niño, desviándolo antes de que sea necesario corregirlo. La maestra debe ser lúcida y sensible a los signos de que el niño puede estar descontrolándose, ante lo cual lo reorientará con eficacia.

- Asígnele al niño una tarea que le guste. A la mayoría de los chicos de jardín les encanta ser ayudantes de la maestra. El ayudante de la maestra está encargado de distribuir papel y materiales, limpiar las mesas y guardar las sillas.

- Durante la lectura, se le puede pedir al niño que use el puntero o pase las páginas del Libro Gigante. Es importante descubrir lo que le gusta hacer, identificar lo que es significativo y motivador para él.

- Cuando un niño está comenzando a perturbar, la maestra puede acercarse hasta él, mirarlo a los ojos, y decirle, por ejemplo: "Mike, dentro de dos minutos vamos a ir a tomar la merienda". De este modo se le brinda al alumno algo que esperar durante un pequeño bloque de tiempo.

- Cuando un niño está comenzando a ponerse inquieto y comportarse de modo inadecuado, la maestra se le acerca, lo mira a los ojos y le dice: "No hagas esto en el aula… Aguarda a que salgamos, dentro de unos minutos".

Señales e indicaciones

Las maestras emplean diferentes señales e indicaciones para llamar la atención de los alumnos y lograr que no se distraigan.

- Una de las maestras hace sonar una campanilla. Los alumnos deben cruzar los brazos rápidamente y mirarla a ella, que dice: "Voy a tocar la campanilla. ¿Quiénes están listos?". (Ayuda suavemente a los niños que tienen dificultades.) No comienza a enseñar hasta que todos se detengan y la miren.

- Otra maestra dice: "Alto, miren y escuchen". Ante esa indicación, los niños se detienen, llevan las manos a la espalda y miran a la maestra.

- Las maestras emplean muchas señales no verbales:

  — Signo de "alto": la palma de la mano alzada.
  — "Escuchen": se toca la oreja.
  — "Mírenme": señalarse y tocarse la barbilla.

Estas maestras también emplean como señales un acorde de piano o un relampagueo con las luces. Algunas añaden una palabra, por ejemplo "quietos". A veces tocan la mano, el hombro o el brazo del niño.

Estas maestras emplean asimismo indicaciones, señales y reforzadores concertados entre ellas y cada niño en particular. Por ejemplo, con una niña que tiene dificultades para permanecer en el grupo, la maestra pactó lo siguiente: "Voy a trazar tres cruces en un rincón del pizarrón. Cada vez que te levantes y te alejes de la mesa, borraré una cruz. Al final del período [de diez a quince minutos], te daré un autoadhesivo por cada cruz que no haya borrado". La conducta de la niña mejoró considerablemente, sin que fuera necesario seguir con un refuerzo tangible: bastaba el elogio.

Una maestra ha concertado una señal con un alumno al que le cuesta permanecer sentado. Cuando esto ocurre, el niño le muestra los dos pulgares alzados. Ella le pide entonces a su ayudante que lo saque del aula para que realice algunos minutos de actividad física, y vuelva tranquilizado. Sostiene que después de hamacarse o correr durante un lapso breve se calma, y vuelve dispuesto a trabajar. Esta técnica también es eficaz para impedir que el problema llegue a plantearse: se saca al niño del aula durante dos o tres minutos para que se hamaque (mientras la ayudante observa desde la puerta), antes de que surja la conducta perturbadora. Desde luego, esto supone el lujo de contar con una ayudante.

El mejor manejo: una atención positiva

Todas las maestras dijeron que buscan siempre conductas positivas, y señalan y reconocen lo que los niños están haciendo bien. Los elogios, las sonrisas y los abrazos son el mejor modo, el más significativo y reforzador para enseñar a los niños las conductas adecuadas.

Muchas maestras piden que los alumnos aplaudan recíprocamente sus logros:

- "Brindémosle una gran ronda de aplausos a..." (Cada niño entrechoca las palmas con los compañeros que tiene a los lados, en un gran movimiento circular.)

- "Démonos palmadas en la espalda." (Los alumnos se palmean las espaldas.)

- "Demos tres hurras silenciosas por..." (Los alumnos hacen el movimiento de "hurra" con las manos, sin sumar la voz.)

Control de conductas específicas

"¿Estás utilizando tu voz interior?"

"¿Están escuchando tus oídos?"

"¿Están observando tus ojos?"

"¿Tienes las piernas correctamente dobladas?"

"¿Tienes las manos sobre la falda?"

"¿Estás sentado en el lugar que te corresponde?"

"¿Qué haces cuando quieres hablar?"

"¿Dónde está tu felpudo?"

Reconocimiento de las conductas positivas

Una maestra evita cuidadosamente decir "muy bien". En lugar de ello, describe la conducta específica que le agrada con una voz objetiva, no efusivamente. Dice, por ejemplo: "Me gusta que hayas ido a sentarte al lado de Marcus, sin pelear, al ver que otro alumno ocupó tu silla", o "Me gusta el modo en que Julie está trabajando con su compañero".

Los siguientes son otros ejemplos:

"Me gusta cómo estás sentada en la alfombra, Mandy."

"Me gusta que Johnny mire directamente hacia aquí. Puedo decir que realmente está prestando atención."

"Me gusta la manera en que Tanneesha está poniéndose de pie."

"He observado que Raúl está caminando muy bien y en silencio. Gracias, Raúl."

"Veo que están sentados como corresponde, con las manos sobre la falda y las piernas cruzadas."

"Advierto que Cathy se acuerda de levantar la mano. Esto me ayuda a enseñar, para que todos aprendan. Gracias, Cathy. Dediquémosle una ronda de aplausos."

"Aprecio realmente que Coby haya aguardado su turno. Gracias, Coby."

Una maestra, cuando está enseñando una letra determinada, utiliza palabras de elogio que tienen esa misma letra como inicial: si enseña la i, dice "increíble"; si enseña la m, dice "maravilloso"; si enseña la f, dice "fabuloso, fantástico".

Trate de sorprender al niño perturbador cuando hace algo bien, y felicítelo.

Resolución de conflictos entre los niños

Una maestra explicó que a muchos niños nunca se les ha enseñado ni se les ha mostrado cómo se manejan los problemas de un modo positivo. Hay que explicarles cómo se hace, y recompensarlos cuando adquieren esta habilidad. El ejemplo siguiente permite exponer la técnica de esta docente.

Dos niños chocan, uno golpea a otro, uno recibe un codazo, deliberada o accidentalmente. Ambos se enojan y van a quejarse a la maestra. La maestra se dirige al golpeado: "¿Por qué no le dices a Jason cómo te sientes? Yo te ayudaré. Primero lo diré yo, y tú lo repetirás. 'No me gusta que me golpees así, me duele'". El alumno repite. A continuación, la maestra enseña lo que debe decir Jason: "Lo lamento, Bobby". El alumno repite. La maestra se dirige a Bobby: "Bueno, está bien". El alumno repite.

Los niños se dan la mano y toda la clase aplaude de manera ruidosa y entusiasta; la propia maestra es quien inicia esta manifestación.

El niño impulsivo que habla perturbadoramente en la clase

Por lo general, las maestras sientan a estos niños cerca de ellas a fin de poder darles indicaciones tocándolos. Les explican por qué todos los alumnos deben aguardar su turno, y la razón de esa regla. Dicen, por ejemplo: "Sally, sé que estás realmente agitada. En mi clase la regla es que se levanta la mano para poder hablar. Entonces yo lo oigo todo. ¿No sería malo que no pudiera oír lo que dices por el ruido que hay en el aula? Si puedes trabajar en silencio durante cinco minutos, ayúdame a repartir los papeles". (Conducta reorientada.)

- Dé muestras de haber advertido al niño, pero dígale: "Ahora es tu turno de escuchar, y el mío de hablar. Levanta la mano". Si levanta la mano, permítale hablar de inmediato.

- Emplee una señal. Por ejemplo, la ayudante se sienta cerca del alumno y le susurra: "Aguarda para hacer esta pregunta, recuerda esta otra".

- "Esto no es correcto ni aceptable. James está hablando."

- Cuando el niño levanta la mano y espera su turno, permítale que hable todas las veces que resulte posible. Elógielo por haber tenido paciencia.

- Cuando persiste la conducta perturbadora, una de las maestras dice, por ejemplo: "Mark, eso es gritar. Necesitas ir a la silla para pensar". Dígalo con un tono de constatación objetiva.

- Es importante sorprender al alumno cuando da muestras de mejorar: "Mark, he advertido que realmente estás aprendiendo a no gritar en la clase. Estoy muy orgullosa de ti".

- Dé a los niños la oportunidad de hablar y comunicarse antes de iniciar la lectura, o cuando introduce algo nuevo (para reducir su necesidad de hablar en momentos inadecuados). Antes de iniciar la lectura de un nuevo libro, muestre las ilustraciones, y pregunte: "¿Alguien quiere decirnos algo? Que levante la mano". Después la maestra dice: "Ahora es mi turno". Todos los programas de lenguaje y literatura son útiles para generar este intercambio.

Pérdida del control

Una maestra dijo que se sentaba y abrazaba al niño descontrolado. Lo acunaba y le decía una y otra vez, en tono calmado, lo que ocurriría a continuación. "Cuando te hayas tranquilizado, irás a almorzar. Si no estás tranquilo, te quedarás conmigo. Avísame cuando estés listo."

Las maestras que intentan calmar a los niños descontrolados encuentran útil acunarlos y emplear una voz calmada y objetiva. Sentirse "seguro" ayuda al niño a controlarse. "No te permitiré que hagas esto. Yo te quiero, pero no te permitiré que…"

Por lo general, el niño es retirado del aula por un adulto, o la maestra pide ayuda, y se retira ella con el resto de la clase, mientras el consejero o un administrador tratan con el niño en el aula.

El llanto en el aula

En el jardín de infantes es de esperar que haya algo de llanto, sobre todo durante las primeras semanas de clase. Por lo general, si el llanto persiste más allá de lo "razonable" el niño que llora es retirado del aula. Una maestra permitía que los niños lloraran. En ese caso, les decía: "Puedes llorar, pero no gritar ni saltar arriba y abajo. Sería como un terremoto". (Esta docente tenía muy poco llanto en su aula.)

Control de la voz

Muchas maestras observaron que el control de la voz es una técnica de manejo eficaz. Dirigiéndose individualmente a cada niño, mirándolo a los ojos, baje el volumen y el tono de su voz para obtener la atención del alumno; esto es preferible a hablar más alto.

Estudiar al niño

En muchos niños con TDA/TDAH, su capacidad para enfrentar las situaciones y su conducta dependen del día, de las circunstancias, incluso del momento. Es importante tratar de adecuar la estrategia a cada niño, considerado individualmente. La maestra tiene que preguntarse qué puede hacer para impedir determinadas conductas.

Una maestra dio el ejemplo de una alumna que tenía oscilaciones extremas del estado de ánimo. A lo largo de cierto período, observó que la niñita lloraba todos los días, más o menos a las once. Después de haber advertido este patrón, a esa hora encargaba a la niña algo que le gustaba hacer. Si se descubre que una conducta se reitera siguiendo cierta pauta, hay que identificar el momento en que se produce y sus causas posibles. Pregúntese: "¿Hay alguna conducta positiva que en esos momentos pueda absorber al niño, a fin de cerrar el paso al problema?".

Modificación de la conducta, observación y sistema de recompensas

- Muchas maestras no usan con toda la clase un sistema de manejo de la conducta (por ejemplo, el de las tarjetas rojas, amarillas y verdes), porque no lo necesitan. Como nos dijo una de ellas: "Se hace lo mínimo necesario para mantener la conducta deseable".

- Una maestra emplea las tarjetas de color con todos los alumnos. Veinte tarjetas verdes (de buena conducta) dan derecho a un certificado y un premio. Todos los alumnos de esta docente, si han tenido un día "bueno", ganan un sello en la mano y una palmada en la espalda al final de la jornada.

- Otra maestra pide que cada niño lleve diariamente al hogar la tarjeta de color. Les pide a los padres que lo recompensen con un pequeño premio por cada cinco tarjetas verdes.

- La mayoría de las maestras emplean gráficas de manejo de la conducta o comunicaciones al hogar, con algunos niños, cuando es necesario.

- Una maestra emplea una gráfica dividida en períodos de quince minutos cada uno. El niño puede ganar un sello por cada sección.

- Otra maestra tiene una gráfica de conducta para que el niño gane pegatinas si ha permanecido en silencio (con las pegatinas se obtiene tiempo libre).

- Una maestra emplea una gráfica semanal en la que dibuja rostros: una cara contenta son tres puntos; una cara normal, dos puntos, y una cara triste, cero. Los padres firman la gráfica y la devuelven. Se les pide que refuercen con alguna pequeña recompensa cada diez puntos obtenidos por el niño.

- Una maestra concierta contratos con los cuales el niño gana una estampilla si durante diez minutos no ha gritado en la clase.

- Una maestra subrayó lo importante que es descubrir las recompensas que inducen al niño a trabajar con empeño. A algunos niños los impresionan menos las pegatinas, y en cambio los entusiasma la posibilidad de jugar con burbujas, andar en triciclo o cuidar el conejo de la clase.

- Una maestra emplea un "Club de Chicos Buenos". En un lugar visible, hay tarjetas con los nombres de todos los niños. Si un alumno tiene buena conducta (no más de dos advertencias), su tarjeta (con la figura de un osito panda) sigue a la vista. Si el niño no se ha portado bien, la maestra le da vuelta, pero vuelve a presentarla de frente si la conducta de ese alumno mejora en el curso del día. Si su tarjeta ha quedado a la vista, al volver cotidianamente a su casa el niño puede llevar un cupón positivo. Cada diez cupones, gana un juguete o un libro. La maestra pide a los padres que pongan los cupones en un lugar especial, y les sugiere que recompensen a los niños.

Casi todas las escuelas aplican otros reforzadores positivos eficaces, que premian a los alumnos que se comportan correctamente.

Hacer participar a los padres

Todas las maestras subrayaron la importancia de una comunicación estrecha con los padres, y de su participación, en particular cuando se trata de niños que experimentan dificultades.

- Las maestras invitan a los padres a concurrir a la escuela y ver a sus hijos en acción. Hacen trabajar a la madre o al padre con el niño, en un grupo pequeño.

- Las maestras tienen entrevistas con los padres y envían al hogar recomendaciones específicas sobre lo que ellos deben hacer con el niño.

Muchas maestras se ven con los padres casi diariamente, cuando ellos llevan o retiran al niño de la escuela. Otras les hablan periódicamente por teléfono. El aporte de los padres es esencial. También tienen utilidad las visitas al hogar, en particular cuando se trata de niños que experimentan dificultades en la escuela. Conviene hacerse alguna idea de la situación hogareña.

Niños que reclaman la atención de la maestra, y tienen que aguardar

Una maestra emplea una indicación específica con los niños que se acercan a ella mientras está ocupada con otro grupo o alumno. Esta docente cubre con su mano la del niño que se ha acercado y la frota suavemente. De tal modo le hace saber que ha advertido al alumno que aguarda para hablar con ella antes de que éste la llame o la empuje. Después se vuelve ordenadamente hacia estos niños que solicitan su atención.

El manejo de la decepción

Los niños de jardín pueden sentirse muy perturbados si no se les acuerdan ciertos privilegios o responsabilidades. No les gusta nada tener que aguardar su turno o no haber sido elegidos para algo. Una maestra emplea como señal la palabra "Bueno…". Enseña a los niños a decir "Bueno, otra vez será", mientras hacen un gesto con la mano. Después recompensa y elogia a los alumnos que reaccionan con esas palabras y ese gesto cuando se sienten decepcionados porque no es su turno. "Estoy muy orgullosa de ti. Has crecido mucho." La maestra sonríe al niño y le otorga alguna distinción especial. Esto ayuda a encarar las quejas de que "no es justo".

El niño percibido como "malo" por sus compañeros

Una maestra sostuvo que los niños tienen un verdadero sentido de la comprensión y la compasión. Siempre siguen el ejemplo de la maestra. Si hay en el aula un niño tan perturbador que los otros piensan que es "malo", la docente corrige y suaviza este juicio. Dice, por ejemplo: "No hay ningún chico malo. A veces a Michael le cuesta recordar las reglas. Esto no significa que sea malo. A veces no puede hacerlo. No siempre es culpa suya. Tenemos que ayudarlo. ¿Cómo creen ustedes que podemos ayudarlo a recordar las reglas?"

Los estilos de aprendizaje en el jardín de infantes

Las aulas diseñadas para satisfacer los diferentes estilos de aprendizaje de los alumnos son cálidas y coloridas, y ofrecen múltiples actividades atractivas. Pueden tener un área de la alfombra, un área de almohadones u otro tipo de grandes asientos blandos, mesas de arena, mesas de arroz, mesas de agua, computadoras, animales embalsamados, casas de muñecas, áreas de biblioteca, instrumentos, atriles, centros de audición, etcétera. Estas aulas, en las que el trabajo de los niños se despliega en libertad, son estimulantes y centradas en el alumno. En ellas hay muchos rompecabezas, bloques de diferente tipo y muchas texturas y cosas distintas para sentir y manipular. Estos ambientes están llenos de amor y respeto. Las maestras caminan entre los niños y les brindan atención personal y mucho afecto (abrazos, atención positiva y reconocimiento).

La música y el movimiento forman parte de todos los aspectos del currículo, a lo largo de todo el día. Una maestra pone cintas de la "Nueva Era", porque las considera muy tranquilizadoras para los niños. Otras utilizan música clásica o barroca durante los períodos de concentración (escritura, cálculo, actividades de matemáticas con objetos manipulables). Todas las maestras tocan instrumentos y cantan a lo largo del día. Las maestras que emplean el programa *The Animated Alphabet*, de Jim Stone, para enseñar la asociación entre la letra escrita y su sonido, encuentran que las canciones y los versos de este programa son maravillosos durante las actividades que no requieren de gran concentración (colorear, pegar).

Estas maestras emplean música en los momentos de transición (por ejemplo, durante la limpieza). Combinan la música con el movimiento: ejercicios físicos, conciencia y coordinación corporales, relajación, seguir instrucciones. Todas las maestras emplean marchas, poemas y rimas. Una vez más, hay que enseñar a los alumnos a moverse, marchar, y todas las habilidades requeridas.

Programas especiales para la primera infancia destinados a niños con problemas de la atención

The Animated Alphabet, de Jim Stone, es un maravilloso programa fonético multisensorial. Enseña la asociación entre letra escrita y sonido a través de todas las modalidades: versos ingeniosos cantados con melodías familiares (estímulo auditivo); tarjetas con dibujos nemotécnicos (estímulo visual); además, los niños forman las letras con su cuerpo (estímulo cinestético). Con las canciones, imágenes, movimientos corporales y juguetes, los niños experimentan gran fascinación y éxito.

Mathematics Their Way es un estimulante programa práctico para enseñar los conceptos matemáticos. Sus contenidos son la exploración libre, los patrones, el ordenamiento y la clasificación, las secuencias, los números, la medición, la comparación, la representación gráfica, y mucho más, con actividades que involucran descubrir, manejar objetos manipulables y resolver problemas en grupo.

Actividades divertidas, especiales, temáticas

Todas las maestras subrayaron que hacen lo posible para que el aprendizaje sea divertido; la mayoría organiza sus actividades alrededor de temas. A muchos niños les encanta la representación teatral. En nuestra escuela, las maestras de jardín han creado algunos programas que los alumnos interpretan para los padres y clases con invitados (por ejemplo, americano nativo, osito de felpa, primavera, fiesta hawaiana). Estos programas incluyen diferentes idiomas, instrumentos musicales, canciones, movimientos y danzas, vestuario y comidas especiales.

Ejercicio físico

Los niños necesitan la oportunidad de moverse y ejercitarse. Las maestras han incorporado el movimiento físico durante el día en intervalos frecuentes. Los niños de jardín deben tener muchas oportunidades de trepar, correr y saltar. Algunas maestras practican una rutina regular de estiramiento, calentamiento, trote y enfriamiento, todas las mañanas, así como educación física y entrenamiento en habilidades motrices. En el aula hay canciones y rimas acompañadas con movimientos (de la mano y de todo el cuerpo), insertadas a lo largo de todo el día.

El niño defensivo-táctil

En algunos niños, en particular los que tienen un TDA/TDAH, es notoria la escasa tolerancia al contacto (a sentir que algo les roza o toca el cuerpo, como ciertas texturas, ropas o los cuerpos de otros niños). Las maestras deben comprender y respetar esta intolerancia, y adaptarse a ella. En algunos de estos niños, sentarse sobre la alfombra puede ser casi insoportable. Uno de los adultos a los que entrevisté para este libro me dijo que aún hoy prefiere la ropa de seda, y son muy pocas las otras telas que tolera. De niño sólo aceptaba camisetas de franela.

En una clase de educación especial la maestra se esfuerza por aumentar la tolerancia y la aceptación de algún grado de contacto, mediante numerosas actividades sensoriales. Por ejemplo, tiene una caja de objetos para que los niños jueguen y experimenten con ellos: plumeros, rodillos, telas de diferentes texturas, papel de lija, lociones, distintos tipos de guantes.

Un masaje en los brazos o la espalda también resulta útil con muchos niños, en particular para tranquilizarlos y distenderlos. Véase el capítulo 19, "La historia de una madre".

El niño al que le cuesta permanecer sentado

Les pregunté a las maestras qué hacían con los niños que experimentaban esta dificultad. Una maestra de educación especial descubrió que estos niños prestan más atención cuando están sentados sobre la alfombra con las piernas cruzadas, porque entonces las manos están abajo, el cuerpo tiene una base de sustentación, y está centrado. Para mantener esta posición, a veces los niños necesitan ayuda. La maestra pide que un adulto se siente detrás de ellos, también con las piernas cruzadas. Como señal, la maestra canturrea una pequeña estrofa:

Crucen todos las piernas.

Crucen todos las piernas.

Crucen todos las piernas,

y pongan las manos sobre la falda.

A veces la imposibilidad de permanecer sentado se considera un problema de conducta, cuando en realidad el niño no tiene el tono muscular o la capacidad física necesarios para sentarse sobre la alfombra y escuchar.

Técnicas adicionales para ayudar a los niños que no pueden permanecer sentados

- Una maestra dijo que, dentro de lo posible, pedía sentar a un adulto que se sentase junto al niño, para que lo tocara y le frotara los brazos o la espalda, a fin de ayudarlo a permanecer sentado y concentrado.

- Conceder libertad de acción. Algunos niños no pueden permanecer sentados más que un lapso breve. Las maestras les permiten ponerse de pie, y a continuación tratan de reorientarlos asignándoles otra tarea.

- A veces es necesario permitir que el niño se siente al fondo del aula y mueva brazos y piernas lejos de los compañeros.

- Algunas maestras han concertado con los niños determinadas señales que les permiten salir con la ayudante dos o tres minutos, para realizar alguna actividad física de descarga (correr, hamacarse) y volver a la clase.

- El niño necesita espacio, y hay que brindárselo. Los niños con TDAH que padecen inmadurez neurosensorial tienen que saber cuál es "su espacio": un lugar aceptable en la alfombra, en las mesas, en la fila, etcétera.

Transición

Estas maestras emplean una variedad de técnicas, indicaciones y señales para las transiciones. Además de las ya mencionadas, las técnicas siguientes también han demostrado ser útiles:

- Una maestra emplea un reloj con campanilla en sus clases de lenguaje y actividades matemáticas. Unos minutos antes de que concluya la actividad advierte: "Tenemos unos tres minutos hasta que suene la campanilla". Cuando la campanilla suena, ella dice "Quietos", y da instrucciones a los alumnos, por lo general que ordenen y limpien.

- Otra maestra recompensa a los alumnos de las distintas mesas por sus buenas transiciones. Asigna un número a cada mesa, y escribe las cifras en el pizarrón. Cada vez que los alumnos de una mesa hacen algo bien, la maestra los elogia específicamente a ellos, y pone una estrella junto al número. Cuando llega el momento de limpiar y ordenar, dice, por ejemplo: "La mesa 2 terminó primero, ganó una estrella. La mesa 3 es la que tiene más estrellas; merece una ronda de aplausos. Se ganaron estar adelante en la fila".

Las oportunidades para responder: haga que los niños quieran participar y se mantengan atentos

Las maestras tratan de que los niños participen y respondan activamente. Ejemplos:

"Levanten la mano los que piensen que esto está bien."

"Tóquense la nariz con el pulgar si piensan que…"

"Pongan el dedo en… mientras yo recorro las mesas."

"Escuchen cuidadosamente, porque les voy a hacer preguntas a todos."

"Muéstrenme con los dedos cuántos osos había en la historia."

"Le voy a pedir a la mesa 1 una palabra que empiece con *b*, pero todos tienen que estar de acuerdo." (Si la respuesta es errónea, la maestra dice: "Los alumnos de esta mesa no están de acuerdo. Hablen más hasta ponerse de acuerdo".)

- Cuando da instrucciones, pregunte si todos han comprendido bien o quieren aclarar algún punto. Después pida a uno o dos niños que repitan esas instrucciones, apuntando a los que experimentan dificultades.

- "Cada vez que me oigan decir… [la palabra mágica] den una palmada [o muevan los dedos]." Esta técnica ayuda a que los niños escuchen y se mantengan atentos, desarrollando las correspondientes habilidades.

Crear confianza y conectarse con el niño

Las maestras tienen que darle al niño todo lo que pueden en el nivel emocional. Su tarea más difícil es ganarse la confianza del alumno. Los niños necesitan confiar en ellas y saber que serán perseverantes. Como dijo una maestra: "Una tiene que hablar en serio, no hacer nunca una promesa que no pueda cumplir. Y nunca dejar de cumplir con lo que se ha prometido". Para crear confianza se necesita espacio y tiempo; el proceso es diferente con cada niño.

Un objetivo importante es que cada niño encuentre por lo menos otro alumno al que pueda apegarse, alguien que lo acepte. Para todos los niños, y en especial para los que tienen necesidades especiales, contar con un amigo cambia el mundo y permite "salvar el día". Los niños con TDA/TDAH suelen tropezar con muchas dificultades para hacer y conservar amigos. Con estos niños, la maestra debe actuar como facilitadora, ayudándolos a hacer amistades.

Enseñanza en equipo

En numerosas escuelas hay mucha enseñanza en equipo. Por ejemplo, dos maestras de jardín dividen en seis grupos a los niños de dos clases. Una de las maestras tiene los grupos 1, 2 y 3 durante una hora, tres veces por semana, para enseñar dibujo y pintura, concertar contratos, trabajar con objetos didácticos de matemáticas y los temas optativos. La otra maestra tiene los grupos 4, 5 y 6, con los que trabaja en los centros (pintura de caballete, juego dramático, rompecabezas, computadora). Una maestra de jardín forma equipo con la maestra de primer grado del aula contigua. Durante una hora por día, cuatro veces por semana, los niños pueden elegir los centros en los que van a trabajar, en una u otra aula, sobre la base de una unidad temática.

Una de las ventajas de la enseñanza en equipo es que los niños perturbadores se entremezclan. Cada maestra descansa por cierto lapso de los alumnos que la agotan, y todos los niños gozan de la experiencia de diferentes personalidades y estilos de enseñanza.

Otros recursos especiales

- Una maestra emplea una pequeña "varita mágica".

- Otra maestra usa "binoculares especiales" para ver a los niños que hacen lo correcto (cuya conducta es adecuada).

- Muchas maestras usan muñecos o animales disecados para dar indicaciones especiales y comunicarse con los niños.

- Son numerosas las maestras que introducen en el aula ayudas adicionales. Emplean y dan la bienvenida a los padres voluntarios. También les resultan muy útiles los tutores de otra edad, en particular durante las actividades en los centros, en las rotaciones y en grupo pequeño.

Una maestra resumió su filosofía, coherente con la de todas las que entrevisté, con las palabras siguientes: "Si mis chicos están contentos y se sienten bien consigo mismos, ¡seguramente aprenderán!".

El desafío de la escuela media y la escuela secundaria básica*

Muchos sentimos un escalofrío al recordar nuestras experiencias en la escuela secundaria básica, y agradecemos que esos años difíciles hayan quedado atrás. Durante esa época de su vida, el niño tiene que enfrentarse a muchas cosas:

- Los cambios y las transiciones a una nueva escuela.

- Por primera vez se une a tantos nuevos compañeros, de tantas diferentes procedencias étnicas y culturales.

- Tiene varios maestros o profesores, cada uno de ellos con su estilo de enseñanza, sus expectativas y sus requerimientos singulares.

- El temor de perderse en el establecimiento y no encontrar sus clases.

- A menudo, una sensación de anonimato y soledad.

- Enormes presiones sociales y de los compañeros.

- Los cambios físicos y las ansiedades de la adolescencia.

Los niños que enfrentan problemas de aprendizaje o de atención padecen las mismas tensiones normales que sus compañeros, a las que se agregan sus dificultades específicas, que por lo general se identifican en ese período.

---

* En algunos sistemas escolares de los Estados Unidos, la "escuela media" (*middle school*) está intercalada entre la escuela primaria y la secundaria; suele abarcar 3 ó 4 años, desde 5º o 6º grado hasta el 9º. En otros sistemas, los grados 7º a 9º ó 10º constituyen la "escuela secundaria básica" (*junior high school*). [N. del. T.]

Los factores críticos para nuestros alumnos

Los mismos factores críticos identificados en el sección 2 son clave en la escuela media y en la escuela secundaria básica. En este período de su vida, todos los niños necesitan de estructura y una sensación de "conexión", de ser reconocidos y valorados. Éste es un momento crítico para que los alumnos descubran sus propios talentos, y aprendan a estudiar y obtener información. En este punto de inflexión deben también aprender a relacionarse con los demás y a llevarse bien con personas de diversos antecedentes y culturas.

Estos años son importantes para mantener la motivación de los alumnos. Es esencial que el currículo sea rico, relevante, estimulante y desafiante para todos los estudiantes. Los maestros de la escuela media y de secundaria básica deben dominar las estrategias de enseñanza innovadora, para ayudar a los alumnos a ractuar entre sí y producir proyectos significativos que aprovechen sus intereses.

En ese nivel deben emplearse todas las estrategias que hemos incluido en este libro, sobre todo en los capítulos dedicados a los estilos de enseñanza y aprendizaje.

Son muy reveladoras las entrevistas que reproducimos al final de algunas secciones, realizadas con adultos y adolescentes que padecen un TDA/TDAH y exponen su historia personal y la explicación de lo que les sucedió durante esos años. Tiene especial interés la historia de Dan en el sección 29, que describe un éxito personal atribuido a su "experiencia con un mentor" cuando tenía 13 y 14 años.

Temas y planes para mejorar la escuela secundaria básica

La lista siguiente enumera temas y planes para mejorar una escuela secundaria básica en una gran área metropolitana con alumnos de distintas procedencias étnicas. Estos factores fueron identificados como necesidades y prioridad por la comunidad, que incluye al personal escolar y los padres. Es posible que también otras escuelas secundarias básicas las consideren pertinentes y deseen explorar algunas de estas intervenciones.

Seguridad en el recinto

- Aumentar la supervisión o el uso de asistentes para controlar el plantel.
- Patrullas de alumnos o padres.
- Programa de compañeros consejeros.
- Control de los baños.
- Más puestos de observación y supervisión de maestros.
- Repaso de la ubicación de teléfonos y *walkie-talkies* para determinar necesidades adicionales.
- Dedicar al diálogo con los alumnos parte del tiempo que el personal dedica a la supervisión.
- Examen continuo en el aula de las reglas de la escuela, sus normas de seguridad, y los temas del respeto mutuo y el acoso sexual.
- Carteles con las reglas de la escuela en aulas y pasillos.
- Pedir opinión al personal en cuanto a la seguridad en la escuela.

Problemas de conducta de los alumnos

- Reseñar las responsabilidades del personal respecto de los problemas de conducta de los alumnos.
- Participación de los propios alumnos en la definición de los problemas de conducta y las consecuencias estipuladas.
- Exponer a los alumnos el enfoque de equipo (maestros, personal, padres y alumnos) de los problemas de conducta.
- Respuesta firme, sensible e inmediata a la conducta perturbadora.
- Trabajo sostenido con el personal acerca de las técnicas disciplinarias en el aula.
- Ampliar el proceso del equipo de consulta del establecimiento, para generar intervenciones proactivas.
- Establecer un proceso para identificar los problemas en su etapa inicial.

- Repasar y revisar la política disciplinaria con el personal, durante todo el año escolar.

- Entrenamiento entre maestros, que se instruirán recíprocamente en las técnicas disciplinarias.

- Aumentar la supervisión de los alumnos durante los períodos de transición.

- Minimizar las transiciones durante los períodos de enseñanza.

- Ayudar a los alumnos en los que se ha identificado una insuficiencia de habilidades sociales.

- Revisar el plan de suspensión con asistencia.

- Reuniones regulares con grupos de alumnos identificados, para proporcionarles una orientación proactiva.

- Indagación del personal sobre la eficacia de la instrumentación del plan disciplinario de la escuela.

- Equipo administrativo para revisar la coherencia, equidad y justicia de la instrumentación del plan disciplinario.

Lograr que los alumnos se conozcan entre sí

- Utilización del salón de reunión de la clase.
    - Período de asesoramiento en reemplazo de la reunión en el salón.
    - Clases de asesoramiento tan pequeñas como resulte posible.
    - Estructurar el asesoramiento con lecciones acerca de temas específicos (por ejemplo, las relaciones interraciales, la autoestima).

- Lecciones para las primeras semanas de clase, destinadas a que los alumnos sientan que forman parte de la escuela.

- Establecer comisiones de alumnos (por ejemplo en la cafetería, el transporte escolar, los corredores).

- Mantener actividades durante el receso para el almuerzo (por ejemplo, deportes, laboratorio de computación, funciones en la junta de alumnos).

- Mantener la actividad de los alumnos tutores.

- Estudiar procedimientos alternativos con el personal de la cafetería.

- Continuar la exploración de todos los medios posibles para alentar el respeto mutuo (con los alumnos, el personal y los padres).

Planes para el desarrollo del personal

El personal activo recibirá entrenamiento en diversas estrategias.

- Relaciones humanas/interraciales.
    - Trato justo y equitativo para todos los alumnos, como individuos.
    - Habilidades para la comunicación del maestro con los padres.

— Sensibilidad a las necesidades y percepciones de alumnos y padres.

— Programas adicionales sobre la tolerancia, la comprensión y las relaciones satisfactorias con los demás.

- Innovaciones en la enseñanza.
    — Entrenamiento en tecnología.
    — Método socrático.
    — Aprendizaje cooperativo.
    — Estilos de aprendizaje.
    — Instrucción multisensorial.

- Fortalecer el ambiente de aprendizaje.

- Ampliar y hacer conocer a los otros docentes las estrategias eficaces en el aula.

- Asociación del maestro con otro docente que actúe como su mentor.

- Desarrollar una lista de recursos para los docentes que aborden el racismo, el etnocentrismo, el clasismo y los currículos transculturales.

- Aumentar los conocimientos y la responsividad del docente relativos a la diversidad cultural, étnica y de género.

El tiempo del consejero o consultor

- Priorizar las responsabilidades del consejero:
    — Asesoramiento vespertino al alumno o padre.
    — Dedicar menos tiempo a tomar datos.
    — Desarrollar en los alumnos las aptitudes para la resolución de problemas.

- Repasar y revisar las responsabilidades del consejero relacionadas con la disciplina.

- Aumentar la conexión con los organismos sociales y comunitarios, y utilizarlos más.

Compromiso de los padres

- Buscar la participación de los padres; reconocer sus múltiples formas (por ejemplo, en la ayuda al niño con las tareas el, modelar un rol positivo, la participación en comités escolares, la visita a la escuela.)

- Explorar distintos métodos de comunicación.

- Seminarios del quehacer de los padres positivo.

- Intercambio entre padres, creación de un equipo.
    — Café o té en el vecindario.
    — Proporcionar una habitación u oficina en el plantel para reunión de los padres (con café, teléfono, medios auxiliares).

- Buscar maneras en que los padres se sientan cómodos en el plantel escolar.

- Explorar acuerdos para comprometer a los padres a participar.

Preocupaciones especiales

- Proporcionar aliento y oportunidades a los alumnos que están suspendiendo al final del año escolar (responsabilidad del maestro).

- Consideraciones presupuestarias, y su impacto sobre los programas.
    — Reducción del número de consejeros de distrito y del personal de apoyo.
    — Aumento del número de estudiantes por clase a nivel secundario.

La escuela media, o escuela secundaria básica, representa una etapa de transición en la que los niños son típicamente vulnerables e inseguros. Los alumnos de esta edad pueden parecer más maduros que en la escuela primaria, y por lo tanto menos necesitados de orientación por parte de los adultos. Sin embargo, se diría que ésta es la etapa en que necesitan más interacción con los adultos y más modelos positivos. Hay que alentar la participación de los padres, por lo general débil a esta edad. Para llevar a la práctica un plan como el bosquejado en esta sección, los padres deben tener una presencia fuerte en la escuela, ayudar al personal y prestarse como voluntarios, con espíritu de equipo, colaboración y apoyo.

ENTREVISTA CON AMY
(17 años, California)

A Amy le diagnosticaron discapacidades de aprendizaje y TDA cuando era pequeña.

Háblame de tus maestros favoritos en la escuela.

"Mi mejor maestra fue la de segundo grado. Ella esperaba mucho de mí, y hacía divertid la clase. No era autoritaria, pero sí firme. Me dedicaba tiempo, me llamaba al pizarrón, y realmente me hablaba. Cuando me costaba concentrarme, me hacía sentar en una mesa rodeada de paredes, pero no como castigo, sino para que pudiera trabajar sin distracciones. En esa clase encontré mucho apoyo.

"Mi maestro de historia del último año fue muy comprensivo. Había que leer un capítulo por vez, y al final de cada sección responder las preguntas. Yo ponía mucho empeño, pero no conseguía terminar a tiempo. Entonces le dije que tenía una discapacidad de aprendizaje. Soy disléxica. Él me concedió todo el tiempo que yo necesitaba. Nunca se lo veía frustrado o nervioso en clase."

¿Y tus peores clases?

"En décimo grado mis clases de matemática eran muy difíciles para mí. Aunque yo levantara la mano durante diez minutos el maestro me ignoraba. Pasaba a mi lado sin escucharme ni ayudarme."

¿Qué les aconsejas a los maestros?

"Los maestros deben comprender las necesidades del niño. Si el chico dice 'Sólo necesito un poco más de tiempo para hacer esto', el maestro debería contestar: 'Bien, ¿quieres tener más tiempo mañana? ¿Quieres llevarte el trabajo a tu casa, o hacerlo en el centro de aprendizaje?'. A veces los maestros son tan difíciles que lo único que una quiere es llorar. ¡Se siente una tan frustrada!"

sección
23

Casos reales con planes de intervención

*L*os ejemplos siguientes son casos reales de dos alumnos que exigieron mucha intervención y planificación en equipo. Estos dos alumnos ilustran el desafío de captar los niños con TDA, con o sin hiperactividad, y lograr enseñarles.

Caso A: Steven
con TDA e hiperactividad extrema

Steven se incorporó a nuestra escuela en tercer grado después de experimentar muchas frustraciones y fracasos en los dos años escolares anteriores. En los últimos tiempos había asistido a una escuela parroquial; su historial y los informes del maestro indicaban que era capaz de trabajar, pero "prefería" no hacerlo. Se consideraba que el problema era fundamentalmente disciplinario. El niño presentaba problemas significativos Tanto de conducta como emocionales, y tenía un desempeño malo.

Cuando su madre acudió a la escuela a inscribirlo, se reunió con la enfermera escolar y conmigo, y nos pidió que se evaluara a Steven para saber si correspondía brindarle educación especial. La mujer se sentía muy mal, y narró la historia del niño; la escuela anterior no había reconocido sus problemas y necesidades especiales, y le había aplicado un enfoque demasiado punitivo. Steven también estaba enfrentando problemas importantes en el hogar. Su madre lo describió como suave y afectuoso, pero a menudo difícil de manejar. Solía tener estallidos coléricos, no conservaba a los amigos y su autoestima era baja. La madre lo consideraba inteligente, pero al alumno le costaba mucho trabajar en la escuela. La mujer estaba muy angustiada y preocupada por el hijo, y tenía la esperanza de que le fuera bien en nuestra escuela.

Nos trajo también una carta del médico de la familia, en la que éste solicitaba que la escuela evaluara a nuestro nuevo alumno; en esas líneas nos indicaba que muy probablemente Steven tuviera un trastorno por déficit de atención con hiperactividad. Sin embargo, él no había prescrito ninguna medicación. Los dos padres, en particular el padre, sentían rechazo por la idea de hacerle tomar drogas. Steven había tenido un terapeuta durante más o menos un año, pero el tratamiento se había interrumpido. Asimismo, había trabajado con un tutor en lectura y matemáticas.

La acción de la escuela

En primer lugar, le aseguramos a la madre que Steven era bien recibido en nuestra escuela, y que queríamos trabajar en estrecha colaboración con ella para que el niño tuviera éxito. Solicitamos un período de intervención de cuatro semanas, durante el cual podríamos observar a Steven, su maestra tendría tiempo para llegar a conocerlo, le proporcionaríamos asistencia adicional con educadores que trabajaran regularmente con él, y evaluaríamos informalmente sus necesidades. Puesto que en su aula había otros alumnos incorporados a mi programa de especialista en recursos (aprendizaje para minusválidos), yo podría atender de inmediato a Steven, junto con el grupo al que ayudaba en su aula. Esto también formaría parte del proceso informal del diagnóstico. Unas semanas más tarde tuvimos una evaluación total, que incluía tests psicológicos, de salud, perceptivo-motores, de memoria y rendimiento escolar. Satisfacía los criterios necesarios para que se le brindara educación especial. Había una discrepancia significativa entre su aptitud (el cociente intelectual medido) y sus logros en lectura, matemáticas y lenguaje escrito. Se determinó que esta discrepancia se debía a una discapacidad de aprendizaje en la integración visomotriz y en la memoria secuencial visual. También resultó obvio para todos que Steven presentaba un grado severo de problemas de conducta (por ejemplo, alto nivel de actividad, incapacidad para permanecer sentado o controlar los actos impulsivos y las manifestaciones verbales).

En el marco de un plan educativo individualizado, tuvimos una reunión a la que concurrimos todos: ambos padres, la maestra, la directora, la enfermera, la psicóloga y la especialista en recursos. Examinamos los resultados y observaciones de los tests. Identificamos puntos fuertes para el aprendizaje, y áreas de debilidad; se consideró justificada la educación especial. Planificamos y redactamos las metas y los objetivos, e identificamos algunas conductas que intentaríamos que Steven mejorara.

Después de cinco semanas de comunicaciones regulares con la maestra de grado, y de intentar algunas intervenciones adicionales, resultó claro que Steven necesitaba mucha más asistencia, además de los servicios de educación especial que estaba recibiendo. Les pedimos a los padres que concurrieran a otra reunión y les hicimos conocer nuestras observaciones, lo que estábamos haciendo en ese momento y la intervención adicional que se necesitaba.

Es esencial que estas reuniones se realicen con espíritu de cooperación, sensibilidad, cuidado y respeto por los sentimientos y comentarios de los padres. Es contraproducente bombardearlos con grandes reuniones grupales en las que se sientan intimidados y a la defensiva. Por fortuna, estos padres sabían que todos estábamos del mismo lado. La enfermera escolar y yo discutimos las recomendaciones de un tratamiento intensivo para el TDAH.

Steven tenía una fuerte necesidad de válvulas de escape físicas. Antes de esta reunión, sus padres habían considerado la posibilidad de hacerle tomar clases de artes marciales. Su maestra de grado se manifestó impresionada por la agilidad del niño, y le pareció que tenía talento y fuerza para la gimnasia y la acrobacia. Recomendó que recibiera más entrenamiento en esta área o en danza, que a Steven le gustaba y para la cual tenía aptitudes naturales. Lamentablemente, los grandes saltos hacia adelante o hacia los costados los daba en el aula.

Surgió el tema de la medicación. Los padres de Steven recibieron textos para leer, y clases impartidas por especialistas de la comunidad sobre el tratamiento médico del TDA/TDAH. Les pedimos autorización para comunicar nuestras preocupaciones y observaciones al médico de la familia. Ambos progenitores estuvieron de acuerdo, y a estas alturas ya dispuestos a ampliar la intervención médica, incluyendo una evaluación externa por médicos especialistas, en el caso de que fuera necesario.

El siguiente es mi resumen y mi aporte a esa reunión. La carta, junto con los resultados de los tests y los informes de la maestra, fue remitida al médico de la familia, con consentimiento escrito de los padres.

Referencia: Steven X.

Fecha:

Estimado doctor Y:_____

Estoy muy preocupada por la capacidad de Steven para desempeñarse en la escuela, tanto en el aula general como en los grupos pequeños. En el curso del último mes he observado que es incapaz de sostener la atención o permanecer sentado más de unos pocos minutos. Sus movimientos y su impulsividad excesivos (por ejemplo, habla inoportunamente en clase, a menudo se cae de la silla, da saltos en cuanto la maestra le vuelve la espalda) son extremadamente perturbadores y tienen un fuerte efecto negativo sobre su desempeño. Steven pierde mucho de lo que enseña la maestra porque es incapaz de tranquilizarse, escuchar, seguir instrucciones y terminar las tareas.

Creo que Steven quiere cumplir con las reglas y satisfacer las expectativas de la maestra en cuanto a su conducta, para agradarle. Pero muchos de sus comportamientos parecen estar más allá de su control y su conciencia. La maestra de grado ya lo ha hecho cambiar varias veces de lugar, porque no puede estar sentado cerca de otros niños sin molestarlos constantemente. Es incapaz de completar las tareas a menos que alguien se siente con él y lo mantenga aplicado y concentrado. Vamos a tratar de ubicarlo en un pequeño compartimiento del aula, para bloquear las distracciones y proporcionarle más "espacio". También concertaremos un contrato de conducta para aplicar en el aula y observar el comportamiento, comunicándonos diariamente con los padres. La maestra tendrá en este aspecto la asistencia del consejero de nuestra escuela.

En los grupos pequeños, he estado aplicando estrategias de modificación de conducta con refuerzo positivo, mucha estructuración y señales. Incluso con estas intervenciones, y en un grupo de sólo seis alumnos en total, a Steven le cuesta mucho prestar atención a la tarea y controlar su conducta perturbadora.

Es muy probable que Steven sea un niño afectuoso. Todos estamos ansiosos por hacer lo necesario y posible para ayudarlo a tener éxito en nuestra escuela. No obstante, él necesita mucha más ayuda que la que podemos proporcionarle.

Algunos alumnos de nuestra escuela tienen un diagnóstico médico de TDA/TDAH. Nuestro equipo cree en la eficacia de trabajar estrechamente con los padres y los médicos para cordinar esfuerzos en beneficio del niño. Por favor, no vacile en hacer contacto conmigo en cualquier momento.

Muy atentamente,

Nombre, título

Nombre de la escuela

Teléfono de la escuela

Seguimiento

Steven comenzó a recibir medicación en el mes de noviembre. En la semana siguiente, hasta las vacaciones de Navidad, observamos el empleo de la medicación y comunicamos su efecto a los padres y al médico.

En la conducta de Steven hubo un mejoramiento definido. Era más capaz de permanecer en su sitio sin moverse excesivamente ni ponerse de pie y empezar a caminar. Se concentraba más. Sin embargo, la actividad y el cambio de rutina al acercarse el momento de las vacaciones le crearon dificultades. La clase de Steven, y las otras clases de tercer grado, estaban realizando muchas actividades especiales, a menudo trabajando juntas. Nosotros reconocimos la necesidad de volver a reunirnos como equipo y dar forma a un plan coherente para Steven, un plan que debían seguir a lo largo de todo el día los maestros y ayudantes que trabajaban con el niño, y que los padres debían conocer.

El siguiente plan de intervención fue redactado, distribuido y explicado cuidadosamente a todas las partes.

Plan de intervención

Alumno: Steven X

Fecha de redacción:

Miembros presentes del equipo:

Escuela y grado:

Modificación de la conducta

Todo el personal de la escuela (maestros, ayudantes, tutores), durante todo el día, observará la conducta de Steven y la medida en que completa sus tareas. Se empleará un formulario semanal para registro de la modificación de la conducta, dividido en segmentos de la jornada escolar, de aproximadamente una hora cada uno. Steven llevará este formulario consigo de clase a clase (con la excepción del almuerzo).

Nota: La maestra de tercer grado de Steven trabajó mucho en equipo con las otras dos maestras de tercer grado. A lo largo de la semana, las tres clases rotaron en diversas materias y actividades.

En cada segmento la maestra (o la ayudante) le hará una señal a Steven cuando comience a actuar de modo inadecuado (hablar cuando no corresponde, realizar movimientos excesivos o ruidos, etcétera). De tal modo se llamará la atención del niño sin decir nada y sin que trascienda a los otros alumnos, levantando primero un dedo (como primera advertencia), dos dedos (segunda advertencia) o tres dedos (última advertencia). Si durante la sesión de observación la maestra debe presentarle cuatro dedos, Steven habrá perdido la oportunidad de ganar una estrella en su formulario para ese período. Si no es necesario presentarle más de tres dedos, recibirá la estrella como refuerzo positivo.

Con ese mismo marco temporal se observará y reforzará la terminación de las tareas. Si Steven se ha aplicado con empeño y ha realizado una cantidad razonable de trabajo en esa hora, merecerá una estrella más o las iniciales de la maestra en el formulario.

Recompensas/refuerzo

Si el jueves por la tarde Steven puede exhibir diez estrellas por completar las tareas, habrá ganado el privilegio de jugar en la computadora con el amigo que elija entre los otros alumnos, el viernes. Las estrellas que logre el viernes también por terminar las tareas, se computarán para la semana siguiente. La especialista en recursos ha proporcionado a tal fin a la maestra de grado diversos programas (juegos matemáticos que a Steven le gustan).

Nota: Cuando Steven alcance regularmente el nivel de las diez estrellas, se irá elevando gradualmente el número de estrellas requeridas para obtener el premio.

Se recomienda que los padres elogien generosamente y proporcionen muchos refuerzos positivos cuando Steven demuestre empeño en comptetar las tareas y buena conducta durante la semana. También podrían premiar sus esfuerzos con algún privilegio especial en el hogar.

Habilidades de organización, estructuración y estudio

1. Todos los lunes, su maestra entregará a Steven un paquete semanal de tareas con encargos que deberá entregar completados el viernes. Ese mismo lunes, la especialista en recursos o la ayudante del aula se reunirá con Steven para pasar revista a las tareas y hacer las aclaraciones necesarias. Los padres tienen que controlar que el niño retire este paquete de la mochila, y ayudarlo a organizar y estructurar su tiempo en el hogar para que pueda entregar el trabajo terminado el viernes.

2. En el aula, Steven emplea el programa *Habilidades para el éxito escolar*. Su carpeta incluye un calendario o agenda de encargos en el que deben registrarse, en la fecha de entrega que corresponda, todas las tareas adicionales (proyectos, pruebas, reseñas de libros, excursiones, etcétera). La maestra, la ayudante o el compañero socio verificarán que este calendario

de tareas asignadas esté al día y exacto. Sus padres consultarán esa agenda para saber cuáles son las tareas que el niño debe realizar en el hogar y entregar a la maestra el viernes.

Ayuda adicional

1. Cuando Steven necesite práctica adicional en habilidades básicas, se le preparará un paquete de actividades para el hogar, a requerimiento de los padres. La especialista en recursos reunirá y preparará ejercicios de matemáticas, juegos y actividades prácticas adicionales con las que el niño podrá trabajar en su casa cuando sea necesario. La maestra de grado hará saber a los padres qué historias o unidades está leyendo Steven en la clase, y sugerirá actividades relacionadas para el hogar. Pero este trabajo adicional no es obligatorio.

Nota: En realidad, a la mayoría de los padres les resulta casi imposible mantener a los niños aplicados regularmente a las tareas para el hogar, y no cabe esperar, ni se recomienda, la práctica adicional, en particular los ejercicios y las hojas impresas de prueba. En este caso hubo un pedido de ambos padres, que nosotros satisficimos.

2. La consultora del distrito comenzará a atender a Steven en grupo, con algunos otros alumnos que tienen necesidades análogas, a fin de elaborar modos adecuados de tratar la cólera, y generar control de los impulsos y otras habilidades sociales, en la medida en que la agenda de ella lo permita.

3. La maestra se ocupará de que niños tutores de sexto grado acudan a su clase para ayudar a Steven (manteniéndolo aplicado a la tarea), cuando sea necesario, durante el trabajo estático.

4. Steven continuará con su horario actual en el programa de la especialista en recursos, en una combinación diaria de servicios en el aula y fuera de ella.

Modificaciones y observaciones ambientales

1. A Steven se le asignará un gran espacio de trabajo, sin nadie que se siente junto a él en la misma mesa. Continuará empleando pantallas para bloquear distracciones durante el trabajo estático. Se sentará cerca de alumnos concentrados. Habrá que observar estas modificaciones ambientales, y cambiarlas si no dan resultado.

2. La enfermera de la escuela, o la consejera de distrito, o la especialista en recursos, o bien dos de estas profesionales, o las tres, observarán a Steven en el aula, si resulta posible, con su propia maestra, y con las otras maestras de tercer grado cuando él rote por las aulas respectivas. La enfermera continuará observando y comunicándose con el médico acerca de la adaptación y la conducta de Steven a medida que se regulan la medicación y los horarios.

La asistencia a los padres y la comunicación con ellos

1. En nuestro distrito escolar, a través del departamento de educación especial, tenemos un servicio de padres entrenados que a su vez tienen hijos en educación especial y están familiarizados con el sistema; estos padres facilitadores, que trabajan para el distrito, brindan apoyo y asistencia a los otros padres, cuando es necesario.

2. Los padres continuarán recibiendo información del equipo de la escuela sobre las clases de quehacer de padres convenientes para ellos, que se impartan en la comunidad, sobre los grupos de apoyo para el TDA, literatura, etcétera.

3. La especialista en recursos hará conocer el plan a los padres y al personal del establecimiento. Les enseñará a todas las maestras y ayudantes el sistema de advertencia con los dedos y el formulario respectivo. La enfermera le enviará al médico una copia del plan. Si Steven comienza a recibir nuevamente consultoría privada, el terapeuta recibirá también una copia del plan.

4. El equipo se reunirá con los padres al cabo de cinco semanas para examinar progreso.

Evaluación del progreso

Como resultado de la gran cantidad de aportes, comunicación y compromiso de todas las personas que trabajaban con Steven, él pudo tener una experiencia exitosa de tercer grado. Hizo algunos amigos y logró realizar la mayoría de las tareas del aula. Lo que es más importante, comenzó a sentirse bien consigo mismo. Un niño con necesidades tan importantes requería mucha más intervención que la mayoría de los niños con discapacidades de aprendizaje, o con un TDA, o con ambas afecciones. Un plan de intervención tan intensivo no se puede aplicar a una cantidad grande de alumnos. Sin embargo, cada escuela podría escoger a unos pocos niños (incluso uno o dos) y centrar la atención en ellos, rigurosamente.

En los grados que siguen, la ubicación y el progreso de Steven deberán ser observados con cuidado. Sabemos que el problema está lejos de haber desaparecido, y que Steven seguirá necesitando ayuda adicional, manejo de la conducta y estructuración de su vida. Tenemos esperanzas, y somos optimistas en cuanto a que está ahora en la senda hacia el éxito y continuará avanzando a grandes pasos en términos sociales, emocionales y de rendimiento escolar.

Caso B: Randy
con TDA sin hiperactividad

Randy, que cursa el cuarto grado, ha asistido a nuestra escuela desde el jardín. En el segundo grado la maestra lo refirió al equipo de consulta (estudio de alumnos) del establecimiento. Esta maestra dijo que el niño parecía ser muy inteligente.

Tenía un desempeño excelente en matemáticas, capacidad de comprensión, y talento para el arte. No obstante, le costaba mucho terminar cualquier trabajo. Su lectura y escritura eran laboriosamente lentas. Pensaba en muchas fantasías y le costaba trabajo escuchar y prestar atención.

En nuestro programa de educación regular estaba siendo objeto de algunas intervenciones, que incluían el entrenamiento con un tutor en habilidades básicas y la asistencia individual en grupo pequeño por parte de la maestra, las ayudantes y los tutores de otra edad. Se le encargaban tareas modificadas, de modo que tuviera menos que escribir y más tiempo para completarlas.

Le administramos tests, y encontramos que se justificaba la educación especial. Él, lo mismo que Steven, tenía un nivel de aptitud muy elevado, pero su desempeño era significativamente pobre, debido a las discapacidades de aprendizaje en la integración visomotriz y en la memoria visual-secuencial. Tuvimos una reunión del plan de educación individualizada, y Randy pasó a ser uno de mis alumnos. Durante el resto del año escolar recibió mucha ayuda adicional en lectura y escritura. Al trabajar con él fue resultándome claro que su mayor necesidad era poder concentrarse, ponerse en marcha y completar las tareas.

La colaboración en equipo

La maestra de segundo grado de Randy y yo volvimos a reunirnos con los padres un poco más adelante en el año escolar, y diseñamos intervenciones adicionales: recompensas por los trabajos completados, reducción de las tareas, aceptación de informes orales en lugar de los escritos, que Randy no llegaba a completar y le resultaban extremadamente frustrantes, y un plan para observar su trabajo en el hogar y asegurar que pusiera las tareas realizadas en la mochila. Expresamos nuestra preocupación por su incapacidad para concentrarse o prestar atención en clase, examinando la posibilidad de que existiera un trastorno por déficit de atención. También tuvimos en cuenta especialmente su ubicación en el año siguiente. El año siguiente, en tercer grado, Randy tuvo otra maravillosa maestra que dedicó mucho tiempo y esfuerzo a tratar de satisfacer sus necesidades. Ella comprendía y trató de adaptarse a las dificultades con las que el niño tropezaba en relación con la escritura y la velocidad del trabajo.

Él lo hacía todo a un ritmo extremadamente lento: moverse, organizarse, y especialmente escribir. En la clase, Randy no era en absoluto perturbador. Tendía a permanecer en silencio y a pasar inadvertido.

Trabajamos en colaboración para que tuviera ayuda tanto en el aula como en los retiros en grupos pequeños. En el aula se le proporcionaron un compartimiento tabicado, indicaciones de la maestra, señales privadas, etcétera. Utilizamos para recompensarlo su propio talento para dibujar y su gusto por el dibujo; habitualmente era designado ilustrador en los proyectos y grupos de aprendizaje cooperativo. A pesar de toda la ayuda y preocupación de la maestra, Randy siguió desempeñándose pobremente en sus tareas cotidianas. Sin duda, había adquirido fluidez en la lectura y escritura, pero aún era muy desorganizado, no terminaba las tareas (ni siquiera aquellas en las que trabajábamos juntos para que él las completara) y lo hacía todo a paso de tortuga.

La maestra de Randy y yo trabajamos estrechamente con él, hablándole y haciéndolo participar en las decisiones y planes que queríamos intentar. Le procuramos ayuda (de la maestra, de ayudantes o compañeros) en los trabajos escritos, en la organización de sus materiales en la escuela, y verificando que guardara todas sus cosas en la mochila antes de volver a su casa por la tarde. Las dos nos mantuvimos en comunicación estrecha con los padres, informándoles sobre las tareas futuras, las próximas pruebas, etcétera. A lo largo del año nuestra frustración fue creciendo, porque se recibían del niño muy pocas tareas completas, a pesar de que habían sido abreviadas especialmente para él; diversas técnicas de modificación de la conducta e incentivos demostraron ser inútiles para motivarlo y mejorar sus conductas relacionadas con el estudio. Su autoestima estaba deteriorándose.

Intervenciones adicionales

El equipo volvió a reunirse con los padres y planificó estrategias adicionales. De nuevo examinamos la posibilidad de que hubiera un TDA como parte del cuadro, sumado a las discapacidades de aprendizaje. Los padres decidieron hacer tratar al niño por un psicólogo infantil del que habían oído hablar. Nosotros les proporcionamos más información y recursos relacionados con el TDA, los grupos de apoyo para padres con niños que padecen ese trastorno, materiales escritos, y personas de la comunidad con las que podían hacer contacto. Nos gustó realmente que recurrieran a un profesional privado, y les hicimos saber que dábamos la bienvenida a una persona que no pertenecía al equipo y podía colaborar con nosotros para contribuir al éxito del alumno.

Fue interesante que el terapeuta, durante las sesiones individuales, llegara a la conclusión de que el problema del niño derivaba de su baja autoestima. A su juicio, la maestra no estaba tratando de adaptarse a las necesidades de Randy. No creía que él tuviera dificultades para concentrarse y prestar atención, salvo cuando estaba aburrido. Nos dijo que era un niño muy brillante que necesitaba tiempo para hacer las cosas a su manera, y que nosotros debíamos cultivar su creatividad.

Esto nos resultó muy frustrante, y lo consideramos una interpretación injusta de lo que estaba sucediendo en el aula. Invitamos al terapeuta a observar a Randy en ese ambiente. Así lo hizo durante una hora, y pudo ver algunas de las muchas adaptaciones, modificaciones e intervenciones que la maestra realmente aplicaba para el niño. También constató la tendencia de Randy a distraerse, y esa incapacidad para terminar cualquier trabajo independiente que nos había frustrado tanto. Relato esto para alentar a los maestros, padres y equipos escolares a invitar, o incluso instar a médicos, terapeutas y otros profesionales externos que trabajan con nuestros alumnos a que vayan a verlos en el lugar de su vida cotidiana, el salón de clases.

La medicación

Randy pasó a cuarto grado al año siguiente, aunque su desempeño no había alcanzado ese nivel en la mayoría de las habilidades. Consideramos con mucho cuidado el aula en que lo ubicaríamos, y la maestra que le tocaría. La escogida tenía un estilo de enseñanza y una personalidad con los que, a nuestro juicio, Randy se desempeñaría bien. Es una persona animosa, tiene un maravilloso sentido del humor y propone muchos proyectos prácticos y actividades de aprendizaje cooperativo. Es estructurada y organizada, y logra una comunicación excelente entre el hogar y la escuela. Proporciona retroalimentación inmediata y alienta generosamente a sus alumnos. No se le escapa nada y se asegura de que sus alumnos satisfagan los requerimientos.

Lamentablemente, Randy siguió presentando las mismas conductas y dificultades con el estudio. Su maestra y yo trabajamos estrechamente, y compartimos la carga de observarlo, llamar a los padres y comunicarnos con ellos cuando el niño no traía las tareas, etcétera. Después de los primeros meses, los padres decidieron finalmente realizar una evaluación médica del niño con uno de los mejores especialistas de nuestra ciudad en trastornos de la atención. Éste diagnosticó un TDA, y se inició un ensayo de medicación. Entonces se produjo un mejoramiento inmediato en la capacidad del alumno para aplicarse a la tarea y prestar atención a la enseñanza. Parecía más alerta, y aumentó un tanto su velocidad de trabajo. Pero no se redujeron sus dificultades para organizarse, completar y llevar a la escuela las tareas para el hogar, ni otros problemas de larga data.

Más adelante en el año escolar volvimos a reunirnos como equipo para formular y redactar un plan integral de intervención. Es el siguiente.

Plan de intervención

Alumno: Randy X.

Fecha:

Miembros del equipo presentes:

Escuela y grado:

En la reunión del equipo, con el acuerdo y la cooperación de los padres, se decidió aplicar con Randy el siguiente plan:

1. Continuar con el programa de la especialista en recursos; ella y su ayudante concurrirán al aula dos veces por semana, y el grupo de Randy irá al consultorio de recursos cuatro veces por semana, en sesiones de media hora. Si es necesario, Randy podrá ver los viernes a la especialista en recursos, a su ayudante o a ambas, para que lo ayuden con sus tareas o proyectos inconclusos.

2. La especialista en recursos comenzará a entrenar a Randy en habilidades de computación y tecleado. Este entrenamiento se intensificará el próximo año, a medida que el niño se aproxime a la escuela secundaria y deba acrecentar su destreza en el procesamiento de textos.

3. La maestra continuará observando el desempeño del niño en las tareas para el hogar, y enviará a los padres comunicaciones, que ellos deberán firmar, por las tareas no realizadas.

4. Todas las mañanas la maestra le pedirá a Randy las tareas que realizó en la casa.

5. La maestra o el compañero de estudio verificará antes de que termine el día escolar que el niño haya anotado las tareas encargadas y que se lleva los libros a la casa. Es responsabilidad de Randy acercarse a la maestra o al compañero de estudios para que realicen ese control.

6. Los padres deberán controlar diariamente la mochila, la carpeta y la hoja de tareas. Se recomienda que estructuren una rutina en el hogar que ayude al niño a planificar y completar los trabajos encargados. La escuela y el hogar deben trabajar conjuntamente a fin de que Randy aprenda a organizarse y a ser responsable. Se ha examinado la posibilidad de contar con un tutor después de las horas de clase (quizás un estudiante de escuela secundaria).

7. Junto con Randy, los padres estructurarán los siguientes aportes:

— Un lugar en la casa para realizar las tareas.

— El tiempo que el niño dedicará a esas tareas.

— Un lugar donde él pueda guardar todos los materiales.

— Un momento y un lugar para que los padres revisen todos los días su mochila, su carpeta y su hoja de tareas.

— Deben saber a quién llamar si hay alguna duda respecto de alguna tarea.

— Las consecuencias si la tarea no se completa.

— Refuerzo positivo (recompensa razonable o privilegio acordado cuando Randy satisfaga las expectativas para la semana).

8. Los padres intentarán técnicas como las siguientes:

— Lo ayudarán a confeccionar diariamente una lista de "cosas por hacer". Esta lista es un plan de acción al que el niño puede remitirse, y en el que irá tachando las distintas tareas a medida que las realice.

— El incentivo de "ganarle al reloj", para que se aplique a la tarea. La campanilla del reloj debe sonar cada diez o quince minutos mientras el niño trabaja. Verifique cuánto ha hecho y la exactitud de la tarea en pequeños intervalos.

9. La escuela continuará proporcionando información a los padres sobre las clases o los talleres en la comunidad que abordan cuestiones relacionadas con alumnos que padecen un TDA y con las necesidades de Randy.

10. La enfermera, la maestra y la especialista en recursos observarán cuidadosamente a Randy y proporcionarán la información necesaria a los padres y al médico acerca de los cambios de conducta u otros efectos que resulten de la medicación.

11. La maestra continuará empleando las numerosas estrategias basadas en los estilos de aprendizaje y las modificaciones ambientales que ya aplica en el aula:

— Indicaciones a Randy.

— Compartimientos tabicados.

— Enseñanza con técnicas interactivas multisensoriales.

— Aprendizaje cooperativo (los alumnos trabajan en actividades con compañeros y en grupos pequeños).

— Expectativas muy claramente formuladas, perseverancia y comunicación.

— Modificación de las tareas de Randy, según sea necesario, dándole más tiempo para trabajar y para las pruebas, trabajos escritos abreviados y permiso para que Randy dicte o exponga sus conocimientos oralmente, en lugar de hacerlo por escrito.

12. Continuaremos buscando alguna motivación positiva por la que Randy esté interesado en trabajar. Hasta ahora no hemos logrado encontrar un incentivo eficaz, ni en la escuela ni en el hogar.

13. Puesto que Randy responde a la pérdida de privilegios cuando no se desempeña bien, si es necesario tendrá que seguir dedicando parte del tiempo de receso a completar las tareas. (La aplicación de esta medida debe observarse cuidadosamente, para que Randy no pierda el receso sistemáticamente, puesto que también lo necesita.)

14. La directora hablará con Randy para hacerle saber que está interesada en su desempeño. También lo observará y lo reforzará positivamente.

Evaluación del progreso

Puesto que Randy recibe educación especial, una vez por año se pasará revista a su progreso en las reuniones del plan de educación individualizada con los padres, los maestros y los otros miembros del equipo. El desafío sigue siendo encontrar modos de ayudarlo a realizar su potencial y sentirse bien consigo mismo y con la escuela; también se busca calibrar la mezcla exacta de ingredientes escolares y hogareños que lo pueda llevar al éxito. Poco a poco vamos armando el rompecabezas. Nuestra meta para sus dos últimos años en la escuela primaria es independizarlo de toda la ayuda adicional que ha necesitado, y ayudarlo a motivarse a sí mismo para tomar conciencia y adquirir habilidades de estudio que le permitan desempeñarse bien en la escuela secundaria básica y en la escuela superior.

Resumen

Estos dos casos ilustran lo difícil que resulta encontrar lo que da resultado con un niño determinado. Lo esencial para estos alumnos es el compromiso, el cuidado y el esfuerzo del maestro. Para que los adultos involucrados puedan cambiar algo, deben realizar una enorme cantidad de trabajo adicional. Lo que planificamos no siempre funciona. Tenemos que seguir intentando y revisar nuestro plan. No podemos permitirnos el lujo de darnos por vencidos.

Lo que los administradores pueden hacer para ayudar a los maestros y alumnos a tener éxito

*E*n el sección 2 ya hemos señalado brevemente que el apoyo administrativo es importante a fin de proporcionar una experiencia educativa eficaz a los alumnos con TDA/TDAH.

Tanto a los administradores como a los maestros hay que enseñarles lo que son y lo que no son estos trastornos. Deben aumentar su sensibilidad y sus conocimientos acerca de las razones por las que estos niños se comportan como lo hacen, y sobre las intervenciones adecuadas que deben instrumentarse en la escuela.

Para que los maestros puedan aplicar estas estrategias eficaces de enseñanza y manejo de la conducta es preciso que tengan la oportunidad de asistir a talleres, seminarios, conferencias y otras actividades de desarrollo profesional. Los administradores que comprendan y respeten esta necesidad permitirán, alentarán y apoyarán a todos los maestros en su esfuerzo por mejorar sus habilidades.

Los administradores deben cuidar que los maestros tengan tiempo, dentro de su semana laboral, para encontrarse con colegas (en particular de su mismo nivel de grado), compartir ideas y estrategias, y planificar juntos. Para los maestros es útil también observarse e incluso entrenarse recíprocamente. La colaboración y el trabajo en equipo requieren tiempo. Los administradores deben respaldar prioritariamente cualquier esfuerzo de colaboración.

Tado director debe conocer perfectamente el tipo de enseñanza que se está impartiendo en todas las clases, así como los climas emocionales de las aulas. Las técnicas innovadoras, el aprendizaje cooperativo y los proyectos prácticos no siempre son las actividades más silenciosas. El administrador debe apreciar y alentar a los maestros a experimentar con nuevos enfoques que supongan la participación activa de los alumnos.

Hay maestros que no enseñan con eficacia. Quizás estén agotados, sean rígidos o no quieran cambiar o crecer. En consecuencia, estafan a sus alumnos. Estos maestros deben ser enérgicamente motivados y alentados por los administradores para que mejoren su capacidad docente, por todos los medios disponibles.

No se puede permitir que ningún maestro dañe a los niños humillándolos, avergonzándolos, criticándolos o intimidándolos. Los administradores tienen la responsabilidad de dar prioridad a las necesidades de los niños, y deben tratar con firmeza a esos maestros.

Los administradores deben también cuidar que su personal tenga el entrenamiento necesario para abordar el TDA/TDAH y las discapacidades de aprendizaje, y sepa proporcionar instrucción multisensorial e intervenciones adecuadas. Toda escuela que se comprometa a captar a todos los niños y enseñarles debe incluir un entrenamiento mínimo en las siguientes áreas:

- Aprendizaje cooperativo.

- Habilidades para el estudio y la organización.

- Estilos de aprendizaje

- Inteligencias múltiples (Howard Gardner).

- Expectativas del maestro y desempeño del alumno.

- La equidad en el trato con los géneros y las etnias, y el desempeño del alumno.

- Las herramientas tecnológicas (saber usar la computadora).

- Técnicas de preguntas que piecisan de razonamiento (por ejemplo, la enseñanza recíproca, el seminario socrático).

Los administradores deben respaldar a los maestros en clases con alumnos perturbadores. Muchos niños extremadamente difíciles de manejar en el aula son víctimas de un TDAH. Si un maestro tiene una cantidad desproporcionadamente alta de niños con TDAH u otras necesidades especiales, los administradores deben considerar la posibilidad de reducir la cantidad de alumnos de esa clase, proporcionarle un ayudante por un tiempo, y otros modos creativos de ayuda. Hay que considerar cuidadosamente la composición de cada clase. Muchas veces, el maestro particularmente dotado para trabajar con alumnos que tienen necesidades especiales queda sobrecargado. Se debe recompensar a esos excelentes maestros, que velan por sus alumnos y están dispuestos a asumir una responsabilidad mayor que la que les corresponde, proporcionando asistencia y apoyo adicionales.

Un maestro no puede enseñar con eficacia mientras uno de sus alumnos está fuera de control y es muy perturbador en el aula. Cuando se producen estos incidentes y las técnicas comunes de manejo de la conducta no dan resultado (por ejemplo, el "tiempo aparte" en el aula), es importante retirar al niño de ese ámbito.

Los administradores deben proporcionar ámbitos fuera del aula con supervisión para el "tiempo aparte" y la tranquilización del niño. Deben ser dar respuesta al maestro que pide ayuda, y explorar todos los medios y opciones para encontrar intervenciones adecuadas. Tal vez sea necesario disponer que durante cierto tiempo el niño sólo concurra medio día a la escuela. La suspensión, del alumno es otra posibilidad.

En algunas clases, cuando la escuela no tiene otro personal de apoyo, es posible que el administrador, junto con el maestro, sea el encargado de aconsejar a los padres acerca de la evaluación psicológica, académica y médica, el empleo de tutores, el tratamiento psicológico, las clases de quehacer de padres, etcétera.

Otros modos positivos en que el director puede ayudar

1. El director debe ser accesible y estar dispuesto a asistir a las reuniones o entrevistas entre el maestro y los padres cuando se le solicita, como un tercero y miembro del equipo interesado en ayudar al niño.

2. El director debe involucrarse personal e individualmente con los alumnos: hablar con ellos, darles la bienvenida cuando llegan a la escuela, llamarlos por su nombre, palmearlos en la espalda, sonreírles, abrazarlos, aplaudir sus logros y hacer todo lo que pueda suscitar una respuesta positiva de los niños.

3. El director debe promover un enfoque proactivo de equipo para trabajar con los alumnos que experimentan dificultades en la escuela. Si un la escuela no tiene personal de apoyo (enfermera, consejero, psicólogo, maestro de educación especial, fonoaudiólogo), se puede crear un equipo con algunos miembros del personal experimentados y protectores, que estén dispuestos a asumir esta responsabilidad.

4. Alentar la formación de equipos entre los grados inferiores y superiores. Pedir que los alumnos mayores vayan a los grados inferiores para ayudar a los niños que lo necesiten. Un tutor de más edad, sentado junto a un niño con TDAH, a menudo puede calmarlo y mantenerlo concentrado y aplicado a la tarea.

5. Realizar llamadas telefónicas positivas a los padres cuando los alumnos que son objeto de las intervenciones han hecho algo bien. Llamar a los padres para darles noticias positivas es muy eficaz y, lamentablemente, se hace muy poco. Una directora no vacila en buscar a una madre, llamándola incluso a la oficina o mientras está de compras, para darle las "buenas noticias"; ella ha descubierto que esas llamadas sorprenden a los padres, pero las aprecian mucho. Como lo que esperan habitualmente son llamadas negativas, muchos temen y evitan responder a los mensajes que se les dejan en el contestador.

6. Alentar y tomar medidas para que los padres de los alumnos "problemáticos" pasen el día "siguiendo" al niño en todas sus clases. Esto significa estar en el aula y en todos los lugares, junto al alumno, durante todo el día. El método es muy eficaz para contener la conducta perturbadora, en particular con los alumnos de la escuela media y de secundaria básica. Mientras el padre está en el plantel, resulta útil que se entreviste con el equipo (el maestro, el director y otros miembros de apoyo del personal) a fin de examinar y planificar estrategias beneficiales para el niño.

7. A veces se necesita que los administradores se involucren más para retener al niño en la escuela y acelerar su evaluación e inclusión en los programas de educación especial, cuando no puede desempeñarse bien en un una clase regular. Ciertos niños con TDAH, aunque no tienen más de 6 años, pueden volverse tan agresivos, violentos y descontrolados que son capaces de destruir una oficina, atacar a adultos y hacer estragos en toda la escuela.

A lo largo de los años en mi escuela primaria hemos tenido algunos alumnos "extremadamente desafiantes". Siento un gran respeto por el modo en que nuestros administradores brindan apoyo directo a los maestros y participan activamente en la búsqueda de intervenciones apropiadas, junto con el niño y la familia. Esos administradores demuestran compasión, flexibilidad y capacidad para conservar el sentido del humor y la perspectiva.

Un director eficaz se preocupa verdaderamente por los niños, es visible y accesible, tiene una política de puertas abiertas con el personal y los padres, y crea un clima de trabajo en el que todas las partes se sienten apreciadas, cómodas, y miembros del equipo. El director es la persona clave que establece el tono emocional de la escuela y trabaja para eliminar las fuerzas negativas que crean un estrés innecesario. El director debe comunicar con ejemplos y con las expectativas que la prioridad de la escuela es conseguir que todos los alumnos tengan éxito y una autoestima positiva.

Enseñanza en equipo y colaboración entre maestros

*L*a enseñanza en equipo es ventajosa por distintas razones, tanto para los alumnos como para los maestros. Si un maestro puede encontrar en la escuela un colega que se asocie a él, dispuesto a formar un equipo, la principal ventaja es que cada uno puede enseñar las materias que mejor domina y más le interesan, dedicando más planeamiento, energía y entusiasmo a la enseñanza de aquello que disfruta y para lo que está más calificado. Nadie enseña bien todas las materias. Esta estrategia permite que cada maestro planifique sólo ciertas de ellas, y enseñe la misma lección a las dos clases.

Las ventajas de la enseñanza en equipo

En mi escuela, por ejemplo, el año pasado dos maestras de sexto grado decidieron enseñar en equipo matemáticas y estudios sociales. A una le gustan las matemáticas y es muy hábil para enseñar la materia con objetos manipulables y estrategias prácticas. Los estudios sociales la entusiasman mucho menos. La otra maestra se siente menos cómoda con las matemáticas, pero es sumamente creativa y verdaderamente disfruta de enseñar estudios sociales con proyectos relacionados. Los alumnos de ambas clases cosecharon los beneficios de tener maestras entusiastas y un currículo más enriquecido.

Los maestros que enseñan en equipo dicen que otra ventaja consiste en que pueden desprenderse de ciertos alumnos durante parte del día escolar. Es común que un niño que se porta mal en su aula ese día tenga buena conducta en otra clase. Por cierto, también puede ocurrir lo contrario: los alumnos familiarizados con la estructura y las expectativas de su propia aula quizás enfrenten dificultades en la otra clase, con diferentes expectativas y reglas del maestro.

No obstante, la enseñanza en equipo permite que los maestros "descansen" durante cierto tiempo de los alumnos que ese día presentan una conducta irritante.

Los niños, por su lado, se benefician de la enseñanza en equipo al tener contacto con diferentes personalidades y estilos de enseñanza. Como hemos dicho, resultan enriquecidos o motivados por maestros que enseñan las materias con entusiasmo.

Rotación de estudiantes de todos los grados

Las rondas de enriquecimiento son otro modo de hacer rotar a los alumnos y permitirles la experiencia de interactuar con distintos maestros y niños de diferentes clases. En mi escuela, todas las clases de tercero a sexto grado participaron el año pasado en la ronda, durante una hora por semana, las tardes de los viernes. A lo largo del año, se mezclaron alumnos de distintos grados y rotaron por las clases de todos los maestros. Los maestros trabajaron con cada grupo durante períodos de algunas semanas consecutivas, antes de que se realizara una nueva rotación. Cada uno escogió un área de interés, que asumía la responsabilidad de enseñar durante todo el año a todos los grupos. Los temas y las actividades de estas clases fueron música, danza folklórica, inmersión en el castellano, Japón, las selvas tropicales, cerámica, ejercicios físicos con música, viajes y cocina. Los alumnos sacaron partido del contacto y la participación en la amplia gama de actividades enriquecedoras, y de la interacción social en los grupos heterogéneos de distintas edades.

La formación de un equipo por razones disciplinarias

A menudo es útil la colaboración de asociaciones entre maestros con propósitos disciplinarios. Tal como lo señalamos en la sección sobre el manejo de la conducta, suele ser eficaz que los alumnos que necesitan algún tiempo apartado o lejos de su grupo vayan a otras aulas, y no a ver al consejero o a las oficinas. Algunos maestros consideran conveniente disponer en su aula de un escritorio especial para los alumnos que van a pasar un tiempo aparte. El niño es enviado a la otra clase (del mismo o diferente grado), en la que permanecerá cierto tiempo sin que los alumnos de esa aula le presten atención. Algunos maestros prefieren que el niño lleve trabajo para hacer; otros, que no haga absolutamente nada. En ambos casos, la clase receptora tiene una recompensa por no prestar atención a ese alumno durante ese lapso.

Es preciso planificar en conjunto y reunirse a menudo. Los maestros que saben colaborar y comparten sus ideas y estrategias con otros suelen ser los más exitosos y los que están más satisfechos. Si la administración permite que su aula quede a cargo de un tercero, será útil que usted vaya a observar a sus colegas mientras enseñan. En las escuelas hay un tesoro de ideas, habilidades y pericias. Ese tesoro debe ser compartido entre los maestros, trabajando juntos, comunicándose y observándose recíprocamente. La cooperación es mucho más productiva que la competencia y el aislamiento. Un maestro que lo observe a usted puede ser también muy útil al hablarle de las estrategias e intervenciones que aplica con sus alumnos difíciles de manejar y a los que es difícil enseñar.

Empleo de tutores y voluntarios para ayudar a los alumnos en el aula

Cuando los niños no son capaces de mantener la atención y presentan conductas negativas, el maestro necesita más ayuda en el aula. Lamentablemente, los recortes presupuestarios en muchos distritos han determinado que se cuente con menos ayudantes, y los maestros tienen que esforzarse aún más. Muchos de nuestros alumnos son incapaces de trabajar independientemente o de terminar las tareas sin alguien que los mantenga aplicados y concentrados.

Modos creativos de brindar más ayuda en el aula

Tutores de la clase. Dé a sus alumnos la oportunidad de enseñar a sus compañeros. Aligere la carga de la enseñanza, agrupando a los niños en parejas y pidiéndoles que trabajen juntos. Éste es un recurso valioso en cualquier aula, puesto que los niños suelen aprender mejor cuando les enseñan sus compañeros.

Tutores de más edad. En muchas escuelas clases de un grado superior (por ejemplo, cuarto grado) concurren en masa a clases de nivel inferior (por ejemplo, primer grado) una vez por semana. A cada alumno se le asigna un tutor y una tarea específica. Por ejemplo:

- Leer libros a los alumnos más pequeños, hacerles preguntas y escribir sus respuestas.

- Ayudar a los alumnos en proyectos de arte.

- Entrevistar a los niños más pequeños y apuntar sus respuestas.

- Dictar a los niños más pequeños.

Por otra parte, de este modo los alumnos del grado superior consiguen un público apreciativo y cautivo ante el que pueden exhibir parte de su propio trabajo creativo. Le pueden leer sus propios relatos, o los libros que han escrito, y exponer sus proyectos especiales. En mi escuela este sistema está muy difundido, y es muy apreciado y beneficial para todos los alumnos involucrados. Hemos advertido que entre ellos se crean vínculos que se extienden al patio de juegos, el transporte y la cafetería.

Los tutores de más edad pueden también utilizarse exclusivamente con ciertos alumnos. Los maestros de los grados inferiores necesitan que los de grados superiores estén dispuestos a prestarles algunos alumnos con mayor frecuencia. En los casos de niños que es muy difícil de mantener en el aula a menos que se les brinde una atención individualizada, hay que pensar en una rotación de estos tutores de más edad, para que estos últimos no pierdan demasiado tiempo de enseñanza en sus propias clases.

Fuentes adicionales de ayuda

- Los **padres voluntarios** son otro recurso valioso que se debe utilizar en el aula cuando sea posible.

- Los **adultos mayores.** Se puede establecer una magnífica asociación con jubilados para que presten ayuda voluntaria en el aula. A tal fin es posible hacer contacto con iglesias, sinagogas, pensiones para jubilados y grupos de adultos mayores.

- También es posible **la asociación entre escuelas primarias y escuelas secundarias** de modo que estudiantes secundarios interesados concurran a las escuelas primarias para ofrecer su tiempo y ayuda.

- En todo el territorio de los Estados Unidos se están formando **asociaciones entre escuelas y empresas.** Mi escuela ha tenido la suerte de poder contar como asociados de una importante agencia de publicidad y de una unidad naval. A los alumnos les gusta mucho que los marinos vengan en uniforme y ayuden en el aula. Los marinos han participado en algunos proyectos muy especiales: por ejemplo, han ayudado a los alumnos de sexto grado a editar un noticiario en video.

- Muchos centros de consultoría entrenan a los alumnos en el **manejo de conflictos,** para ayudarlos a resolver problemas de peleas.

- El **empleo de compañeros** (de la misma edad o mayores) es muy útil con los alumnos que tienen TDA/TDAH, los cuales suelen responder a la enseñanza de habilidades sociales y al modelado por sus pares mejor que a la enseñanza y al modelado por un adulto.

- Se debe permitir también que **el alumno con necesidades especiales** sea tutor de compañeros de la misma edad o menores. La experiencia de ayudar a otros genera un gran beneficio autoestima y en habilidades sociales y escolares. Por lo general, los niños con necesidades especiales pueden trabajar muy eficazmente con alumnos más pequeños.

Documentación escolar y comunicación con médicos e instituciones

Cuando un médico o una institución está evaluando a un niño por la posible existencia de un TDA/TDAH, a la escuela se le pide información. En todo caso, para distribuir información del estudiante hay que contar con la autorización firmada de los padres.

Cuestionarios y formularios de evaluación

A menudo se pide a los maestros (o consejeros escolares, enfermeras escolares, u otro personal de apoyo) que llenen cuestionarios y formularios de evaluación. La información típicamente solicitada es la siguiente:

- Describa los talentos del niño.

- Describa las preocupaciones y dificultades del niño.

- Describa su nivel de funcionamiento y su desempeño educativos en la actualidad.

- ¿Ha sido el niño sometido a algún test o evaluación escolar?

- ¿Ha recibido el niño algún servicio de educación especial?

- ¿Cómo se lleva este alumno con los otros niños? ¿Y con los adultos?

- ¿Con qué servicios cuenta la escuela?

- Este niño, ¿ha repetido de grado?

Muchas veces hay una lista de conductas posibles, y el maestro tiene que marcar la intensidad con que se manifiesta la conducta observada: mucho, moderadamente, nunca. En otros casos la escala de evaluación va del 1 al 5. Además es posible que se pregunte al maestro cómo se está desempeñando el niño en diversas habilidades académicas: muy por debajo del grado, algo por debajo del grado, en el nivel del grado, algo por encima del grado, muy por encima del grado.

Es muy importante llenar estos formularios, aunque a veces resulte molesto, sobre todo cuando el maestro está abrumado por el papeleo y las responsabilidades. Pero debe reservar tiempo para esta tarea evaluativa y anotar sus observaciones y preocupaciones del modo más detallado posible. Ésta es una responsabilidad profesional que hay que asumir con seriedad.

No existe ningún test específico para determinar si un niño tiene un TDA/TDAH. En el diagnóstico intervienen distintos factores, estimaciones acerca de la conducta (por ejemplo, escalas evaluativas y observaciones) que constituyen una parte importante del proceso.

Documentación del maestro

Al diagnosticador le resulta muy útil la documentación reunida por el maestro sobre conductas específicas puestas de manifiesto por el niño. Estas conductas documentadas pueden ser por ejemplo estallidos emocionales, la frustración expresada rompiendo papeles, la incapacidad para permanecer aplicado a la tarea o trabajar por su cuenta (el niño sólo completa uno o dos problemas de matemáticas al cabo de veinte minutos), etcétera.

Los maestros emplean algunos sistemas para tomar notas breves como recordatorios para la documentación, justificaciones para enviarlo a una consulta, y apoyo en las reuniones con los padres, además de otros propósitos. Algunos docentes llevan un pequeño fichero con una tarjeta para cada alumno. Cuando en la clase sucede algo que el maestro quiere recordar, toma nota del incidente y de la fecha en la ficha del alumno del que se trata. Otros maestros llevan en el bolsillo un pequeño block de autoadhesivos en blanco. Cuando desean recordar algo respecto de un alumno, escriben unas palabras en un autoadhesivo y lo pegan en el cuaderno de temas. Más tarde vuelcan todas esas notas en las carpetas individuales. Estos registros de anécdotas, junto con una colección de muestras de trabajo, son fuentes de documentación sumamente útiles.

Cuando a la escuela se le solicitan registros, alguien (por lo general un miembro del equipo de estudios del estudiante) tiene que copiar los informes y la documentación anterior, indicativa de que las conductas observadas se han reiterado durante cierto tiempo. Cuando los comentarios e informes de los maestros anteriores indican que el niño ya había puesto de manifiesto dificultades para prestar atención, escuchar, autocontrolarse o no distraerse en los otros años, este dato tiene una gran importancia clínica.

Además de los boletines, vale la pena incluir toda la documentación escolar de la que surgió la necesidad de una acción disciplinaria (por ejemplo, copias de las remisiones a la dirección o al despacho del consejero desde el aula, el patio de juegos, el comedor y el transporte). Se deben enviar copias de todas las consultas realizadas por el equipo de consulta, de los planes de acción, de las evaluaciones escolares, los informes, etcétera.

Muestras de cartas a médicos o instituciones

La carta siguiente es una muestra de las que se envían a los médicos, junto con otra documentación, registros e informes.

Fecha:

Referencia: Lucas Z.

A quien corresponda [o Estimado doctor X _____]:

Lucas ha sido reterido al equipo de consulta de nuestro establecimiento en primero y segundo grados. Fue evaluado para ver si le correspondía educación especial en primer grado, con un plan de educación individualizada confeccionado en [fecha].

Adjuntamos copias de ese plan, y de evaluaciones y formularios de referencia. En primer grado se le tomó un test debido a sus dificultades en todas las áreas académicas (lectura, matemáticas, lenguaje escrito). Presentaba escaso autocontrol, grandes dificultades para aplicarse a las tareas y para el control de la conducta impulsiva. La maestra de primer grado lo describió como "cooperativo, entusiasta, parece inteligente".

Mis notas, tomadas en la reunión de consulta en el plantel, el [fecha], incluyen los siguientes comentarios de la maestra de primer grado: "Lucas es muy irregular en la atención que presta a las tareas. Parece tener un predominio auditivo. Es afectuoso, con una personalidad expansiva. Su conducta es errática e impulsiva. Se pone a trabajar, pero salta de una idea a otra. Continuamente lanza respuestas y trata de dirigirlo todo, pero no puede estarse quieto". Su maestra de jardín también describió a Lucas como necesitado de "desarrollar autocontrol".

En esa reunión se decidió que el equipo trabajara con Lucas y la maestra, a la cual se le enseñaron las estrategias recomendadas para los alumnos que tienen posibles trastorno por déficit de atención. Lucas iba a continuar con su tutor en habilidades básicas, con los servicios de habla e idioma para la expresión de sus necesidades, en grupo pequeño, con tutores de la misma edad o mayores, y trabajando con el consejero en conductas específicas (con contratos, gráficas, refuerzo positivo). El consejero de distrito iba a recomendarle a la madre algunas clases de quehacer de padres (gratuitas o de cuota accesible).

Más adelante en ese mismo año, la escuela administró un test a Lucas; el test no justificó que se le brindara educación especial. (Véanse los tests e informes psicopedagógicos.)

Este año (Lucas está en segundo grado) el niño fue remitido nuevamente, el [fecha], al equipo de consulta de la escuela, por su maestra [nombre]. Ella estaba y está aún preocupada por las mismas conductas. Se ha observado que Lucas tiene un nivel de actividad muy alto, falta de autocontrol y comportamiento impulsivo. Continúa siendo objeto de intervenciones de consultoría escolar, ayuda en grupo pequeño, entrenamiento en habilidades básicas con tutores, y numerosas estrategias en el aula (cambio de sitio, modificación de la conducta, comunicación estrecha con la maestra y los padres, ayuda directa de alguien que trabaja con él durante gran parte del día). El equipo se ha reunido con la madre y examinado nuestra recomendación de que se le realice al niño una evaluación médica.

Estamos preocupados por Lucas. Él se esfuerza en agradar y es muy suave y simpático. Continúa recibiendo el máximo de intervención en el marco de la educación regular. Su conducta continúa obstaculizando su éxito en el aula. Apreciamos su aporte para ayudar a este niño.

Muy atentamente,

Nombre y título
Número de teléfono

La carta siguiente es una comunicación entre la escuela primaria y la escuela secundaria básica receptora; esta carta alerta al equipo sobre un alumno que ingresa con necesidades muy importantes. También pide a la nueva escuela que haga lo posible por obtener la ayuda necesaria para este niño. Ilustra asimismo la frustración y la realidad que, lamentablemente, deben enfrentar los maestros y las escuelas: niños con necesidades severas que no se pueden satisfacer porque "tenemos las manos atadas". Muy a menudo no existen programas (por la falta de fondos), o la evaluación del niño no permite incorporarlo en ellos. En este caso, la madre no aprobó las recomendaciones de la escuela acerca de la ubicación del alumno en un determinado programa. Sin la autorización de los padres, la escuela no puede actuar.

Fecha

Alumno: Damien N.
Fecha de nacimiento:
Grado:

Estimado...:

He trabajado con Damien en los últimos años, y me gustaría hacerle llegar mis observaciones y recomendaciones. Mi preocupación es que muy probablemente este niño tenga dificultades para adaptarse y desempeñarse adecuadamente en el año que inicia en la escuela secundaria inferior. Tengo la esperanza de que recibirá mucha ayuda en su transición al nivel secundario, sobre todo en cuanto a sus necesidades sociales y emocionales.

Damien ha recibido un diagnóstico médico de trastorno por déficit de atención con hiperactividad, así como de discapacidades de aprendizaje. Presenta todas las conductas clásicas asociadas con el TDAH: alto nivel de actividad, gran necesidad de movilidad, extrema tendencia a distraerse y conducta impulsiva, dificultad para permanecer sentado, juego constante con los objetos que lo rodean, invasión del espacio de otras personas, alta sensibilidad a los ruidos, desatención a las indicaciones sociales. De todo ello resulta un difícil desempeño con adultos y compañeros.

Damien tiene episodios de conducta descontrolada, durante los cuales no puede permanecer en el aula. Por lo general, en esos días no ha recibido su medicación. Los maestros deben conocer y ser sensibles a sus necesidades. Cuando Damien toma sus medicamentos suele ser capaz de un autocontrol mucho mayor, y las mencionadas conductas problema resultan más manejables.

Éste es un niño inteligente y capaz, con mucho potencial. Le interesan las matemáticas y las ciencias y tiene aptitudes para ellas. Desearía que encontrara oportunidades de participar y progresar en estas materias. Damien ha sido siempre débil en lectura y lenguaje (expresión escrita y oral), debido a una discapacidad de aprendizaje en la memoria secuencial auditiva. A pesar de algunas dificultades, este alumno puede realizar la mayoría de las tareas correspondientes a su grado (con algunas modificaciones y ayuda).

En todos los años ha tenido un desempeño deficiente. Debido a su baja tolerancia a la frustración, a menudo rehúsa o se resiste a realizar el trabajo que percibe como demasiado difícil. Hay días en los que no produce en clase ningún trabajo, o sólo un trabajo mínimo. Lo típico es que los programas de incentivos (recompensas, privilegios) no lo motiven. Siempre se ha tenido sumo cuidado en ubicarlo en clases con maestras estimulantes, sensibles y hábiles en el trabajo con niños que presentan necesidades especiales.

Damien es un joven afectuoso y amable, bondadoso con los niños más chicos, suave y cálido. Es también proclive a la cólera imprevista, al llanto y a estados de ánimo perturbados. Los adultos que lo conocen ven algo más detrás de sus conductas, que son a menudo perturbadoras e inadecuadas. Damien es muy vulnerable y siempre es probable que caiga en problemas cuando exista esa posibilidad.

Mi mayor preocupación son los fuertes factores sociales y emocionales que obstaculizan el funcionamiento de Damien en la escuela. Puede sentirse frustrado por hechos nimios, y a menudo se encierra en sí mismo en el aula y en el gabinete de medios auxiliares. Cuando le parece que no está trabajando o participando (lo que ocurre con frecuencia e impredictiblemente), no abre los libros, no se une al resto de la clase ni responde a las preguntas del maestro.

Damien es muy caprichoso, y resulta imposible prever cómo se comportará durante el día. Sus estados de ánimo y sus conductas fluctúan rápidamente. Muy pocas veces sonríe o demuestra estar contento en la escuela. Habla en voz baja, es callado y más bien tímido. A menudo se lo ve hosco y tal vez deprimido.

Desde el punto de vista social experimenta grandes dificultades, y en la escuela nunca ha tenido un amigo íntimo. Básicamente, los otros niños lo toleran, pero no lo ven como amigo.

Damien no advierte los signos sociales (las expresiones faciales, el tono de voz, etcétera) como la mayoría de los niños. Ésta es una de las características del TDAH, y a él le crea problemas y conflictos con los demás. A menudo se encuentra en medio de una disputa sin darse cuenta de cuál ha sido su parte en ella. Tiene gran necesidad de entrenamiento en habilidades sociales y respuestas adecuadas, así como en el control de la conducta impulsiva. Ha recibido mucha consultoría en la escuela, incluso ayuda y entrenamiento en la resolución de conflictos y en el trato con la propia cólera y frustración. No obstante, sus carencias son tales que la consultoría en la escuela no basta.

En varias ocasiones hablamos con la madre de este alumno acerca de la importancia de que se le realizara un examen médico, con el correspondiente seguimiento. Tal vez sea necesario regular o cambiar su medicación. Es imperioso que tenga consultoría externa por la severidad de sus problemas de conducta y emocionales, que deben ser tratados y observados cuidadosamente. Nosotros no estamos equipados para abordar adecuadamente todas las dificultades de este niño en la escuela. Se necesita más intervención y más ayuda.

Como usted puede ver, nuestro equipo, durante varios años, ha estado muy preocupado por Damien (adjuntamos evaluaciones, planes de educación individualizada, recomendaciones). Todos los años hemos realizado varias reuniones de equipo a fin de encontrar el mejor modo de satisfacer sus necesidades. Es muy difícil hacer contacto con la madre, que a menudo no responde a nuestros llamados. Hemos ido al hogar, nos reunimos con esta mujer en su lugar de trabajo, le escribimos cartas y pedimos la ayuda de un padre facilitador. Damien ha sido ampliamente evaluado; además de las reuniones anuales también hemos realizado algunas de "revisión de la ubicación" en el plan individualizado. Se justificaba brindar a este alumno servicios más intensivos de educación especial, en una clase más pequeña, que podría haber abordado mejor sus necesidades. No obstante, la madre nunca acordó ni permitió un cambio de ubicación, ni siguió las recomendaciones del equipo acerca de la conveniencia de más intervenciones.

Tenemos la esperanza de que usted logre ayudar a Damien a obtener el cuidado y la ayuda que necesita. Por favor, no vacile en hacerme saber si yo mismo puedo serle de alguna utilidad.

Muy atentamente,

Nombre y título

Número de teléfono

28

Consulta, evaluación y ubicación del niño en programas de educación especial

Los maestros y los padres preocupados por el desempeño, la conducta o los logros de un alumno en la escuela deben tener la puerta abierta para solicitar y obtener ayuda. El primer paso será siempre una entrevista entre un padre y el maestro. Los maestros deben comunicarse siempre con los padres, haciéndoles llegar algunas observaciones positivas sobre los niños, junto con sus preocupaciones. Cuando los maestros examinan las preocupaciones en el curso de una entrevista, deben también explicar las estrategias que prevén instrumentar (por ejemplo, cambiar el lugar del niño en la clase acercándolo al maestro, proporcionar ayuda en grupo pequeño o individual, del propio maestro, de un ayudante, o de ambos).

También como primer paso, los padres deben llevar sus preocupaciones directamente al maestro. Éste es el camino correcto en la mayoría de las escuelas, y a menudo la administración lo comunica a las familias al principio del año escolar.

Una vez realizado el contacto entre padre y maestro, este último instrumenta un plan de acción y estrategias. Si se necesitan más intervenciones, el alumno debe ser remitido al equipo de estudio del estudiante o equipo de consulta, si es que existe en la escuela.

Nota: Las expresiones "equipo de estudio de del estudiante" y "equipo de consulta" son equivalentes; la terminología varía de una escuela a otra. Es muy probable que este tipo de equipo reciba también otros nombres.

¿Ha intentado usted estas intervenciones y modificaciones?

Antes de iniciar el proceso de enviar al estudiante a una consulta, el maestro debe preguntarse si ha intentado alguna de las numerosas intervenciones que pueden ayudar a un niño. En tal sentido, le será útil la siguiente lista de intervenciones posibles.

Ambientales

- Sentar al niño adelante, cerca del maestro.
- Proporcionarle un espacio de trabajo adicional, apartado de las distracciones (por ejemplo, los centros de actividades).
- Limitar las distracciones o apiñamientos visuales.
- Diseñar el aula para dar cabida a los diferentes estilos de aprendizaje.
- Sentar al niño entre alumnos que prestan antención.
- Apagar las luces.
- Emplear música durante ciertos momentos del día, para calmar a los alumnos.
- Emplear compartimientos tabicados para el trabajo estático.

Organizativas

- Empleo cotidiano del calendario de tareas encargadas.
- El maestro, un ayudante o un compañero ayuda al niño a apuntar las tareas para llevar a casa.
- Al final del día, el maestro o ayudante verifica que el niño lleve a su casa todos los libros o materiales que corresponde.
- Al final del día, el maestro le recuerda y aclara las tareas que debe hacer en casa.
- Lista de cosas que hay que hacer pegada al escritorio.
- Completar la tarea "ganarle al reloj".

Mayor comunicación entre el hogar y la escuela

- Comunicación cotidiana o semanal entre el hogar y la escuela, acerca de la conducta del niño y la terminación de las tareas; las comunicaciones deben volver firmadas por los padres.
- Mayor contacto telefónico con los padres, recordando que además de las preocupaciones hay que incorporar las observaciones positivas.
- Frecuentes reuniones de planificación con los padres.

Enseñar técnicas y considerar individualmente a los alumnos

- Expectativas y consecuencias sistemáticas.
- Conceder tiempo adicional para la reflexión evaluativa.
- Conceder tiempo adicional para completar las pruebas.
- Mayor modelado, demostración y práctica guiada.
- Proveer frecuentes pausas y oportunidades para moverse.

- Proveer un refuerzo significativamente más positivo.

- Retroalimentación regular y control del progreso.

- Indicaciones privadas, personales.

- Tareas modificadas, abreviadas.

- Contratos y refuerzo positivo por la conducta aplicada, el terminal las tareas, por estar sentado más tiempo y por una conducta impulsiva o perturbadora menos frecuente.

- Adaptación a las dificultades del alumno para el trabajo escrito (por ejemplo, permitirle respuestas orales, dictar en lugar de escribir, reducir sus tareas escritas).

- Asistencia individual adicional (por ejemplo, por parte del maestro, el ayudante, un padre voluntario, un tutor de más edad, un compañero).

- Enseñar estrategias para calmarse, "pensar antes de responder".

- Permitir recreos frecuentes y dar oportunidades de moverse.

- Proporcionar múltiples oportunidades de actividades y proyectos prácticos.

- Proporcionar instrucción multisensorial: exposiciones verbales claras, con muchos elementos visuales, color, movimiento.

- Brindar modelos, demostraciones y prácticas guiadas.

- Proporcionar oportunidades frecuentes para trabajar en cooperación con un asociado o un grupo pequeño.

- Proporcionar en clase muchas oportunidades para verbalizar y responder en un clima seguro, sin temor al ridículo.

- Alentar y permitir el empleo de la computadora.

Trabajo de equipo

- Pedir la participación del equipo de consulta de su escuela.

- Reunirse con los padres para establecer un vínculo de ayuda al alumno.

- Asociarse con otro maestro u otra aula para poder remitirles al niño cuando sea necesario.

- Hacer saber al alumno que usted está interesado en ayudarlo: dialogar con él, alentar la comunicación abierta.

El proceso del equipo de consulta

El equipo de consulta o equipo de estudio del estudiante es un grupo multidisciplinario de profesionales que sirve a la escuela y se reúne regularmente, por lo general durante una hora o dos, para:

- recoger las preocupaciones y examinar los casos que les han referido.

- planificar en equipo las intervenciones adecuadas que van a ocurrir.

Los miembros del equipo (que siempre incluye al maestro y a veces a un padre) establecen un plan de acción y las tareas asignadas. De este equipo pueden formar parte las siguientes personas:

- El maestro de grado.

- El consejero escolar.

- El maestro de educación especial o el especialista en recursos.

- La enfermera escolar.

- El director.

- El psicólogo de la escuela.

- El fonoaudiólogo.

- El maestro de educación adaptativa o de habilidades motrices.

- Cualquiera otra persona que sea invitada por el equipo.

En mi distrito escolar, el equipo de consulta forma parte de la educación regular, no de la educación especial. Es importante que esta distinción sea clara. No todos los alumnos referidos al equipo de consulta tienen problemas académicos o son candidatos para la educación especial. El consejero de distrito actúa como coordinador y facilitador del equipo. El maestro tiene la responsabilidad de firmar la agenda y reservar tiempo para asistir a las reuniones. Se le pide que aporte muestras de tareas y que llene un formulario de remisión que contiene la información siguiente.

Información identificatoria

Nombre del alumno, domicilio, número de identificación, maestro, grado, número del aula, nombre de los padres o responsables legales, teléfono de la familia, teléfono del lugar de trabajo, etnia, idioma de enseñanza, etcétera.

Lista de aspectos que parece describir al alumno

Factores físicos y de salud

_____ **1.** Problemas de salud. _____ Quejas frecuentes.

_____ **2.** Ausencias frecuentes o injustificadas.

_____ **3.** Parece pálido, indiferente, apático.

_____ **4.** Extremadamente activo e inquieto. _____ Molesta.

_____ **5.** Déficit posible de: visión/audición.

_____ **6.** Pobre coordinación motriz: _____ fina _____ gruesa.

_____ **7.** Retraso en el crecimiento o el desarrollo.

_____ **8.** Lesiones físicas (no debidas a maltrato).

Factores del habla y el lenguaje

_____ **1.** Vocabulario coloquial limitado.

_____ **2.** Dificultad para relacionar sus propias ideas.

_____ **3.** Oraciones incompletas. _____ Mala gramática.

_____ **4.** Respuestas inadecuadas.

_____ **5.** Dificultad para seguir instrucciones.

_____ **6.** Articulación: mala pronunciación de los sonidos.

_____ **7.** Tartamudeo: palabras en bloque, pausas, ritmo pobre.

_____ **8.** Voz: ronca, áspera, demasiado suave.

Factores educacionales

_____ **1.** Dificultades académicas: _____ lectura _____ matemáticas _____ escritura.

_____ **2.** Retención pobre de la materia.

_____ **3.** Mala caligrafía trastrocamientos. _____ Trabajo chapusero.

_____ **4.** Dificultad en aplicarse a la tarea. _____ Falta de atención.

_____ **5.** Dificultad en comprender las instrucciones _____ materia.

_____ **6.** Dificultad en cambiar de actividad.

_____ **7.** Se desalienta fácilmente, a menudo se siente frustrado.

_____ **8.** Terminación de las tareas: _____ precipitado _____ lento _____ no logrado.

Factores personales y sociales

_____ **1.** Por lo general retraído, tímido y temeroso.

_____ **2.** Pobre autocontrol: _____ estallidos emocionales _____ lenguaje inadecuado.

_____ **3.** Mala relaciónes con los compañeros: _____ peleas _____ molesta a los otros.

_____ **4.** Parece triste _____ malhumorado. _____ Llora fácilmente.

_____ **5.** Sentimientos de inadecuación, baja autoestima.

_____ **6.** Fantasea. _____ Exagera. _____ Miente.

_____ **7.** Cuestiona la autoridad. _____ Desafiante. _____ Impulsivo.

_____ **8.** Demuestra poca empatía y preocupación por los otros.

Talentos del alumno

Se le pide al maestro que identifique los talentos del niño.

Contactos con los padres: entrevistas, propósitos y resultados

Antes de la consulta al equipo de estudio del estudiante, los maestros deben haber examinado sus preocupaciones con los padres. Nosotros les pedimos que comuniquen de antemano a los padres la consulta que se ha pedido, explicándoles que se trata de examinar ideas y planificar algunos modos adicionales de ayudar al niño. También se les aclara que después de la reunión del equipo habrá un nuevo contacto con ellos para hacerles conocer el plan de intervención. Muchas escuelas invitan a uno o ambos padres a la reunión del equipo de consulta. En la nuestra hemos encontrado que resulta más productivo no realizar esta invitación a la reunión inicial, debido a las limitaciones de tiempo. Sin embargo, si los padres piden asistir, por cierto se los recibe de buen grado, y en algunos casos somos incluso nosotros quienes les solicitamos que vengan.

Nuestras reuniones semanales en el equipo de consulta prevén tres o cuatro períodos de quince a veinte minutos cada uno. Tenemos la suerte de contar con miembros del personal que también son maestros, para que durante esos lapsos queden al frente de las clases. Cuando el equipo de consulta programa reuniones de seguimiento, a menudo invita a los padres.

Un equipo de consulta proactivo debe alentar en la escuela este proceso de identificación. Considera prioritaria la detección temprana de los problemas y aspira a que los maestros presten atención a todos los niños con dificultades, y no sólo a los que se piensa que necesitan educación especial. Se alienta al docente a referir a consulta a los alumnos que presentan problemas de salud, de conducta, de asistencia, académicos o sociales. En mi distrito escolar hay un sorprendente número de niños enviados a consulta por presentar las características y las conductas asociadas con el TDAH.

Referencias a educación especial

Las referencias a educación especial se inician por pedido de un padre o maestro, con tests para determinar si se justifica que el alumno reciba esos servicios. Durante un lapso fijado por ley, el gestor designado del caso

- prepara la documentación;

- informa a los padres de sus derechos legales;

- obtiene la autorización escrita de los padres;

- hace contacto con todas las partes involucradas a fin de preparar su plan de evaluación, con el que los padres acordarán por escrito, y

- pide que un equipo multidisciplinario evalúe al niño, redacte su informe y se reúna con los padres para establecer un plan de educación individualizada.

Nosotros alentamos enérgicamente a maestros y padres (aunque ésta no es una exigencia) a que comiencen enviando al alumno al equipo de consulta. Antes de autorizar la evaluación para un eventual ingreso en los servicios de educación especial, se deben instrumentar y documentar un conjunto de intervenciones y modificaciones, durante cierto tiempo. El proceso en el equipo de consulta es un medio ideal para reunir medios auxiliares y personas en un esfuerzo efectivo y eficiente, destinado a satisfacer las necesidades del niño y formular este plan de intervención. A continuación, si surge que se necesita más ayuda para el alumno, se pasa a la evaluación para la educación especial. Toda consulta a educación especial debe incluir la documentación de las intervenciones previas instrumentadas (véase la lista de las intervenciones posibles al comienzo de este sección).

Los equipos de estudio de alumnos pueden recomendar y dar forma a un plan de acción que incluya distintas intervenciones posibles. A menudo algunos miembros de ese equipo saldrán de la reunión con las responsabilidades siguientes:

- Observar al alumno en diversas situaciones.

- Ayudar al maestro a generar un plan de modificación de la conducta (contratos, gráficas, sistema de refuerzos).

- Reunirse con los padres para darles más información y examinar sus preocupaciones.

- Si puede ser útil, realizar visitas al hogar.

- Emplear estrategias y modificaciones en el aula (ambientales, de conducta y didácticas).

- Proporcionar ayuda individual o en grupo pequeño con el personal que haya disponible.

Obtención de una evaluación integral en la escuela

Los alumnos enviados a consulta para educación especial deben recibir una evaluación multidisciplinaria exhaustiva, dentro de los plazos estipulados, según lo prevén las disposiciones legales. No todos los alumnos que presentan las características de un TDA/TDAH necesitarán evaluación o servicios de educación especial. Si el niño está desempeñándose bien en el aula, y su conducta no obstaculiza significativamente su capacidad para funcionar con éxito, no hay ninguna necesidad de seguir la ruta de la educación especial. Muchos alumnos con TDA pueden alcanzar un nivel exitoso si se emplean con ellos estrategias de enseñanza, modificaciones ambientales y de organización, y otras intervenciones adecuadas de la educación regular. Por cierto, ésta es nuestra meta.

Sin embargo, muchos alumnos siguen enfrentando dificultades importantes en su desempeño, a pesar de ser objeto de numerosas intervenciones. A estos niños hay que evaluarlos y prestarles los servicios justificados en su caso. La evaluación psicoeducativa incluye:

- Observaciones.

- Examen de los registros y del historial escolar.

- Historia clínica sobre los problemas de salud y el desarrollo, confeccionada con los padres.

- Examen de la visión y la audición.

- Administración de tests académicos, cognitivos, psicológicos, perceptivo-motores.

- Evaluación de la aptitud para el habla y el lenguaje y las habilidades motrices, realizada por profesionales habilitados, cuando así lo recomienden otros indicadores y las necesidades propias del alumno.

Muchos alumnos con TDA/TDAH tienen también discapacidades específicas de aprendizaje. De mi experiencia durante varios años surge que por lo menos entre la tercera parte y la mitad de mis alumnos con discapacidades de aprendizaje presentan las conductas y las características asociadas con el TDA/TDAH, aunque no medie un diagnóstico médico ni sean objeto de intervenciones médicas. "La incidencia de las discapacidades identificables de aprendizaje entre los niños con TDAH puede llegar hasta el 30 ó 40 por ciento, según algunos investigadores" (Lisa J. Bain, *A Parent's Guide to Attention Deficit Disorders*, pág. 26).

¿Qué niño tiene discapacidad de aprendizaje?

Para ser clasificado como alumno con discapacidad de aprendizaje, debe demostrarse que el niño: 1) tiene *por lo menos* una inteligencia promedio, y 2) que existe una discrepancia o brecha significativa entre su capacidad intelectual (determinada por el psicólogo escolar) y su desempeño académico. Las puntuaciones estándar en lectura, matemáticas y lenguaje escrito se determinan mediante tests de ejecución administrados individualmente por un especialista en educación, un maestro de educación especial o un especialista en recursos. El alumno no debe tener un desempeño que esté por debajo del nivel de grado, por lo menos en el estado de California. Su desempeño debe ser considerablemente inferior al que correspondería a su cociente intelectual o capacidad medida. Si un alumno tiene un cociente intelectual de 100, sus puntuaciones estándar en los tests de ejecución de 78 o menos indicarían una discrepancia significativa. Probablemente, éste no sería el caso si las puntuaciones fueran superiores. Sin embargo, también podrían tomarse en cuenta otros factores.

Por ejemplo, un alumno muy brillante, con un cociente intelectual de 135, podría estar desempeñándose en el nivel de grado con puntuaciones estándar de más o menos 100 en lectura, matemáticas o lenguaje escrito. Este niño satisfaría la primera parte de los criterios para que se le atribuyeran discapacidades de aprendizaje, puesto que existe una brecha significativa entre su capacidad y su desempeño.

Nota: Este criterio puede variar de estado a estado.

Déficit de procesamiento

Los otros criterios para la atribución de capacidades de aprendizaje, y justificativos de la educación especial, son que la discrepancia significativa entre la capacidad y el desempeño tiene que ser causada por un déficit en una o más áreas del "procesamiento de la información". El niño *no debe* tener dificultades en su desempeño académico debidas a carencias sociales o culturales, deficiencias físicas o mentales, ni a malestar emocional (por ejemplo, causado por los problemas del hogar). Los niños con discapacidades de aprendizaje tienen una debilidad significativa en la *recepción*, en la *integración* (procesamiento, organización, recuperación y comprensión del sentido) o en la *expresión* de la información y el lenguaje. Les cuesta manipular símbolos (hecho que afecta la lectura, la escritura y las matemáticas). Cada niño es único y presenta un perfil distinto de talentos y debilidades.

Nota: Incluso cuando un alumno ha sido evaluado y satisface los criterios que justifican la educación especial, la decisión depende siempre del equipo del plan educativo individualizado, del cual forman parte los padres. La utilización de cualquier servicio de educación especial debe ser previamente aprobada por ellos.

¿Qué son los déficit de procesamiento auditivo?

Entre los déficit del procesamiento auditivo se cuentan la dificultad para discriminar sonidos, para ordenarlos en el tiempo, recordar lo que se ha oído y comprender o asignar significados adecuados a los estímulos acústicos. Cuando existe un déficit en el procesamiento auditivo, lo típico es que al alumno le cueste seguir las exposiciones y la conversación del maestro, o aprender lo que se expone con un ritmo rápido o incluso normal. Por lo general, estos alumnos necesitan más tiempo para procesar, comprender, volcar la información. El maestro debe presentar la información auditiva con mayor lentitud, repetirla y darle al alumno más tiempo para pensar. También debe proporcionar elementos visuales que ayuden a estos niños a compensar su procesamiento auditivo débil.

Si el alumno tiene dificultades para la discriminación auditiva, por lo general le cuesta percibir y reconocer la diferencia entre palabras que suenan de modo parecido. **Nota:** A los alumnos que han aprendido en primer término otros idiomas suele costarles captar la diferencia entre ciertos sonidos parecidos del idioma que se emplea en el aula. Sin embargo, estos niños no tienen discapacidades de aprendizaje.

La mayoría de mis alumnos con discapacidades de aprendizaje presentaban debilidades significativas en la memoria secuencial auditiva. Esta memoria consiste en la capacidad para recordar el orden o la secuencia correctos de los estímulos auditivos, en particular los sonidos de las letras y los símbolos acústicos. Inevitablemente, los alumnos que padecen esta dificultad cometen errores de ortografía y por lo general les cuesta mucho trabajo aprenderse las tablas de memoria, la información para las pruebas de materias, y seguir instrucciones. Los niños con déficit de memoria secuencial auditiva enfrentan problemas significativos en el aprendizaje de la lectura, el recuerdo de la asociación entre letras y sonidos (en particular la mezcla de vocales y consonantes) y en la decodificación o lectura en voz alta de las palabras (cometen muchos errores en la secuencia de sonidos o sílabas).

La memoria secuencial auditiva se mide con tests que requieren la repetición verbal de una serie de palabras o números, a continuación del examinador. En el proceso de evaluación, a veces resulta difícil inferir si el alumno con malos resultados encuentra complicada la tarea por falta de memoria o por falta de atención. Muchos alumnos con TDA/TDAH se desempeñan pobremente en estas pruebas, sin que por ello tengan una discapacidad de aprendizaje en la memoria secuencial auditiva. Pero muchos alumnos con TDA tienen también una discapacidad de aprendizaje en esta área.

¿Qué son los déficit del procesamiento visual?

Entre los déficit del procesamiento visual se cuentan las debilidades significativas en la *percepción visual* (por ejemplo, en la discriminación de las diferencias de tamaño, forma o posición de los objetos y símbolos en el espacio, lo cual causa numerosas inversiones, trastrocamientos y rotaciones), en la *integración visomotriz* (capacidad para copiar correctamente en una hoja de papel, del pizarrón o de un libro, escribiendo sobre los renglones, organizando adecuadamente el trabajo escrito) y la *memoria secuencial visual* (el recuerdo de lo que se ve, en particular las letras, los números y otros símbolos, en la secuencia correcta).

Lo típico es que a los alumnos que padecen problemas de memoria secuencial visual les cueste mucho recordar las palabras breves al escribir o leer. Es posible que lean bien y apliquen con eficacia estrategias fonéticas para decodificar y escribir las palabras largas. Es el vocabulario básico de palabras pequeñas lo que no recuerdan al escribir y leer. También puede resultarles muy difícil recordar las tablas de multiplicar.

Los alumnos con problemas de la percepción trastruecan e invierten las letras a partir de los 7 años, y por lo general les cuesta leer la hora, seguir el orden en la lectura (se saltean o vuelven a leer renglones), seguir las instrucciones y ubicarse en el espacio. Muchos tienen debilidades en las habilidades motrices finas o gruesas.

No recuerdo que en toda mi experiencia docente me haya encontrado con un alumno que padeciera un TDA/TDAH y no tuviera algunas debilidades para los trabajos escritos. Mis alumnos con discapacidades de aprendizaje que también tienen un TDA/TDAH producen un test que típicamente revela un déficit en la integración visomotriz. A menudo les resulta dificilísimo espaciar de modo correcto letras y palabras, trazan letras extravagantes, les resulta difícil recortar y colorear, producen trabajos ilegibles, etcétera.

Resulta interesante observar que muchos niños que reciben medicación para el tratamiento del TDA/TDAH presentan una significativa mejoría en la escritura manuscrita, la prolijidad general del producto y la capacidad para organizar el texto, respetar los renglones y escribir o copiar a un ritmo más adecuado. Sin embargo, éste no es siempre el caso.

Algunos alumnos con TDAH tienen una necesidad real de educación especial. Sus dificultades no pueden resolverse en la educación regular, ni siquiera con una enorme cantidad de ayuda. Lo habitual es que estos niños sean enviados a consulta de inmediato, debido a la gravedad de los problemas emocionales, de conducta y sociales que presentan. El equipo de la escuela debe dar prioridad a estas consultas y apresurar el proceso. Si el alumno es reconocido por una institución externa, hay que comunicar y compartir la información con ese organismo o el médico, una vez obtenida la autorización de los padres. Los padres deben ser incluidos en las reuniones informativas y en la planificación de las estrategias. Probablemente sea necesaria una mayor frecuencia de las reuniones del equipo de consulta y de seguimiento; en los intervalos, los miembros del equipo pueden realizar observaciones y toda una variedad de intervenciones.

ENTREVISTA CON BRAD
(34 años)

Brad es capellán en la Armada; a los 28 años le diagnosticaron TDA y dislexia.

¿Quién pudo ayudarlo positivamente?

"Mi madre me brindó mucho apoyo. Ella desempeñó un papel importante en mis decisiones. Me permitía hacer las cosas a su lado; por ejemplo, escribir un artículo o cosas que yo planificaba. Me ayudaba actuando como un filtro, de modo que no cometía muchos errores que pudieran volverse en mi contra. Me proporcionaba mucha aprobación psicológica.

"Cuando fui diagnosticado, trabajé con una especialista durante tres años. Era excelente. Ella me ayudó a mejorar mi comunicación y mis habilidades sociales. Todo esto está ligado con la dislexia. El modo inconsistente de procesar el lenguaje se filtra en muchos niveles. Mi mente salta de la A a la B, a la G, a la D, a la F. Yo sabía perfectamente lo que quería decir, pero no por ello estaba claro para quien me escuchaba. Esta especialista me ayudó con la escritura. Yo le pasaba algunas de las tareas escritas en las que estaba trabajando, y ella me ayudaba a ver la falta de fluidez, los cortes abruptos. Gracias a su ayuda, desarrollé un 'reloj interior'."

¿Cuál fue su mejoría social?

"No tenía problemas para salir con chicas y conseguir citas. Pero después de dos o tres veces, todo terminaba. Yo me daba cuenta cuando había tenido éxito y la chica estaba interesada, y le pedía que volviéramos a vernos. Pero quería fijar entonces el día y el momento exactos. No era una cuestión de inseguridad, sino que buscaba clarificación. En mi mundo, todo era blanco y negro. No había ninguna zona gris. La especialista me ayudó a aceptar zonas grises. Comprendí que estaba bien preguntarle a una chica si podía volver a llamarla... nada más, sin hacer presión."

¿Cómo recuerda usted que el TDA afectó su crecimiento?

"Los maestros atribuían mis problemas a pereza o falta de atención a los detalles, aunque yo pasaba horas haciendo el trabajo. Más horas que cualquier otro. Siempre me preguntaba por qué no me ponían un diez. Me quedaba dormido en las clases. Al cabo de diez minutos de estar sentado me ponía de pie y me desplazaba a algún otro lugar. Hablaba en cualquier momento, no sabía aguardar. Todos los chicos lo hacen en alguna medida, pero yo exageraba. No sabía interactuar socialmente. Tenía amigos… Hacía las mismas cosas que hacen los otros, sólo que en el momento inadecuado. Otros las hacían y no pasaba nada, pero no era mi caso. Ellos sabían cuándo había que hacer y cuándo no había que hacer algo. Yo no entendía que hay un tiempo y un lugar para cada cosa. Lo que yo hacía habría estado bien para chicos que tuvieran algunos años menos.

"Cuando nos reuníamos y visitábamos a la familia, yo sólo hablaba de dos cosas: de la Armada y de la escuela rabínica. En cualquier otro tema… yo era la fea del baile. Al recordar, advierto que allí había treinta personas y varias conversaciones independientes al mismo tiempo. Yo no podía concentrarme ni seguir ninguna. Cuando empezaba a participar en una conversación, los otros ya estaban en otra cosa."

¿Cómo cambió su vida después de haber sido diagnosticado?

"En cuanto lo descubrí, establecí mi propia agenda. Por ejemplo, decía: 'Mire, puedo hacer este trabajo, pero necesito más tiempo. Quizás un semestre adicional, o tal vez un año'. No tenía ningún problema en pasar un año más en la escuela rabínica; mi ego no estaba amenazado. Después que lo supe, pude hacer preguntas. Quería descubrirlo todo. Comencé a tomar Ritalina a los 28 años. Este medicamento mejoró enormemente mi capacidad para concentrarme. Me permitía permanecer sentado frente a la computadora y escribir un artículo. Podía tomar notas en clase e interactuar mucho más eficazmente. Dejé de dormirme en las clases. Sólo tomaba, y tomo, 25 mg por día, que no es mucho, pero me ayudó realmente. Algunas de mis notas pasaron de promedio a excelente, lo cual gratifica mucho cuando uno está en un ambiente académico."

Programas ejemplares

*E*sta sección enfoca tres programas relevantes en Estados Unidos. Es posible que otros distritos escolares quieran profundizar en esta investigación. Los programas son:

- El Project for Attention Related Disorder (PARD) [Proyecto para Trastornos Relacionados con la Atención], San Diego.

- La Key School [Escuela Clave], Indianápolis.

- El Mentor Program [Programa Mentor], Minneapolis/St. Paul.

En el Distrito Escolar Unificado de San Diego, el PARD se aplica en todo el sistema y supone la cooperación del personal escolar, las comunidades de médicos y psicólogos, y las familias, para brindar el mejor apoyo a los niños que tienen un TDAH. Fue desarrollado en parte gracias a subsidios federales (Maternal and Child Health Program, Health and Human Resources, Healthy Tomorrows Program).

En Indianápolis, la Key School ha logrado fama por sus reformas e innovaciones iniciadas por maestros. Se basa en la teoría de las inteligencias múltiples del psicólogo Howard Gardner, de Harvard. Según Gardner, la Key School es "el experimento educativo más innovador del país". El Mentor Program en el área de Minneapolis/St. Paul es un importante programa destinado a proporcionar a los alumnos de escuela superior la oportunidad de explorar y estudiar profundamente sus intereses vocacionales, trabajando como protegidos de profesionales de su campo.

Project for Attention Related Disorder (PARD)

El PARD se inició en 1989, como resultado de una conferencia de tres días sobre el TDAH realizada en San Diego. Esta conferencia hizo resaltar la frustración y preocupación del personal escolar, los padres y los profesionales de la comunidad respecto del cuidado y las intervenciones adecuadas para los niños con problemas de atención. En ese momento, el sistema como tal no tenía ningún enfoque para identificar o intervenir cuando un niño presentaba problemas de concentración o de atención. La mayoría del personal escolar carecía de conocimientos o habilidades para ayudar a los alumnos con TDA, y resultaba difícil obtener un diagnóstico del trastorno —diagnóstico que depende considerablemente de la observación subjetiva—. A menudo muy poca o ninguna información de la escuela acompañaba a estos niños cuando consultaban a un médico de la comunidad. Las escuelas de San Diego tuvieron la fortuna de poder contar con Jeff Black como pediatra consultor, y con Dorothy Davies Johnson como especialista en trastornos neuroconductuales y discapacidades de aprendizaje. Ellos dos, junto con un grupo asesor de la escuela y la comunidad, redactaron una propuesta de subvención en la que se bosquejaban las siguientes metas y objetivos del proyecto PARD, para mejorar la salud física y mental y el resultado educativo en los niños con un TDA/TDAH identificado:

- Aumentar la base de conocimientos de los individuos que trabajan con niños que presentan un TDAH (personal escolar, padres, médicos y otros servidores comunitarios).

- Mejorar la coordinación de los servicios de la escuela y la comunidad para los niños con TDAH y sus familias.

- Establecer un sistema continuo, con base en la escuela, para identificar, evaluar y manejar a los niños con TDAH.

El Departamento de Servicios de Salud del distrito escolar armó un equipo itinerante de personal escolar para asesorar a las escuelas. Este equipo consta de una enfermera escolar (un día o una semana), un consejero de distrito (medio día o media semana) y un psicólogo (medio día o media semana). Todos los miembros del equipo nuclear poseen entrenamiento y experiencia cotidiana en el trato con las frustraciones y alegrías que puede generar un niño con TDAH. Los maestros mentores del distrito aportan también sus ideas y pericias, orientando a los maestros.

Dorothy Davies Johnson escribió un manual, *School-Physician Collaboration for the Student with Attention Difficulties: Handbook for Intervention*, que incluye herramientas de información, evaluación y seguimiento, así como estrategias. Además, el proyecto PARD contrató a dos medios auxiliares comunitarios, con gran experiencia y programas preexistentes para niños y padres.

La educación es una meta y componente principal del proyecto PARD. Las enfermeras escolares han sido formadas como coordinadoras primarias del componente de evaluación y recolección de datos sobre estos niños; son responsables de las consultas a los médicos de la comunidad y de la comunicación fluida acerca de los problemas del alumno. Los consejeros y psicólogos de las escuelas recibieron formación en desarrollo de las habilidades sociales y apoyo a los padres. A los maestros y administradores se les ofrecieron varios talleres y cursos sobre el TDA/TDAH, en todo el distrito.

El PARD proporcionó asimismo otro servicio valioso. Cada escuela pudo solicitar y programar un día para que la doctora Johnson la visitara. Durante esas visitas, la doctora dedicaba tiempo a observar a algunos alumnos para los cuales la escuela necesitaba asistencia, y a continuación se reunía con el equipo de consulta y los maestros en una sesión informativa. Más tarde, ese mismo día, todo el personal recibía instrucción sobre el TDA/TDAH.

Los consejeros pediátricos escudriñaron la comunidad médica y alistaron a aproximadamente diecisiete profesionales que cada mes atenderían a un par de participantes en el proyecto PARD. La doctora Johnson proporcionó formación especializada para los médicos.

Nota: "El proyecto PARD apuntó originalmente a los niños de familias de bajos ingresos, con necesidades médicas que antes no habían tenido atención. Últimamente el proceso ha tenido éxito en todo el sistema, en términos de diagnóstico y tratamiento; los formularios para la recolección de datos y las consultas pueden ser utilizados con cualquier niño, sea cual fuere su *status* socioeconómico. Las estrategias de intervención también se enseñan en todo el sistema, y no se limitan a los participantes en el proyecto.

Los cambios realizados en todo el sistema de San Diego como consecuencia del PARD son muy positivos, y reconocidos por todas las partes. En el sistema escolar hay en términos generales una mayor conciencia y más sensibilidad a los niños con problemas de atención, y la comunidad médica está más dispuesta a recibir y tener en cuenta los datos que se le envían.

Trabajar como maestra mentora con el PARD en las escuelas de San Diego ha sido una maravillosa oportunidad y un privilegio. He aprendido mucho como resultado de mi participación, y gracias a sus líderes experimentados y consagrados a su tarea, en especial Susie Horn y la doctora Dorothy Johnson. Le he pedido a la coordinadora del PARD, la enfermera Susie Horn, que me hiciera conocer la evaluación más reciente de la eficacia del PARD en San Diego. Esa evaluación es la siguiente:

El proceso de recolección de datos y derivación en el PARD ha sido sumamente eficaz, según lo demuestran las estadísticas de enfermería de 1991-1992. Se evaluaron 642 niños, de los cuales 415 recibieron un diagnóstico de TDA y tratamiento. Nos hemos dirigido a más de 40 escuelas acerca del TDAH y de estrategias escolares eficaces para trabajar con alumnos que lo padecen. Los cursos proporcionados por el distrito para todos los empleados han sido bien recibidos y han contado con buena asistencia. En el año escolar 1992–1993 trabajaremos en un nuevo entrenamiento para maestros, a fin de que puedan aplicar las técnicas actuales para enseñar a estos alumnos, que son los más difíciles.

En varias áreas de dificultad que el PARD abordará en los próximos dos años se están satisfaciendo las necesidades de los alumnos secundarios y de apoyo a los padres, mientras se trabaja con editoriales para desarrollar textos destinados a los requerimientos singulares de los alumnos con TDAH. Ha sido extremadamente satisfactorio trabajar con colegas empeñados en el apoyo a alumnos, maestros y padres, y con servidores de la comunidad que tienen que ver con el trastorno por déficit de atención e hiperactividad.

Key School

La Key School es una "escuela imán" creada gracias a los esfuerzos de ocho maestros de escuela primaria que enseñaban juntos en Indianápolis. Con su convicción, compromiso y trabajo duro ellos lograron la aprobación del distrito escolar y fondos adicionales de otra fuente (la Fundación Lilly), para planificar y establecer la Key School en 1987.

Esta escuela se basa en la investigación y la filosofía más recientes de las inteligencias múltiples, la enseñanza temática y la evaluación cualitativa, significativa. Los maestros fundadores consiguieron los aportes y la ayuda de algunas fuentes comunitarias. También obtuvieron la participación directa de Howard Gardner, autor de *Frames of Mind*, y otros estudiosos cuyas ideas estaban instrumentando, como Mihaly Csikszentmihalyi, profesor en la Universidad de Chicago y autor de *Flow: The Psychology of Optimal Experience*.

El personal docente y los alumnos

El personal docente de la Key School incluye ocho maestros de grado y siete especialistas. Asisten a la escuela entre 150 y 160 alumnos, seleccionados al azar por un organismo del distrito. El 40 por ciento del cuerpo estudiantil está constituido por afroamericanos. Aproximadamente el 40 por ciento de los niños provienen de hogares de un solo padre. Una tercera parte de la población escolar satisface los criterios para recibir almuerzo gratuito según los requisitos federales. Con los alumnos se forman grupos heterogéneos de distintas edades. Las clases primarias combinan alumnos de los grados primero a tercero; las clases intermedias mezclan niños de los grados cuarto a sexto.

El currículo de la Key School es único, y subraya las siete inteligencias identificadas por Gardner en *Frames of Mind*:

- Lingüística.

- Lógica-matemática.

- Musical.

- Espacial.

- Corporal-cinestética.

- Interpersonal.

- Intrapersonal.

El currículo incluye también la enseñanza casi diaria de música, educación física, artes visuales, computación y castellano. También se enseñan las materias tradicionales. La Key School aplica un enfoque interdisciplinario, temático, que abarca toda la escuela; los temas cambian cada nueve semanas.

Otros rasgos "clave"

1. **Currículo orientado hacia un proyecto.** Se requiere que los alumnos produzcan un proyecto relacionado con el tema cada nueve semanas.

2. **Grupos.** Cuatro veces por semana, los alumnos pasan períodos de cuarenta minutos en grupos de diversas edades, en los que realizan una actividad de su propia elección a lo largo de un pe-ríodo prolongado. Algunas de las actividades especializadas son arquitectura, coro, teatro, ciencias físicas, mente, movimiento.

3. **Centro de actividad espontánea.** Los alumnos pasan tiempo en el centro tres días por semana. Se trata de una habitación especial equipada con rompecabezas, juegos y objetos manipulables. Un maestro observa cuidadosamente y anota las actividades que eligen los alumnos, sus preferencias y su nivel de participación.

4. **Programa de las artes.** Está a cargo de especialistas. Todos los alumnos de la Key School participan en un rico programa de arte. Por ejemplo, todos aprenden a tocar un instrumento musical.

5. **Sesiones semanales del personal para planificar y evaluar.**

6. **Actividades electivas para sesión escolar prolongada o para después de la escuela.** Son actividades tales como fotografía, computación y gimnasia.

7. **Comité asesor.** Lo forman personas procedentes de instituciones culturales, universidades y empresas de la comunidad.

8. **Amplia utilización de los recursos de la comunidad,** como parte de los programas de enriquecimiento y de los instrumentados fuera del horario escolar.

9. **Compromiso y participación de los padres.** Por ejemplo, los padres deben asistir a tres de cada cuatro conferencias de padres y maestros si quieren que el niño siga inscrito en la escuela.

Un enfoque pionero

La Key School ha adoptado un enfoque pionero de la evaluación, lleno de sentido y que refleja el verdadero desarrollo del niño. Los siguientes son algunos de los modos en que la escuela evalúa y lleva registros del desarrollo y el progreso de los alumnos:

1. **Álbum de videos.** La escuela trata de grabar los intereses y logros del niño. Un modo de hacerlo consiste en grabar en videocinta los proyectos temáticos cada nueve semanas.

2. **Entrevistas grabadas** con los alumnos.

3. **Diario de reflexión del alumno,** sobre los temas y sus proyectos individuales.

4. **Boletín no tradicional.** Evalúa el progreso, la participación y la motivación en numerosas áreas, entre ellas las siguientes.

   — Lingüística/lenguaje.
   — Castellano.

- — Instrumentos musicales.
- — Música vocal.
- — Lógica/matemáticas.
- — Ciencia.
- — Computación.
- — Investigación.
- — Artes visuales y espaciales.
- — Geografía.
- — Habilidades corporales/cinestéticas; educación física.
- — Habilidades interpersonales/estudios sociales.
- — Aprendizaje comunitario y ciudadano.
- — Liderazgo.
- — Actividades espontáneas.
- — Área intrapersonal.
- — Presentación de proyectos individuales.

Más información sobre la Key School puede obtenerse en las fuentes siguientes:

Blythe, T. y Gardner, H.: "A School for All Intelligences", *Educational Leadership* (abril de 1990), 33–36.

Bolanos, P. J.: "Restructuring the Curriculum", *Principal*, volumen 69, n° 3 (enero, 1990), 13–14.

Cohen, D.: "Flow Room, Testing Psychologist's Concept Introduces 'Learning in Disguise' at Key School", *Education Week* (junio 5 de 1991), 6–7.

Lytle, V.: "The Best School in the Country?", *NEA Today* (setiembre de 1991), 10–11.

Olson, L.: "Children Flourish Here", *Education Week*, volumen 7, n° 18 (enero 27 de 1988), 16–19.

El programa de mentores

El Mentor Program proporciona la oportunidad de aprender a nivel avanzado a alumnos capaces y motivados de escuelas secundarias del Condado de Dakota, Minnesota. El alumno elige una experiencia vocacional como protegido de un experto. Al trabajar con un experto en el campo de su propia elección, adquiere habilidades que no se enseñan con ese nivel de exigencia en las escuelas secundarias. Tiene también la posibilidad de lograr una idea clara de la carrera que le interesa. Son los propios alumnos, a menudo referidos por maestros o consejeros, quienes solicitan su inclusión en el programa.

Seminario del programa

Antes de establecer contacto con un mentor, los alumnos deben completar un seminario preparatorio de sesenta horas. En esta fase, que es parte integral del programa, el alumno trabaja con instructores para mejorar su autoconciencia, comunicación y aptitudes para el aprendizaje independiente. El seminario contribuye a asegurar que los alumnos comprendan sus metas personales y se sientan cómodos en relación con el programa, adquieran conocimientos básicos sobre el campo que desean explorar, e interactúen sin problemas con los adultos en el lugar de trabajo. Este seminario fue desarrollado para alumnos de escuela secundaria, pero las habilidades que se enseñan en él se pueden adaptar fácilmente para alumnos más jóvenes. Además, algunos aspectos del curso representan todo lo que un alumno de menos edad necesita para perseguir una meta que le interesa o sentirse más exitoso en su aprendizaje.

La información siguiente sobre el Mentor Program nos ha sido amablemente proporcionada por la doctora Jill Reilly, fundadora y actual coordinadora del programa. La doctora Reilly, que ha escrito el libro titulado *Mentorship: The Essential Guide for School and Business*, nos da a conocer sus ideas y recomendaciones de cómo pueden los alumnos más pequeños tener acceso a los beneficios del mentor; en particular, ésto puede ser una experiencia de aprendizaje significativa para los alumnos con TDA/TDAH.

En la "unidad de autoconciencia" se evalúan los talentos e intereses individuales del alumno, junto con su estilo de aprendizaje. Los alumnos exploran los requerimientos educativos para el ingreso en el campo que han escogido, y las obligaciones básicas y el estilo de vida propios de ese puesto. Durante ese período, el alumno también considera las circunstancias personales (por ejemplo, un TDAH) que podrían afectar su participación en el programa, y desarrolla medios para expresar sus necesidades y desempeñarse con éxito en nuevas situaciones. La "unidad de autoconciencia" asegura al alumno y a sus instructores que el campo en el que esperan la protección de un mentor sea el adecuado, que el alumno tenga estrategias sanas para aplicar en el nuevo ambiente, y que en la experiencia de campo se haga buen uso del tiempo y la energía del mentor y del alumno.

En la "unidad de investigación" los alumnos hacen contacto con fuentes más recientes, completas o avanzadas del campo que les interesa. Tienen que identificar y ubicar bibliotecas en las que se encuentran periódicos profesionales, y aprender a utilizar esos recursos. De este modo obtienen la información más actualizada en pequeñas porciones. A los alumnos con TDAH, las bases de datos y otros progresos tecnológicos de la bibliotecología pueden aliviarles la sensación de frustración y facilitarles la búsqueda de material pertinente. Aprender a identificar y ubicar recursos comunitarios tales como museos, teatros, empresas, clubes u organizaciones, centros de vida silvestre, o individuos específicos, es una alternativa para alumnos que prefieren no leer información recogida por teléfono, sino reuniones cara a cara. En la "unidad de investigación" el alumno compila una bibliografía de sus fuentes, y puede también completar un proyecto que amplíe sus antecedentes y preparación para las actividades con el mentor. Los alumnos han creado desde material para multimedios hasta programas de computación, y explorado campos tan diversos como la neurocirugía y el periodismo.

Por último, los alumnos pulen sus habilidades para la "comunicación interpersonal". En esa unidad consideran el efecto de sus expresiones verbales y no verbales sobre las personas con las que entran en contacto. Esta unidad subraya la evaluación de las habilidades individuales y la práctica para el mejoramiento del manejo de instrucciones, el empleo del teléfono, la vestimenta apropiada y la presentación personal, la etiqueta, los problemas relacionados con la diversidad de culturas, la resolución de conflictos y la actitud acometedora.

Reilly observa que la actitud acometedora debe enseñarse a los alumnos. Señala que a menudo no se enseña a los jóvenes a considerar cuidadosamente y expresar sus propias necesidades durante el aprendizaje. Para afirmar esas necesidades, es preciso que el alumno comience por tomar conciencia de ellas. Piénsese en lo valioso que resulta que un alumno con TDAH pueda decir, con buena educación y respeto, "Señora Jones, he descubierto que aprendería mucho más rápidamente, y sintiéndome mejor, si pudiera hacer algo con las manos/si pudiera ponerme de pie y caminar por el aula algunos minutos cada rato/si me diera cuenta de cómo podría usar esto en mi vida cotidiana/si pudiera grabar su lección para volver a escucharla algunas veces en mi casa". Esta estrategia no siempre es eficaz, pero por cierto acrecienta considerablemente la probabilidad de que los otros reconozcan las necesidades del alumno.

La experiencia de campo en el Mentor Program

Cuando los alumnos han terminado el seminario y se han aclarado sus necesidades individuales, los instructores del programa hablan con profesionales de la comunidad sobre la posibilidad de que se conviertan en mentores. En caso de estar dispuesto a ofrecer una experiencia de campo, el mentor se reúne con el alumno y el instructor del programa para examinar y planificar esa actividad. En la reunión, cualquiera de los tres participantes puede decidir que la experiencia no es viable. Si todos están de acuerdo en llevarla adelante, el mentor y el alumno comienzan a desarrollar un plan de aprendizaje que bosqueja los conocimientos, las habilidades y las aptitudes que el joven obtendría. Después de algunas reuniones, se toma una decisión acerca de un proyecto de aprendizaje que le permitirá al alumno demostrar que ha realizado plenamente el plan. El instructor observa y controla la experiencia de campo, y ofrece ayuda cuando es necesaria, pero no participa en las actividades cotidianas del mentor y el protegido.

La experiencia de campo del Mentor Program se realiza en las dos últimas "horas" del día escolar. Los alumnos se reúnen con su instructor una vez por semana, y los otros días dejan la escuela para trabajar con sus mentores. Para alumnos más jóvenes pueden desarrollarse otras experiencias, que tomen menos tiempo de la jornada escolar. Podrían reclutarse mentores que vayan a la escuela, y es probable que los alumnos más jóvenes quieran reunirse con ellos con menor frecuencia. Bastaría una vez por semana, o incluso por mes, para obtener resultados importantes. También es posible que estos alumnos más jóvenes no sostengan su interés por un área más allá de algunas semanas o días. La escuela podría también llevar expertos a trabajar con toda una clase, un grado o incluso con toda la escuela, antes de que los expertos comiencen a asociarse individualmente con unos pocos alumnos verdaderamente comprometidos.

Los beneficios del Mentor Program

Los beneficios de asociar a los alumnos con adultos dispuestos a compartir sus habilidades, su pericia y su entusiasmo, son considerables (lo demuestran los ocho años de investigaciones compiladas en el Mentor Program y otros programas análogos de todo el mundo). Muchos alumnos descubren que la experiencia y la educación que reciben con este tipo de relación y entrenamiento "en el trabajo" es la más estimulante y valiosa de toda su vida. Los jóvenes han pasado por experiencias tan diversas como adquirir conocimientos sobre la conducta y la cría de aves, la redacción de alegatos para el Tribunal del Distrito Federal, la creación de una campaña publicitaria de multimedios para una nueva empresa de la comunidad, el diseño de las reparaciones de un avión jet 747 con un ingeniero aeroespacial, y la composición y producción de música original en un importante estudio de grabación.

La doctora Reilly ha encontrado que los mentores también se benefician con estas experiencias. El protegido comunica al mentor su entusiasmo e ideas nuevas. Los alumnos están dispuestos a trabajar y ansiosos de aprender. Por otro lado, el mentor clarifica sus propias metas al exponerlas a un alumno, y gana habilidades y comprensión para interactuar con los jóvenes.

Más información sobre el Mentor Program, y eventualmente para establecer un programa análogo, sea cual fuere el grupo de edad, puede obtenerse en el ya mencionado libro de J. M. Reilly, *Mentorship: The Essential Guide for School and Business*, Dayton, Ohio, Ohio Psychology Press, 1992.

Niños de todas las edades, aptitudes y antecedentes pueden beneficiarse con la oportunidad de tener un mentor y ser guiados por él en un área de interés. Obtener competencia y autoestima en una relación personal con un experto puede ser una poderosa experiencia de aprendizaje, en particular para nuestros estudiantes que enfrentan dificultades. Este tipo de experiencia también aporta recursos especiales a la escuela, para beneficio de los niños. ¿Qué escuela puede permitirse comprar un microscopio electrónico o un avión 747? ¿Qué escuela no se beneficiaría con alumnos felices y sanos que adquieren conocimientos sobre algo que los intriga?

El papel de los padres

La posición de los padres les permite ayudar a que el niño encuentre un modelo o mentor para desarrollar sus intereses y habilidades. Los padres pueden vincular a sus hijos con amigos o parientes que tengan intereses análogos, llevarlos a visitar lugares relacionados con esos intereses, o comunicarse con profesionales y averiguar si estarían dispuestos a ceder quince o treinta minutos de su tiempo para hablar sobre su trabajo. Estas experiencias pueden conducir patrocinio por parte mentor, si ambas partes conservan sus intereses comunes. El relato siguiente ilustra un caso exitoso.

La historia de Dan

Dan era un niño con TDAH. Tenía un historial de malestar físico y emocional centrado en sus experiencias en la escuela. En primer grado su hoja clínica incluía asma crónica, infecciones en los oídos y alergias. Su conducta era impulsiva, y la maestra telefoneaba a menudo al hogar para decir a los padres que el niño no se estaba quieto y que ellos debían tratar de controlar mejor la conducta de Dan en la escuela. En quinto grado, Dan ya había estado tomando Ritalina durante varios años. Sus problemas de salud aumentaron hasta incluir varias cirugías. Aunque se desempeñaba muy bien, pero no a la altura de su potencial, había tenido que repetir un grado por su inmadurez emocional. A Dan le costaba mucho relacionarse con sus compañeros. Los padres recorrieron todos los caminos que pudieron hallar en su intento de ayudarlo, pero sin conseguir un cambio suficiente.

En sexto grado, Dan aprendió a cocinar, una actividad que realmente le interesaba. A principios de séptimo grado se enteró de la existencia de un restaurante temático deportivo que le interesaba. Preguntó si podía verlo. La madre, Marla, prometió llevarlo cuando tuviera el tiempo y el dinero necesarios. Una noche, la madre y el padre de Dan terminaron inesperadamente en ese restaurante. Marla le comentó a la encargada que su hijo de 13 años tenía muchas ganas de recorrer el lugar. La encargada le respondió que, cualquier día de la semana, a la una de la tarde, ella podría llevar al niño a conocer la cocina y a observar al *chef* trabajando. La mujer le dio a Marla su tarjeta. En el próximo día de semana compartido, Marla y Dan almorzaron en el restaurante. Al hacer las reservas, Marla le recordó a la encargada su conversación. Dan no sólo disfrutó de la comida, sino que también conoció al maestro de cocina, Peter, y pudo observarlo mientras trabajaba. Peter les dijo a Marla y Dan que la conducta y el interés maduros del niño lo habían impresionado. Agregó que Dan podría volver y observar durante el verano.

Cuando se iniciaron las vacaciones de verano, Dan llamó a Peter y le preguntó si podía realizar la visita. Desde su casa al restaurante tenía un viaje de treinta minutos, pero los padres aceptaron llevarlo. Una vez por mes, Peter permitía la visita de Dan. Primero Dan se limitó a observar, pero gradualmente el maestro de cocina le fue dejando realizar ciertas tareas. Para Dan era extraordinario. Peter y el resto del personal de cocina comenzaron a incluir al niño en su amistad y en sus intercambios de noticias.

Un día, después de cuatro meses, Peter le pidió a Marla una entrevista entre "madre y jefe de cocina". En esta reunión le preguntó a la mujer si Dan estaba realmente aprendiendo algo, y si le gustaba. Primero Marla pensó que Dan habría estado molestando y ensuciando, pero con todo le respondió a Peter que el niño había empezado a hornear postres y a revelarle "secretos" sobre la "presentación de la comida". Lo que Peter quería saber era si Dan estaba verdaderamente interesado. Marla pensaba que sí.

Pasaron los meses, y Dan seguía ayudando en la cocina. En la materia "cocina" obtuvo en la escuela la nota máxima, y sus aptitudes para la organización mejoraron, lo mismo que sus relaciones con los otros, incluso con sus compañeros. A medida que se iba percibiendo a sí mismo como competente en su trabajo en el restaurante, Dan parecía sentirse también más competente en otras áreas.

Cuando Peter le dijo que había completado el curso y podía concurrir al restaurante semana por medio, Dan se sintió verdaderamente entusiasmado. Al cabo de más de un año, Peter le manifestó al niño que realmente necesitaba que lo ayudara en la preparación de los sábados por la noche. En resumen, Dan ya pertenecía al personal, y Peter le entregó un uniforme de la casa. Poco después, algunos de los jóvenes que trabajaban en el restaurante invitaron a Dan a ir con ellos a un concierto. La confianza de Dan cobró fuerza.

Dan sigue trabajando en el restaurante. Ahora está aprendiendo a manejar, y aguarda con impaciencia el momento en que pueda hacer solo, con más frecuencia, el viaje al restaurante. Prevé egresar de la escuela secundaria en tres años, en lugar de los cuatro habituales, y está dando pasos efectivos para acercarse a esa meta. Sabe que cuando se gradúe ingresará en un programa de cuatro años sobre adminitración de hoteles y restaurantes. Ya ha elegido incluso las instituciones en las que podría inscribirse. Por el momento, Marla nos dice que Dan mantiene resultados académicos que lo ayudarán a ingresar en la *universidad*.

Nadie puede estar seguro de cuáles fueron los factores decisivos en el crecimiento personal de Dan. La edad, los cambios neuroquímicos de la pubertad y la atención que el niño recibió en la escuela y en el hogar probablemente desempeñaron su parte. Pero lo que parece esencial es la atención y las habilidades que Dan recogió de Peter. Dan sabe lo que le gusta, y sabe que algún día podrá convertirse en un profesional competente. También sabe que Peter lo cuida y cree en él. Acerca de lo que Peter le ha enseñado, y en los términos de su educación, Dan me dijo lo siguiente: "Peter es muy buen comunicador. Se toma tiempo y me explica cómo se hacen las cosas. Me ha enseñado lo que significa 'trabajar en equipo'. Peter 'me cultiva', y también él disfruta siendo mi mentor. Peter es mi mejor experiencia de aprendizaje".

El bien del niño: haciendo mucho más que lo indispensable

Cuando alguien se compromete personalmente a hacer todo lo que pueda por los niños, con el corazón abierto y la disposición a ir más allá de a un puesto de trabajo, no hay límite para lo que puede lograr. En los últimos años, yo he tenido la gran suerte de formar parte de un equipo de profesionales protector, amparador y comprometido, en la Escuela Primaria Benchley-Weinberger, una de las escuelas "imán" del Distrito Escolar Unificado de San Diego. La nuestra es una escuela multiétnica de aproximadamente quinientos alumnos, la mayoría de los cuales son transportados desde diversas partes de la ciudad. Nuestra misión y las metas de nuestro programa reflejan la concepción operativa de la comunidad escolar.

Misión

Nuestra misión es proporcionar un programa "imán" que promueva el desarrollo de talentos y aptitudes generadores de la aptitud académica y social de los alumnos, mientras desarrolla también la responsabilidad y el respeto por sí mismo, por los demás y por la comunidad. Aspiramos a proporcionar un programa que ya no vea la enseñanza como algo que se brinda *a* quien aprende, sino que introduce un cambio dramático de paradigma, para hacer cosas *con* quien aprende, en un nivel consciente. Nosotros, el personal de Benchley-Weinberger, estamos comprometidos a realzar y valorar los aportes especiales de cada niño, incluso sus talentos, su diversidad y su singularidad.

Metas del programa

El personal de Benchley-Weinberger reconoce como propósito central promover la excelencia académica y la autoestima, utilizando un enfoque cooperativo de escuela y comunidad para formar personas que continúen aprendiendo durante toda la vida. Los medios son:

- Prestar atención a los estilos de aprendizaje.
- Desplegar una variedad de estrategias de enseñanza.
- Proporcionar un ambiente que fomente el aprendizaje.
- Desarrollar respeto por la diversidad cultural.
- Reconocer los talentos y las aptitudes individuales de los alumnos y el personal.

Yo creo firmemente que las ventajas reales que obtienen nuestros niños se desprenden de las personas que tenemos en la escuela.

El factor humano

1. **Maestros que**
   - creen en los diferentes estilos de aprendizaje, y están comprometidos a tenerlos en cuenta;
   - realizan esfuerzos enérgicos por satisfacer las necesidades de todos los alumnos;
   - aceptan a todos los niños y aprecian la singularidad de cada uno;
   - son creativos, desafiantes, y mantienen para expectativas altas en todos los alumnos;
   - tienen conocimientos y entrenamiento en estrategias de enseñanza eficaz, interactiva, multisensorial;
   - trabajan cooperativamente como equipo;
   - instrumentan intervenciones y modificaciones, dedicando tiempo y esfuerzo adicionales al éxito de cada niño, y
   - alientan y dan la bienvenida a los padres y voluntarios que concurren a las aulas.

2. **Administradores que**
   - orientan y respaldan las oportunidades de crecimiento personal de todos los maestros y el personal;
   - se esfuerzan en conocer a los niños, y los reciben personalmente con una sonrisa y un abrazo;
   - alientan y respaldan la aplicación de estrategias de enseñanza actualizada en el aula;
   - hacen contacto de modo personal y cotidiano con los alumnos, y a menudo con las familias;

— participan en el equipo de consulta, dando su apoyo al esfuerzo cooperativo;

— responden con sensibilidad a las necesidades individuales y de ubicación de los alumnos, y

— asignan prioridad a las necesidades del niño.

3. Padres que

— se interesan activamente por la educación de los niños y participan en ella;

— respaldan los esfuerzos de la escuela;

— se comunican con los maestros;

— aprovechan las oportunidades de adquirir conocimientos, conciencia y habilidades, y

— se educan a sí mismos en cuanto a las necesidades de sus niños, para brindarles apoyo y ayudarlos con eficacia.

4. Equipo de apoyo (enfermera, especialista en recursos/maestro de educación especial, consejero, psicólogo, fonoaudiólogo, especialista en educación personalizada, etcétera) que

— es proactivo, da prioridad a la identificación y las intervenciones tempranas con los niños;

— trabaja cooperativamente con padres y maestros;

— tiene conocimientos y experiencia sobre las discapacidades de aprendizaje, el TDA/TDAH y las intervenciones apropiadas;

— participa en la educación de los padres;

— participa intensamente en el desarrollo del personal y la educación de los maestros;

— es visible y accesible a los niños, los padres y el personal;

— actúa como intermediario con los trabajadores sociales, los consejeros profesionales y los médicos que puedan tener que ver con el cuidado del niño;

— realiza las derivaciones a los organismos sociales o los servicios educacionales adecuados;

— realiza observaciones en el aula para facilitar la evaluación y las intervenciones educativas, y

— prepara documentación sustancial para los organismos externos que participan en la evaluación del TDA/TDAH o como consejeros.

5. Ayudantes y demás personal escolar que

— es protector, amparador y brinda apoyo;

— es servicial, respetuoso y da la bienvenida a los padres y la familia;

— se brinda a la escuela, apoyando a maestros y niños, y

— sustenta la filosofía de la escuela de respeto a la individualidad de cada niño.

Todo niño necesita a su lado a alguien que sea protector, alentador, que lo escuche, lo cuide, lo guíe y lo respalde. Todos debemos asumir el compromiso personal de ser fuertes abogados de los niños, lo que significa actuar y hacer oír nuestras voces en el nivel político. Nuestras escuelas están llenas de profesionales excelentes y empeñosos, que trabajan con una voluntad excepcional para educar a los alumnos y prepararlos a fin de que puedan enfrentar con eficacia los desafíos del futuro. Todos los días luchamos con el efecto desmoralizador de los grandes recortes presupuestarios, en recursos, personal y programas necesarios para los niños. Ya es hora de que los niños pasen a ser la prioridad en nuestras comunidades y en nuestra nación.

Bibliografía y recursos recomendados

Artículos y libros

Academic Therapy: "Preventing Management Problems", vol. 23, enero de 1988.

Archer, Anita, y Gleason, Mary: *Skills for School Success*, North Billerica, Massachusetts, Curriculum Associates, 1990.

Armstrong, Thomas: *Awakening Your Child's Natural Genius*, Los Ángeles, Jeremy Tarcher, Inc., 1991.

——————: *In Their Own Way*, Nueva York, St. Martin's Press, 1987.

Bain, Lisa J.: *The Children's Hospital of Philadelphia: A Parent's Guide to Attention Deficit Disorders*, Nueva York, Delta Books, 1991.

Bash, M. S. y Camp, B.: *Think Aloud: Increasing Social and Cognitive Skills, A Problem-Solving Program for Children*, Champaign, Illinois, Research Press, 1985.

Bodenhamer, Gregory: *Back in Control*, Nueva York, Prentice Hall Press, 1983.

Burns, Marilyn: *About Teaching Mathematics*, Sausalito, California, Math Solutions Publications, 1992.

Cummins, Kathy K.: *The Teacher's Guide to Behavioral Interventions*, Columbia, Missouri, Hawthorne Educational Services, 1988.

Dunn, Rita y Dunn, Kenneth: *Teaching Students Through Their Individual Learning Styles: A Practical Approach*, Englewood Cliffs, New Jersey, Prentice Hall, 1978.

Fowler, Mary Cahil: *Maybe You Know My Kid: A Parents' Guide to Identifying, Understanding, and Helping Your Child with ADHD*, Nueva York, Birchlane Press, 1990.

Frank, Marjorie: *If You're Trying to Teach Kids to Write, You've Gotta Have This Book*, Nashville, Incentive Publications, 1979.

Gardner, Howard: *Frames of Mind: The Theory of Multiple Intelligences*, Nueva York, Basic Books, A Division of Harper Collins, 1983.

Gattozzi, Ruth: *What's Wrong with My Child?*, Nueva York, McGraw-Hill, 1986.

Goldbcrg, Ronald. *Sit Down and Pay Attention!: Coping With ADD Throughout the Life Cycle*, Washington, D.D., The PIA Press, 1991.

Goldstein, S. y Goldstein, M.: *A Teacher's Guide: Attention Deficit Disorders in Children*, Salt Lake City, Neurology, Learning and Behavior Center, 1989.

Graves, Donald H.: *Writing: Teacher and Children at Work*, Portsmouth, New Hampshire, Heinemann Educational Books, 1983.

Grayson, Dolores A., y Martin, Mary D.: *Gender/Ethnic Expectations and Student Achievement: Teacher Handbook*, Earlham, Iowa, Gray Mill, 1988.

Heacox, Diane: *Up from Underachievement*, Minneapolis, Free Spirit Publishing, 1991.

Huth, Holly Young: *Centerplay: Focusing Your Child's Energy*, Nueva York, Simon & Schuster, 1984.

Ingersoll, Barbara: *Your Hyperactive Child: A Parent's Guide to Coping With Attention Deficit Disorder*, Nueva York, Doubleday, 1988.

Johnson, David; Johnson, Roger, y Holubec, Edythe J.: *Cooperation in the Classroom* (ed. revisada), Edina, Minnesota, Interaction Book Co., 1990.

Johnson, Dorothy Davies: *I Can't Sit Still: Educating and Affirming Inattentive and Hyperactive Children*, Santa Cruz, California, ETR Associates, 1992.

Kelley, Mary Lou: *School-Home Notes: Promoting Children's Classroom Success*, Nueva York, The Guilford Press, 1990.

Levine, Mel: *Keeping a Head in School*, Cambridge, Educator's Publishing Service, 1990.

McCracken, Robert y McCracken, Marlene: *Stories, Songs, and Poetry to Teach Reading and Writing*, Winnipeg, Peguis Publishers Limited, 1986.

Morrison, Marvin L.: *Word Finder: The Phonic Key to the Dictionary*, Gulfport, Florida, Pilot Light, 1987.

Moss, Robert A.: *Why Johnny Can't Concentrate: Coping With Attention Deficit Problems*, Nueva York, Bantam Books, 1990.

Osman, Betty B.: *No One to Play With: The Social Side of Learning Disabilities*, Nueva York, Random House, 1982.

Parker, Harvey C.: *The ADD Hyperactivity Workbook for Parents, Teachers and Kids*, Plantation, Florida, Impact Publications, 1988.

Rief, Sandra: *Systematic Phonics*, Birmingham, Alabama, EBSCO Curriculum Materials, edición revisada de 1993.

Routman, Regie: *Transitions from Literature to Literacy*, Portsmouth, New Hamphshire, Heinemann Educational Books, 1988.

Silver, Larry B.: *The Misunderstood Child: A Guide for Parents of Children With Learning Disabilities*, Blue Ridge Summit, Pennsylvania, TAB Books, 1992.

Sloane, Howard: *The Good Kid Book*, Champaign, Illinois, Research Press, 1979.

Turecki, Stanley: *The Difficult Child: A New Step-by-Step Approach by a Noted Child Psychiatrist for Understanding and Managing Hard-to-Raise Children*, Nueva York, Bantam Books, 1985.

Vail, P. L.: *Smart Kids With School Problems*, Nueva York, E. P. Dutton, 1987.

Weisberg, Lynne y Greenberg, Rosalie: *When Acting Out Isn't Acting: Understanding Child and Adolescent Temper, Anger and Behavior Disorders*, Washington D.C., The PIA Press, 1988.

Weiss, G. y Hechtman, L.: *Hyperactive Children Grown Up*, Nueva York, The Guilford Press, 1986.

Nota: Véase en la sección 12 una lista de recursos adicionales para matemáticas.

Videocintas recomendadas

Phelan, T. *1-2-3 Magic: Training Your Preschoolers and Preteens to Do What You Want.* Glen Ellyn, Illinois: Child Management Press, 1990. (Duración: 2 horas.)

Why Won't My Child Pay Attention? (Sam Goldstein, Ph.D.), 1989. Neurology, Learning and Behavior Center, 230 South 500 East, Suite 100, Salt Lake City, Utah 84102. (Duración: aproximadamente 76 minutos.)

Grupos y asociaciones norteamericanos de apoyo

Children and Adults with Attention Deficit Hyperactivity Disorder (CHADD)
8181 Professional Place, Suite 201
Landover, MD 20785
(301) 306-7070

CHAD tiene artículos en todo el país. Publica una circular semestral llamada *ATTENTION*,[R] y una circular mensual denominada *CHADDER BOX*.

ATTENTION[R] and CHADDER BOX
8181 Professional Place, Suite 201
Landover, MD 20785
(301) 306-7070

Learning Disabilities Association (LDA)
4156 Library Road
Pittsburgh, Pennsylvania 15234
(412) 341-1515

LDA (antes ACLD) también aborda las necesidades de los niños con TDAH y tiene muchos artículos locales y estaduales.

Además de CHADD y LDA, algunas comunidades cuentan con grupos de apoyo, talleres y recursos para los padres de niños con TDA y los profesionales que los tratan. El personal de apoyo de cada escuela, los médicos especializados en el campo y los hospitales locales, por lo general pueden orientar a los padres acerca de los recursos existentes en la comunidad.

ADD Warehouse™
300 N. W. 70th Avenue, Suite 102
Plantation, Florida 33317
(800) 233-9273

Éste es un excelente catálogo de libros, vídeos y otros recursos sobre el tema del TDA/TDAH.